HSK 인강

할인 이벤트

맛있는 스쿨 … 좌 할인 쿠폰

할인 코드 hsk1…

HSK 단과 강좌 할인 쿠폰

50% 할인

… 접속하여 [회원가입] 후 로그인을 합니다.
…단[쿠폰 등록하기]에 쿠폰번호 입력→[등록]을 클릭 …쿠폰이 등록됩니다.
3. [HSK 단과 강좌] 수강 신청 후, [온라인 쿠폰 적용하기]를 클릭하여 등록된 쿠폰을 사용하세요.
4. 결제 후, [나의 강의실]에서 수강합니다.

쿠폰 사용 시 유의 사항

1. 본 쿠폰은 맛있는스쿨 HSK 단과 강좌 결제 시에만 사용이 가능합니다. 파트별 구매는 불가합니다.
2. 본 쿠폰은 타 쿠폰과 중복 할인이 되지 않습니다.
3. 교재 환불 시 쿠폰 사용이 불가합니다.
4. 쿠폰 발급 후 10일 내로 사용이 가능합니다.
5. 본 쿠폰의 할인 코드는 1회만 사용이 가능합니다.

*쿠폰 사용 문의 : 카카오톡 채널 @맛있는스쿨

전화 화상

할인 이벤트

맛있는 톡 할인 쿠폰

할인 코드 jrcphone2qsj

전화&화상 외국어 할인 쿠폰

10,000원

할인 쿠폰 사용 안내

1. 맛있는톡 전화&화상 중국어(phonejrc.com), 영어(eng.phonejrc.com)에 접속하여 [회원가입] 후 로그인을 합니다.
2. 메뉴中[쿠폰]→하단[쿠폰 등록하기]에 쿠폰번호 입력→[등록]을 클릭하면 쿠폰이 등록됩니다.
3. 전화&화상 외국어 수강 신청 시 [온라인 쿠폰 적용하기]를 클릭하여 등록된 쿠폰을 사용하세요.

쿠폰 사용 시 유의 사항

1. 본 쿠폰은 전화&화상 외국어 결제 시에만 사용이 가능합니다.
2. 본 쿠폰은 타 쿠폰과 중복 할인이 되지 않습니다.
3. 교재 환불 시 쿠폰 사용이 불가합니다.
4. 쿠폰 발급 후 60일 내로 사용이 가능합니다.
5. 본 쿠폰의 할인 코드는 1회만 사용이 가능합니다.

*쿠폰 사용 문의 : 카카오톡 채널 @맛있는스쿨

맛있는 중국어 HSK 1-3급 단어장

양영호·박현정 저
JRC 중국어연구소 기획

맛있는 books

맛있는 중국어 HSK 1-3급 단어장

초판 1쇄 발행 2019년 7월 30일
초판 4쇄 발행 2024년 9월 5일

저자 양영호 | 박현정
기획 JRC 중국어연구소
발행인 김효정
발행처 맛있는books
등록번호 제2006-000273호

주소 서울시 서초구 명달로 54 JRC빌딩 7층
전화 구입문의 02·567·3861 | 02·567·3837
내용문의 02·567·3860
팩스 02·567·2471
홈페이지 www.booksJRC.com

ISBN 979-11-6148-033-6 14720
979-11-6148-031-2 (세트)
정가 9,500원

중국어 공부의 첫 시작은 한자의 압박으로 인한 두려움이었습니다. 단어를 읽고 문장을 해석하면서, 중국어 공부는 깨달음과 즐거움의 과정이었습니다. 학생들을 가르치면서 중국어 공부의 시작인 단어를 어떻게 하면 효과적으로 학습시킬 수 있을까 늘 고민했습니다.

'yā'라는 발음을 듣고 단번에 단어의 의미를 알아채기란 힘든 일입니다. 중국어 실력과 더불어 상대방의 마음을 간파하는 독심술까지 필요할지도 모릅니다. 그래서 주제가 필요합니다. 음식에 대한 이야기에서 'yā(鸭)'는 '오리'라는 의미이고, 공부나 일에 대한 이야기에서 'yā(压)'는 '스트레스'라는 의미입니다. 이렇듯 중국어 단어를 학습할 때는 이야기의 주제도 매우 중요합니다.

『맛있는 중국어 HSK 1-3급 단어장』은 학습 난이도에 맞게 공부할 수 있도록 HSK 1~2급 단어(300개)와 HSK 3급 단어(300개)를 분리하여 구성하고, 단어를 주제별로 분류했습니다. 급수별 핵심 단어와 단어 TIP, 한자 TIP 등을 정리해 단어를 체계적으로 학습할 수 있습니다. 더 나아가 전반적인 중국어 실력 향상과 HSK 합격이라는 궁극적인 목표를 달성할 수 있도록 HSK 출제 포인트와 HSK 실전 문제로 구성한 미니 테스트가 수록되어 있습니다. 도서와 함께 제공되는 무료 동영상 강의까지 꼼꼼하게 학습하면 많은 도움이 될 것입니다.

중국어 공부를 먼저 한 선배의 입장에서 후배들에게 **『맛있는 중국어 HSK 1-3급 단어장』**을 통해 중국어를 쉽고 재미있게 알려주고 싶습니다. 모든 학습자가 재미있게 공부해서 뿌듯한 점수로 성취감과 즐거움을 맛보게 되길 바랍니다.

마지막으로 이 책이 나오기까지 여러 도움을 주신 출판사 관계자 분과 항상 응원을 아끼지 않는 학생들, 그리고 앞으로 이 책을 학습할 모든 분께 감사의 말씀을 전합니다.

양영호, 박현정

차례

이 책의 특징

1 HSK 1~3급 600단어 15일 완성 플랜

HSK 첫걸음부터 3급까지 필수 단어 600개를 15일 만에 학습할 수 있도록 구성했습니다. 1~2급과 3급을 분리하여 학습자의 수준에 따라 학습이 가능하며, 단어장의 무게도 확 낮췄습니다. 이제 얇고 가벼운 단어장으로 공부하세요.

2 급수별 & 주제별 단어 분류로 연상 학습 가능

HSK 1~2급, 3급 필수 단어를 급수별로 분류하고, 동일한 급수 내에서 주제별로 단어를 묶어서 제시하여 연상 암기가 가능합니다. 또한, 재미있는 삽화가 함께 수록되어 있어 학습 부담이 적습니다.

3 '단어 학습 → 문제 적용 → 복습'의 체계적인 구성

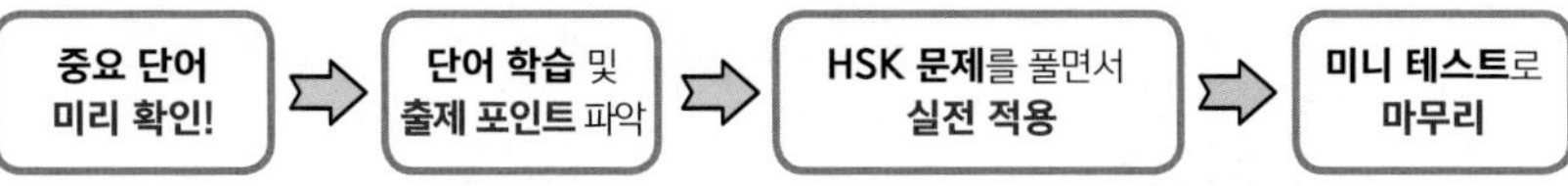

4 HSK 출제 포인트를 짚어주는 무료 동영상 강의 제공

HSK 전문가인 저자의 핵심을 꿰뚫는 강의로 중요 단어를 총정리하고 HSK 문제를 풀어보며 실제 시험에는 어떻게 출제되는지 학습할 수 있습니다.

* MP3 파일은 **맛있는북스 홈페이지**(www.booksJRC.com)에서 무료로 다운로드 할 수 있습니다.

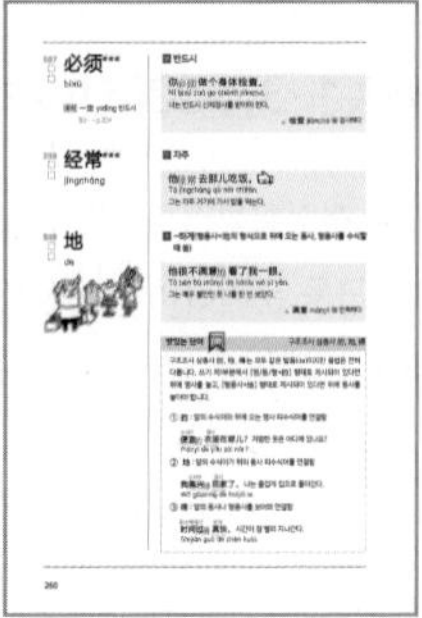

워밍업

중요 단어를 미리 파악합니다.

단어 학습

HSK 필수 단어를 학습합니다.

❶ ⓫

136 □ □ 2급 玩★★★ wán ❷

❿ → □

❺ → 2급

❾ → 참고 好玩儿 hǎowánr 재미있다

❸ ❹

동 놀다

호응 玩儿电脑 wánr diànnǎo 컴퓨터를 하다 | ← ❻
玩儿游戏 wánr yóuxì 게임을 하다

今天玩儿得很高兴。빈출 ← ❼
Jīntiān wánr de hěn gāoxìng.
오늘 즐겁게 잘 놀았어.

+ 得 de 조 동사 뒤에서 정도를 나타내는 보어와 연결시킴 |
高兴 gāoxìng 형 기쁘다

맛있는 단어 TIP ← ❽ 玩이 들어간 단어

玩(wán)은 好玩儿(hǎowánr 재미있다)과 玩儿游戏(wánr yóuxì 게임을 하다)로도 자주 출제되므로 함께 외워두세요. 그리고 玩은 발음할 때 wán보다는 儿(ér)을 붙여서 'wánr'이라고 읽을 때가 더 많다는 것도 주의하세요.

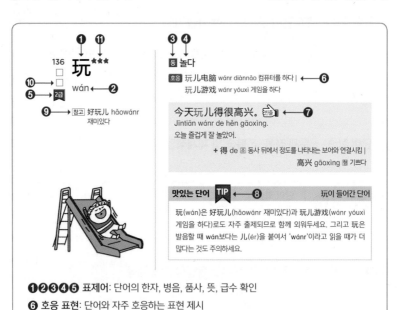

❶❷❸❹❺ **표제어**: 단어의 한자, 병음, 품사, 뜻, 급수 확인
❻ **호응 표현**: 단어와 자주 호응하는 표현 제시
❼ **예문**: 기출 예문으로 난이도에 맞게 구성(빈출 표시에 주목!)
❽ **TIP**: HSK 출제 포인트, 단어 TIP, 한자 TIP 제시
❾ **관련 단어**: 동의어, 유의어, 반의어, 참고 단어 제시
❿ **체크박스**: 잘 외워지지 않는 단어는 체크박스에 표시
⓫ **중요도**: ★표로 중요도 표시

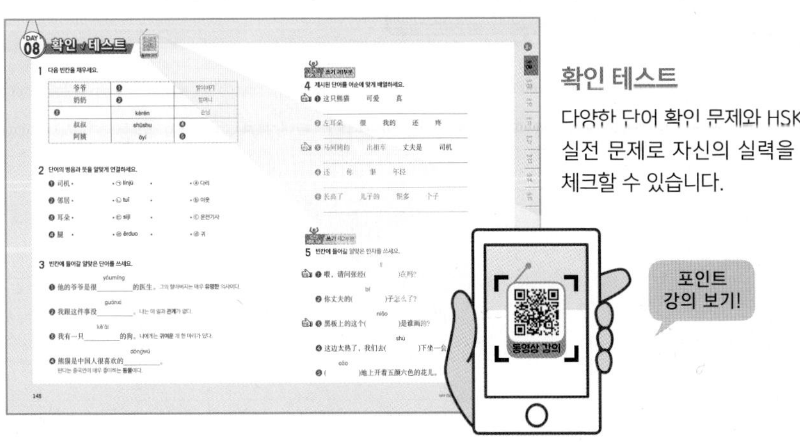

확인 테스트

다양한 단어 확인 문제와 HSK 실전 문제로 자신의 실력을 체크할 수 있습니다.

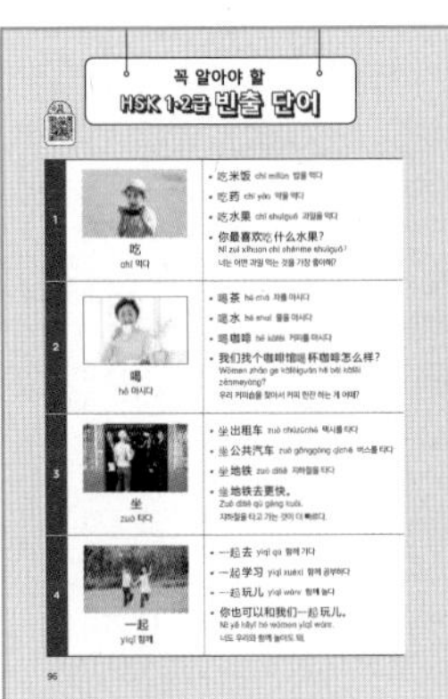

꼭 알아야 할 HSK 빈출 단어&구문

HSK에 자주 출제되는 단어와 구문을 별도로 정리했습니다.

미니 테스트

HSK 문제를 풀면서 학습한 단어를 실전에 적용해 볼 수 있습니다.

정답 및 해석

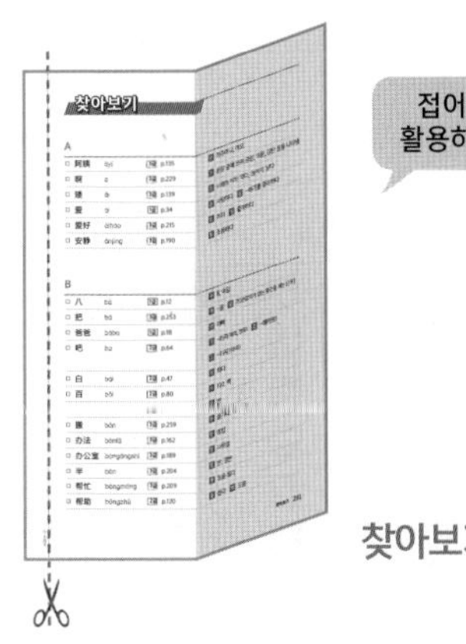

찾아보기

15일 600단어 학습 플랜

DAY	학습일	복습
DAY01 숫자와 인물	/	① ② ③
DAY02 음식과 건강	/	① ② ③
DAY03 성질과 상태	/	① ② ③
DAY04 행위와 동작	/	① ② ③
DAY05 쇼핑과 장소	/	① ② ③
+ 빈출 단어&구문	/	① ② ③
DAY06 시간과 생활	/	① ② ③
DAY07 학교와 회사	/	① ② ③
+ 미니 테스트	/	① ② ③
DAY08 사람과 생물	/	① ② ③
DAY09 학교와 회사	/	① ② ③
DAY10 음식과 건강	/	① ② ③
+ 빈출 단어&구문	/	① ② ③
DAY11 장소와 교통	/	① ② ③
DAY12 시간과 변화	/	① ② ③
DAY13 감정과 태도	/	① ② ③
DAY14 여가와 일상	/	① ② ③
DAY15 쇼핑과 행위	/	① ② ③
+ 빈출 단어&구문	/	① ② ③
+ 미니 테스트	/	① ② ③

❖일러두기/ 품사 약어표

품사	약어	품사	약어	품사	약어
명사	명	양사	양	조동사	조동
동사	동	개사	개	접속사	접
형용사	형	고유명사	고유	감탄사	감탄
부사	부	대명사	대		
수사	수	조사	조		

HSK 1~2급 300단어

START!

01

누구냐 넌?
_숫자와 인물

HSK 1·2급에 이 단어가 나온다!

HSK 1, 2급에서 숫자와 인물과 관련된 문제는 1~3개 정도 꾸준히 출제되고 있습니다. 특히 가족 관계를 나타내는 爸爸(bàba 아빠), 妈妈(māma 엄마), 哥哥(gēge 형, 오빠), 妹妹(mèimei 여동생), 弟弟(dìdi 남동생)와 나이와 관련된 표현인 几岁(jǐ suì 몇 살)가 자주 출제됩니다.

한눈에 파악하는 단어

DAD

爸爸 bàba 아빠
丈夫 zhàngfu 남편

MOM

妈妈 māma 엄마
妻子 qīzi 아내

孩子 (어린)아이, 자녀
háizi

哥哥 형, 오빠
gēge

弟弟 남동생
dìdi

我 나
wǒ

妹妹 여동생
mèimei

姐姐 누나, 언니
jiějie

儿子 érzi 아들

女儿 nǚ'ér 딸

001 一 yī 1급

수 1, 하나

我只有一个哥哥。
Wǒ zhǐ yǒu yí ge gēge.
나는 오빠(형) 한 명만 있다.

+ 我 wǒ 대 나 | 只 zhǐ 부 단지 | 有 yǒu 동 있다, 가지고 있다

002 二 èr 1급

수 2, 둘

三零二教室在哪儿?
Sān líng èr jiàoshì zài nǎr?
302호 교실은 어디에 있지?

+ 零 líng 수 0, 영 | 教室 jiàoshì 명 교실 | 在 zài 동 ~에 있다 | 哪儿 nǎr 대 어디

003 三 sān 1급

수 3, 셋

教室里有三个学生。
Jiàoshì li yǒu sān ge xuésheng.
교실 안에는 세 명의 학생이 있다.

+ 里 lǐ 명 안(쪽) | 学生 xuésheng 명 학생

004 四 sì 1급

수 4, 넷

明天是星期四。
Míngtiān shì xīngqīsì.
내일은 목요일이다.

+ 明天 míngtiān 명 내일 | 是 shì 동 ~이다 | 星期 xīngqī 명 요일, 주(周)

005 五 wǔ 1급

수 5, 다섯

我儿子五岁了。
Wǒ érzi wǔ suì le.
내 아들은 다섯 살이 되었다.

+ 儿子 érzi 명 아들 | 岁 suì 양 세, 살[나이를 세는 단위]

006 

六 liù

수 6, 여섯

明天是星期六，你想做什么？ 빈출
Míngtiān shì xīngqīliù, nǐ xiǎng zuò shénme?
내일 토요일인데, 넌 뭘 하고 싶어?

+ 明天 míngtiān 명 내일 | 是 shì 동 ~이다 | 想 xiǎng 조동 ~하고 싶다 | 做 zuò 동 하다 | 什么 shénme 대 무엇

007 

七 qī

수 7, 일곱

我六月没时间，但是七月能来。
Wǒ liù yuè méi shíjiān, dànshì qī yuè néng lái.
나는 6월에는 시간이 없지만 7월에는 올 수 있다.

+ 月 yuè 명 월 | 没 méi 동 없다 | 时间 shíjiān 명 시간 | 但是 dànshì 접 그러나 | 能 néng 조동 ~할 수 있다

HSK 1·2급 출제 포인트

HSK 1급 듣기 제4부분 대화형 문제에서, 녹음에서는 一点(yī diǎn 1시)으로 말했는데, 보기에 제시된 七点(qī diǎn 7시)을 정답으로 선택하는 경우가 있습니다. 발음이 비슷하기 때문인데요, 혼동하지 않도록 yī와 qī의 발음을 정확하게 구분하세요.

008 □ □ 1급

八 bā

수 8, 여덟

他每天工作八个小时。 빈출
Tā měitiān gōngzuò bā ge xiǎoshí.
그는 매일 8시간 일을 한다.

+ 每天 měitiān 명 매일 | 工作 gōngzuò 동 일하다 | 小时 xiǎoshí 명 시간

009 **九** jiǔ

수 9, 아홉

现在已经九点了。 빈출
Xiànzài yǐjīng jiǔ diǎn le.
지금 벌써 9시야.

+ 现在 xiànzài 명 지금, 현재 | 已经 yǐjīng 부 이미 | 点 diǎn 명 시, 시간

010 **十** shí

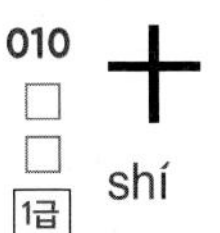

수 10, 열

我再过十分钟就睡觉。
Wǒ zài guò shí fēnzhōng jiù shuìjiào.
나는 10분 뒤에 바로 잠을 잔다.

+ 就 jiù 부 곧, 바로 | 睡觉 shuìjiào 동 잠을 자다

HSK 1·2급 출제 포인트

HSK 1급 듣기 제4부분 대화형 문제에 녹음에서는 十个(shí ge 10개)로 말하고 보기에는 四个(sì ge 4개)로 제시해서 혼동을 주는 경우가 있습니다. 10은 권설음 shí이고, 4는 설치음 sì로 발음합니다. 또한, 10은 2성으로 성조가 올라가고, 4는 4성으로 성조가 아래로 떨어진다는 점을 기억하세요.

011 **几** ★★★ jǐ

수 몇(주로 10 이하의 확실치 않은 수를 물을 때 쓰임)

你儿子几岁了?
Nǐ érzi jǐ suì le?
자네 아들이 몇 살이지?

+ 儿子 érzi 명 아들 | 岁 suì 양 세, 살[나이를 세는 단위] | 了 le 조 ~하게 되었다(문장 끝에 쓰여 상태의 변화를 나타냄)

012 **岁** ★★★

□ □ 1급

suì

양 살, 세[나이를 세는 단위]

我儿子七岁了。 빈출

Wǒ érzi qī suì le.

내 아들은 7살이 되었어.

013 **是** ★★★

□ □ 1급

shì

동 ~이다

他是我爸爸。

Tā shì wǒ bàba.

그는 나의 아빠야.

+他 tā 대 그 | 爸爸 bàba 명 아빠

맛있는 단어 TIP 是자문

是(shì)자문은 위의 예문처럼 주로 [A是…B]의 형태로 쓰여 'A는 ~한 B이다'로 해석합니다. 아래 是자문의 특징에 주의하세요.

① 부정문은 是 앞에 不를 쓴다.

我不是中国人。 나는 중국인이 아니다.
Wǒ bú shì Zhōngguórén.

② 의문문은 끝에 의문 어기조사 吗를 쓴다.

你是中国人吗? 당신은 중국인입니까?
Nǐ shì Zhōngguórén ma?

③ 是不是로 정반의문문을 만들 수 있다.

你是不是中国人? 당신은 중국인입니까 아닙니까?
Nǐ shì bu shì Zhōngguórén?

④ 일반적으로 형용사 앞에는 是를 쓰지 않는다.

我是很忙。(X) → 我很忙。(O) 나는 매우 바쁘다.
Wǒ hěn máng.

014 **的** ★★★

□ □ 1급

de

조 ~의, ~하는

前面穿着黑色衣服的人就是我爸爸。

Qiánmian chuānzhe hēisè yīfu de rén jiù shì wǒ bàba.

앞쪽에 검은색 옷을 입고 있는 사람이 바로 나의 아빠다.

+前面 qiánmian 명 앞 | 穿 chuān 동 입다 | 着 zhe 조 ~한 채로 있다 | 黑色 hēisè 명 검은색 | 就 jiù 부 바로

조 ~것

这个东西不是我的。 빈출
Zhège dōngxi bú shì wǒ de.
이 물건은 저의 것이 아닙니다.

+ 东西 dōngxi 명 물건

맛있는 단어 TIP 구조조사 的

구조조사 的(de)는 '~의, ~하는'이라는 뜻과 '~것'이라는 뜻이 있습니다.

① ~의, ~하는 : 관형어 뒤에 쓰여 관형어와 중심어 사이가 수식 관계임을 나타냅니다.
- 漂亮的衣服 piàoliang de yīfu 예쁜 옷

② ~것 : 동사, 형용사, 명사, 대명사 뒤에 붙어서 的자구를 이뤄 명사로 만듭니다.
- 我的 wǒ de 나의 것
- 红的 hóng de 빨간 것

015 **这** ★★★
□
□
1급
zhè

대 이, 이것

你来回答一下这个问题。
Nǐ lái huídá yíxià zhège wèntí.
이 문제에 대해서 대답을 좀 해봐.

+ 回答 huídá 동 대답하다 | 问题 wèntí 명 문제

대 이때, 지금

我这就过去。
Wǒ zhè jiù guòqu.
내가 지금 바로 갈게.

016 **那**★★★ nà
1급

대 저(것), 그(것)

那个人是谁?
Nàge rén shì shéi?
저 사람은 누구야?

+ 谁 shéi 대 누구

접 그러면, 그럼

明天下雨? 那我不去了。
Míngtiān xiàyǔ? Nà wǒ bú qù le.
내일 비가 온다고? 그럼 나는 안 갈래.

+ 明天 míngtiān 명 내일 | 下雨 xiàyǔ 동 비가 오다 | 去 qù 동 가다

017 **人** rén
1급

명 사람

那个人是我哥哥。
Nàge rén shì wǒ gēge.
그 사람은 나의 형(오빠)이야.

+ 哥哥 gēge 명 형, 오빠

018 **谁** shéi
1급

대 누구

谁是你弟弟?
Shéi shì nǐ dìdi?
누가 네 남동생이야?

+ 弟弟 dìdi 명 남동생

019 **我**★ wǒ
1급

대 나, 저

我也不知道他的名字。
Wǒ yě bù zhīdào tā de míngzi.
나도 그의 이름을 몰라.

+ 也 yě 부 역시, ~도 | 知道 zhīdào 동 알다 | 名字 míngzi 명 이름

020 **我们** wǒmen 1급

대 우리(들)

我们都是学生。
Wǒmen dōu shì xuésheng.
우리는 모두 학생입니다.

+都 dōu 부 모두, 다 | 学生 xuésheng 명 학생

맛있는 단어 TIP 복수형을 만드는 们

们(men)은 일종의 접미사로, 사람이나 사물을 복수로 만들어 '~들'이라고 해석합니다. '그들'이라고 하면 他们(tāmen), '너희들'이라고 하면 你们(nǐmen)이 됩니다.

021 **你*** nǐ 1급

대 너, 당신

你也想去游泳吗?
Nǐ yě xiǎng qù yóuyǒng ma?
너도 수영하러 가고 싶어?

+想 xiǎng 조동 ~하고 싶다 | 游泳 yóuyǒng 동 수영하다

022 **您** nín 2급

대 당신, 선생님, 귀하(你의 존칭)

您是王先生吗?
Nín shì Wáng xiānsheng ma?
당신은 왕 선생님이십니까?

+王 Wáng 고유 왕(성씨) |
先生 xiānsheng 명 선생님, 씨(성인 남성에 대한 경칭) |
吗 ma 조 ~입니까?

맛있는 단어 TIP 你와 您의 비교

친구나 편한 사이에는 상대방을 你(nǐ)라고 지칭하지만, 어른이나 노인 혹은 잘 모르는 사이면서 상대방을 존중해줄 때는 您(nín)을 쓰는 것이 좋습니다.

023 他*

tā

1급

참고 她 tā 그녀
1급 ··· p.18

대 그

他是我儿子。
Tā shì wǒ érzi.
그는 나의 아들입니다.

+ 儿子 érzi 명 아들

024 她*

tā

1급

참고 他 tā 그
1급 ··· p.18

대 그녀

她是我女儿。
Tā shì wǒ nǚ'ér.
그녀는 나의 딸입니다.

+ 女儿 nǚ'ér 명 딸

025 它

tā

2급

대 그, 저, 그것(동물이나 사물을 가리킴)

它是我的狗。
Tā shì wǒ de gǒu.
그것은 내 개야.

+ 狗 gǒu 명 개

026 爸爸*

bàba

1급

참고 妈妈 māma 엄마
1급 ··· p.18

명 아빠

我爸爸是医生。
Wǒ bàba shì yīshēng.
나의 아빠는 의사다.

+ 医生 yīshēng 명 의사

027 妈妈*

māma

1급

참고 爸爸 bàba 아빠
1급 ··· p.18

명 엄마

我妈妈是老师。
Wǒ māma shì lǎoshī.
나의 엄마는 선생님이다.

+ 老师 lǎoshī 명 선생님

028 **儿子**★★★
érzi
1급

참고 女儿 nǚ'ér 딸
1급 ⋯ p.19

명 아들

他们只有一个儿子。
Tāmen zhǐ yǒu yí ge érzi.
그들은 아들 하나만 있다.

+ 他们 tāmen 대 그들 | 只 zhǐ 부 단지

029 **女儿**
nǚ'ér
1급

참고 儿子 érzi 아들
1급 ⋯ p.19

명 딸

你女儿真漂亮！
Nǐ nǚ'ér zhēn piàoliang!
네 딸은 정말 예쁘구나!

+ 真 zhēn 부 정말, 진짜 | 漂亮 piàoliang 형 아름답다, 예쁘다

030 **哥哥**★
gēge
2급

참고 弟弟 dìdi 남동생
2급 ⋯ p.19

명 형, 오빠

哥哥喜欢吃西瓜。
Gēge xǐhuan chī xīguā.
형(오빠)은 수박 먹는 것을 좋아한다.

+ 喜欢 xǐhuan 동 좋아하다 | 吃 chī 동 먹다 | 西瓜 xīguā 명 수박

031 **弟弟**★
dìdi
2급

참고 哥哥 gēge 형, 오빠
2급 ⋯ p.19

명 남동생

弟弟喜欢吃苹果。 빈출
Dìdi xǐhuan chī píngguǒ.
남동생은 사과 먹는 것을 좋아한다.

+ 喜欢 xǐhuan 동 좋아하다 | 苹果 píngguǒ 명 사과

032 **姐姐**★
jiějie
2급

참고 妹妹 mèimei 여동생
2급 ⋯ p.20

명 누나, 언니

姐姐爱喝咖啡。
Jiějie ài hē kāfēi.
누나(언니)는 커피를 즐겨 마신다.

+ 爱 ài 동 좋아하다 | 喝 hē 동 마시다 | 咖啡 kāfēi 명 커피

033 **妹妹** ★
mèimei
2급

참고 姐姐 jiějie 누나, 언니
2급 ···› p.19

명 여동생

妹妹不喜欢喝茶。
Mèimei bù xǐhuan hē chá.
여동생은 차 마시는 것을 좋아하지 않는다.
+ 不 bù 부 ~않다, 아니다 | 喝 hē 동 마시다 | 茶 chá 명 차(음료)

034 **孩子** ★★★
háizi
2급

명 (어린)아이, 자녀

孩子都喜欢玩儿。
Háizi dōu xǐhuan wánr.
아이들은 모두 놀기를 좋아한다.
+ 都 dōu 부 모두, 다 | 玩(儿) wán(r) 동 놀다

035 **朋友** ★★★
péngyou
1급

명 친구, 벗

哥哥有很多朋友。
Gēge yǒu hěn duō péngyou.
형(오빠)은 많은 친구들이 있다.
+ 很 hěn 부 매우 | 多 duō 형 많다

036 **名字** ★
míngzi
1급

명 이름

你叫什么名字? 빈출
Nǐ jiào shénme míngzi?
당신의 이름은 무엇입니까?
+ 叫 jiào 동 ~라고 부르다 | 什么 shénme 대 무엇, 무슨

037 **认识** ★★★
rènshi
1급

유의 知道 zhīdào 알다
2급 ···› p.127

동 알다, 인식하다, 깨닫다

호응 认识路 rènshi lù 길을 알다 | 认识字 rènshi zì 글자를 알다 | 认识人 rènshi rén 사람을 알다

认识您很高兴。 빈출
Rènshi nín hěn gāoxìng.
당신을 알게 되어서 기쁩니다.
+ 高兴 gāoxìng 형 기쁘다

명 인식

我们对自己要有清楚的认识。
Wǒmen duì zìjǐ yào yǒu qīngchu de rènshi.
우리는 자신에 대해서 뚜렷한 인식이 있어야 한다.

+ 对 duì 개 ~에 대하여 | 自己 zìjǐ 대 자기 | 清楚 qīngchu 형 뚜렷하나, 분명하나

맛있는 단어 TIP 认识와 知道 비교

대상이 아는 사람일 경우에는 认识(rènshi)를 쓰지만, 어떤 사람의 존재나 그와 관련된 정보만 알고 있을 때는 知道(zhīdào)를 써야 하니 주의하세요.

- 我知道小李。 나는 샤오리를 안다. (존재나 관련 정보만 아는 경우)
  Wǒ zhīdào Xiǎo Lǐ.
- 我认识小李。 나는 샤오리를 안다. (아는 사람일 경우)
  Wǒ rènshi Xiǎo Lǐ.

038 先生
xiānsheng
1급

명 선생님, 씨, 미스터(성인 남성에 대한 경칭)

先生，您要买什么?
Xiānsheng, nín yào mǎi shénme?
선생님, 무엇을 사려고 하십니까?

+ 要 yào 조동 ~하려 하다 | 买 mǎi 동 사다 | 什么 shénme 대 무슨, 무엇

명 남편

她先生是医生。
Tā xiānsheng shì yīshēng.
그녀의 남편은 의사다.

+ 医生 yīshēng 명 의사

맛있는 단어 TIP 老师와 先生 비교

'학교 선생님'을 가리킬 때는 老师(lǎoshī)라고 합니다. 위의 예문처럼 先生(xiānsheng)은 성인 남성에 대한 경칭입니다. '학교 선생님'을 先生이라고 부르지 않도록 주의하세요.

039 **小姐**★★
xiǎojiě
1급

명 아가씨, 젊은 여자, 미스

小姐，请坐这里吧。
Xiǎojiě, qǐng zuò zhèli ba.
아가씨, 여기에 앉으세요.

+请 qǐng 동 ~하세요 | 坐 zuò 동 앉다 | 这里 zhèli 대 여기, 이곳 | 吧 ba 조 ~하자

040 **大家**★★★
dàjiā
2급

대 모두, 다들

大家都喜欢他。
Dàjiā dōu xǐhuan tā.
모두가 그를 좋아한다.

+喜欢 xǐhuan 동 좋아하다

041 **男**
nán
2급

반의 女 nǚ 여자, 여성의 2급 ··· p.22

명 남자 형 남성의

那个男人是谁?
Nàge nánrén shì shéi?
그 남자는 누구입니까?

+谁 shéi 대 누구

042 **女**
nǚ
2급

반의 男 nán 남자, 남성의 2급 ··· p.22

명 여자 형 여성의

那个女人是我的老师。
Nàge nǚrén shì wǒ de lǎoshī.
그 여자는 나의 선생님이다.

+老师 lǎoshī 명 선생님

043 **丈夫**★★
zhàngfu
2급

참고 妻子 qīzi 아내 2급 ··· p.23

명 남편

我丈夫认识他。
Wǒ zhàngfu rènshi tā.
내 남편은 그를 안다.

+认识 rènshi 동 알다, 인식하다

044 **妻子**★★
□
□
2급

qīzi

참고 丈夫 zhàngfu 남편
2급 ···› p.22

명 아내, 처

他妻子是个医生。 빈출
Tā qīzi shì ge yīshēng.
그의 아내는 의사다.

\+ 医生 yīshēng 명 의사

맛있는 한자 TIP 女(여자녀)가 들어간 한자

女(여자녀)는 한 여자가 양손을 가슴 앞에 놓고 무릎을 꿇은 형상을 본따 만든 글자입니다. 그래서 女가 들어가는 글자는 모두 여자와 관련있는 뜻이 됩니다.

- 她 tā 그녀
- 妈妈 māma 엄마
- 姐姐 jiějie 누나, 언니
- 妻子 qīzi 아내

045 **姓**
□
□
2급

xìng

명 성, 성씨

我不知道她的姓是什么。
Wǒ bù zhīdào tā de xìng shì shénme.
나는 그녀의 성씨가 무엇인지 몰라.

\+ 知道 zhīdào 동 알다

동 성이 ~이다

我姓金。
Wǒ xìng Jīn.
저는 김씨입니다.

\+ 金 Jīn 고유 김(성씨)

맛있는 단어 TIP  동사 姓

姓(xìng)은 명사이면서 동시에 동사이기도 합니다. 따라서 '我姓金。(Wǒ xìng Jīn. 저는 김씨입니다.)'처럼 是(shì) 없이도 쓸 수 있습니다.

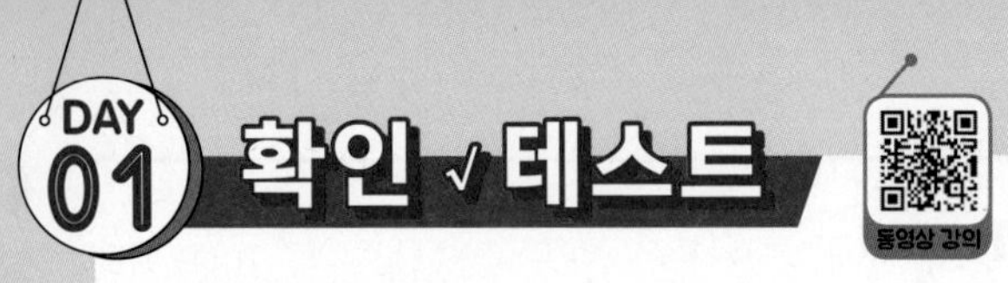

1 빈칸을 채우세요.

❶	jǐ	몇
是	shì	❷
谁	❸	누구
❹	bàba	아빠
小姐	❺	아가씨

2 단어의 병음과 뜻을 알맞게 연결하세요.

❶ 认识 •	• ㉠ qīzi •	• ⓐ 그것
❷ 妻子 •	• ㉡ tā •	• ⓑ 알다, 인식하다
❸ 姓 •	• ㉢ rènshi •	• ⓒ 아내
❹ 它 •	• ㉣ xìng •	• ⓓ 성씨, 성이 ~이다

3 빈칸에 들어갈 알맞은 단어를 고르세요.

(Wǒ / Nǐ) yě bù zhīdào tā de míngzi .
❶ (我 / 你) 也 不 知道 他 的 名字 。 **나**도 그의 이름을 몰라.

(Dìdi / Gēge) xǐhuan chī xīguā .
❷ (弟弟 / 哥哥) 喜欢 吃 西瓜 。 **형(오빠)**은 수박 먹는 것을 좋아한다.

Nǐ jiào shénme (míngzi / suì) ?
❸ 你 叫 什么 (名字 / 岁) ? 당신의 **이름**은 무엇입니까?

Nǐ (nǚ'ér / jiějie) zhēn piàoliang !
❹ 你 (女儿 / 姐姐) 真 漂亮 ! 네 **딸**은 정말 예쁘구나!

02

도전! HSK 2급 **듣기** 제1부분

4 녹음을 듣고 사진과 일치하면 √, 일치하지 않으면 X를 표시하세요.

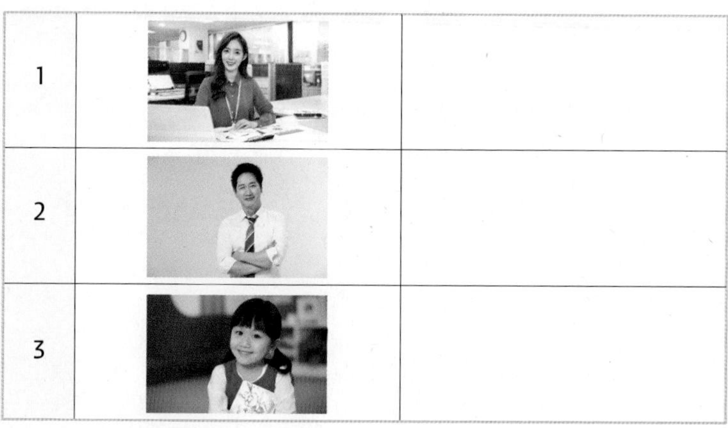

1		
2		
3		

도전! HSK 2급 **독해** 제2부분

5 빈칸에 들어갈 알맞은 단어를 고르세요.(모두 한 번씩만 사용됩니다.)

háizi	dìdi	jiějie	tā
A 孩子	B 弟弟	C 姐姐	D 它

Hěn duō　　　　dōu xǐhuan wán, bù xǐhuan xuéxí.
빈출 ❶ 很 多 (　　　　) 都 喜欢 玩，不 喜欢 学习。

Tā bú shì wǒ　　　　shì wǒ gēge.
❷ 他 不 是 我 (　　　　)，是 我 哥哥。

Tā shì wǒ　　　　bú shì mèimei.
❸ 她 是 我 (　　　　)，不 是 妹妹。

shì shéi de gǒu?
❹ (　　　　) 是 谁 的 狗？

맛있게 먹으면 0칼로리
_음식과 건강

HSK 1·2급에 이 단어가 나온다!

음식 관련 어휘 중에서 매회 출제되는 단어들이 있습니다. 吃(chī 먹다), 喝(hē 마시다), 菜(cài 요리), 鸡蛋(jīdàn 계란), 鱼(yú 생선), 羊肉(yángròu 양고기)는 꼭 기억해야 합니다. 특히, 喝茶(hē chá 차를 마시다)와 吃羊肉(chī yángròu 양고기를 먹다)의 호응구는 자주 출제되며, 做鱼(zuò yú)는 '생선 요리를 하다'로 해석해야 함을 주의하세요.

한눈에 파악하는 단어

吃 chī 먹다

- 米饭 mǐfàn (쌀)밥
- 面条 miàntiáo 국수, 면
- 水果 shuǐguǒ 과일
- 苹果 píngguǒ 사과
- 西瓜 xīguā 수박
- 鱼 yú 생선

喝 hē 마시다

- 牛奶 niúnǎi 우유
- 咖啡 kāfēi 커피
- 茶 chá 차(음료)

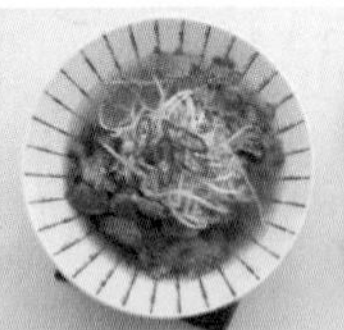

菜 cài 요리

- 好吃 hǎochī 맛있다
- 饭店 fàndiàn 식당, 호텔
- 服务员 fúwùyuán 종업원

046 **吃**★
□
□
1급
chī

참고 喝 hē 마시다
1급 ··· p.30

동 먹다

호응 吃饭 chīfàn 밥을 먹다 | 吃药 chī yào 약을 먹다 |
吃羊肉 chī yángròu 양고기를 먹다

姐姐很喜欢吃水果。
Jiějie hěn xǐhuan chī shuǐguǒ.
누나(언니)는 과일 먹는 것을 매우 좋아한다.

+ 喜欢 xǐhuan 동 좋아하다 | 水果 shuǐguǒ 명 과일

HSK 1·2급 출제 포인트

HSK 1급 독해 제4부분 빈칸 채우기 문제에서 빈칸 뒤에 음식이 나온다면 吃(chī)를 넣을 수 있어야 합니다.

我女儿昨天回来了，她爱吃面条(음식)。
Wǒ nǚ'ér zuótiān huílai le, tā ài chī miàntiáo.
내 딸이 어제 돌아왔는데, 딸은 국수 먹는 것을 매우 좋아해.

047 **菜**★★★
□
□
1급
cài

명 요리, 음식, 채소

这个菜很好吃。
Zhège cài hěn hǎochī.
이 요리는 매우 맛있다.

+ 好吃 hǎochī 형 맛있다

048 **好吃**★★
□
□
2급
hǎochī

형 맛있다

那个菜不好吃，你别吃。 빈출
Nàge cài bù hǎochī, nǐ bié chī.
그 요리는 맛이 없어. 먹지 마.

+ 别 bié 부 ~하지 마라

맛있는 단어 TIP [好+동사] 형식

[好+동사] 형식은 '~하기 좋다'라는 뜻입니다. 好看(hǎokàn)은 '보기 좋다, 예쁘다', 好玩(hǎowán)은 '놀기가 좋다, 재미있다', 好听(hǎotīng)은 '듣기 좋다'라는 뜻이 됩니다.

049 **个** gè

□ □ 1급

양 개[개개의 사람이나 사물을 세는 단위]

호응 一个人 yí ge rén 한 사람 | 一个苹果 yí ge píngguǒ 한 개의 사과

那个菜不好吃。
Nàge cài bù hǎochī.
그 요리는 맛이 없다.

+ 不 bù 부 아니다, ~않다

050 **些** xiē

□ □ 1급

양 약간, 조금

这些菜都是妈妈做的。
Zhèxiē cài dōu shì māma zuò de.
이 요리들은 모두 엄마가 만드신 것이다.

+ 做 zuò 동 만들다

맛있는 단어  **些의 두 가지 의미**

양을 나타내는 些(xiē 약간)는 명사 앞에 쓰여 확정되지 않은 적은 수량을 나타내거나, 형용사 뒤에서 비교의 의미를 나타냅니다. 앞에 一(yī)를 붙여도 되고 생략해도 됩니다.

① [一些+명사] : 약간의 ~

- 一些水 yìxiē shuǐ 약간의 물
- 一些苹果 yìxiē píngguǒ 약간의 사과

② [형용사+一些] : 좀 더 ~하다

- 近(一)些 jìn (yì)xiē 좀 더 가깝다
- 高(一)些 gāo (yì)xiē 좀 더 높다

051 **洗** xǐ

□ □ 2급

동 씻다

吃饭前要洗手。
Chīfàn qián yào xǐ shǒu.
밥 먹기 전에는 손을 씻어야 한다.

+ 吃饭 chīfàn 동 밥을 먹다 | 手 shǒu 명 손

052 **有**★★★
□ □ 1급
yǒu

동 있다, 가지고 있다

这里有很多菜。 빈출
Zhèli yǒu hěn duō cài.
여기에 많은 음식이 있다.

+ 这里 zhèli 대 여기, 이곳

맛있는 단어 TIP 有의 부정

有(yǒu)의 부정은 不(bù)를 쓰지 않고 没(méi)를 씁니다. 따라서 不有(bù yǒu)라는 표현은 존재하지 않습니다.

那天我不有时间。(X)

→ 那天我没(有)时间。(O) 그날 나는 시간이 없어.
Nà tiān wǒ méi(yǒu) shíjiān.

053 **什么**★★★
□ □ 1급
shénme

대 무슨, 무엇, 어떤

호응 什么时候 shénme shíhou 언제 | 什么问题 shénme wèntí 무슨 문제 | 什么水果 shénme shuǐguǒ 무슨 과일

你喜欢什么菜?
Nǐ xǐhuan shénme cài?
너는 어떤 요리를 좋아하니?

054 **怎么样**★★
□ □ 1급
zěnmeyàng

대 어떠하다(주로 의문문에 쓰임)

这个菜怎么样?
Zhège cài zěnmeyàng?
이 요리는 어때?

055 □ □ 1급

饭店★

fàndiàn

유의 宾馆 bīnguǎn 호텔 2급 ··· p.85
餐厅 cāntīng 식당 4급
酒店 jiǔdiàn 호텔

명 식당, 호텔

这个饭店的菜都很好吃。
Zhège fàndiàn de cài dōu hěn hǎochī.
이 식당의 음식은 모두 매우 맛있다.

맛있는 한자 TIP 饣(밥식)이 들어간 한자

饣은 食(밥식)의 간체자로, 이 부수가 들어가면 음식이나 먹는 것과 관련된 뜻이 됩니다.

- 饭店 fàndiàn 식당
- 米饭 mǐfàn 밥
- 饱 bǎo 배부르다
- 饿 è 배고프다

056 □ □  2급

服务员★★★

fúwùyuán

명 종업원

那个服务员的态度很好。
Nàge fúwùyuán de tàidu hěn hǎo.
그 종업원의 태도는 매우 좋다.

+ 态度 tàidu 명 태도

057 □ □ 1급

杯子

bēizi

명 잔, 컵

这个杯子很漂亮。
Zhège bēizi hěn piàoliang.
이 컵은 아주 예쁘다.

+ 漂亮 piàoliang 형 예쁘다, 아름답다

058 □ □  1급

喝★★★

hē

동 마시다

호응 喝茶 hē chá 차를 마시다 | 喝咖啡 hē kāfēi 커피를 마시다 | 喝牛奶 hē niúnǎi 우유를 마시다 | 喝酒 hē jiǔ 술을 마시다

在水、牛奶和咖啡中，你想喝什么？
Zài shuǐ、niúnǎi hé kāfēi zhōng, nǐ xiǎng hē shénme?
물, 우유와 커피 중에서, 너는 무엇을 마시고 싶어?

+ 牛奶 niúnǎi 명 우유 | 想 xiǎng 조동 ~하고 싶다

059 **水*** shuǐ 1급

명 물

多喝水对身体好。 빈출
Duō hē shuǐ duì shēntǐ hǎo.
물을 많이 마시는 것은 몸에 좋다.

+ 对 duì 개 ~에 대하여 | 身体 shēntǐ 명 신체, 몸

060 **茶***** chá 1급

명 차(음료)

这个茶很好喝，在哪儿买的？
Zhège chá hěn hǎohē, zài nǎr mǎi de?
이 차는 매우 맛이 좋은데, 어디서 샀어?

061 **咖啡** kāfēi 2급

참고 咖啡厅 kāfēitīng 커피숍

명 커피

咖啡喝多了，晚上睡不着觉。
Kāfēi hē duō le, wǎnshang shuì bu zháo jiào.
커피는 많이 마시면 밤에 잠을 못 잔다.

062 **米饭** mǐfàn 1급

명 (쌀)밥

丈夫喜欢吃米饭，妻子喜欢吃面条。 빈출
Zhàngfu xǐhuan chī mǐfàn, qīzi xǐhuan chī miàntiáo.
남편은 밥을 좋아하고, 아내는 면을 좋아한다.

+ 丈夫 zhàngfu 명 남편 | 妻子 qīzi 명 아내 | 面条 miàntiáo 명 국수, 면

063 **面条***** miàntiáo 2급

명 국수, 면

中国人过生日要吃面条。
Zhōngguórén guò shēngrì yào chī miàntiáo.
중국인은 생일을 보낼 때 면을 먹는다.

+ 过 guò 동 (시간을) 보내다 | 生日 shēngrì 명 생일

064 **和**★

□ □ 1급

hé

접 ~와, ~과

米饭和面条我都喜欢。
Mǐfàn hé miàntiáo wǒ dōu xǐhuan.
밥과 면을 나는 모두 좋아해.

개 ~와, ~과

哥，你能和我玩儿吗？
Gē, nǐ néng hé wǒ wánr ma?
형(오빠), 나랑 놀아줄 수 있어?

+哥 gē 명 형, 오빠 | 能 néng 조동 ~할 수 있다 | 玩(儿) wán(r) 동 놀다

065 **水果**★★

□ □ 1급

shuǐguǒ

명 과일

你喜欢什么水果？
Nǐ xǐhuan shénme shuǐguǒ?
너는 어떤 과일을 좋아하니?

+什么 shénme 대 무엇, 무슨

066 **苹果**★

□ □ 1급

píngguǒ

명 사과

我最喜欢吃苹果。
Wǒ zuì xǐhuan chī píngguǒ.
나는 사과 먹는 것을 가장 좋아한다.

+最 zuì 부 가장, 최고로

067 **西瓜**★

□ □ 2급

xīguā

명 수박

妈妈买了一个很大的西瓜。
Māma mǎile yí ge hěn dà de xīguā.
엄마는 큰 수박 하나를 샀다.

+买 mǎi 동 사다 | 很 hěn 부 매우 | 大 dà 형 크다

맛있는 단어 TIP 西瓜와 苹果

西瓜(xīguā 수박)는 발음 때문에 뜻을 '사과'라고 오해하는 경우가 있습니다. 西瓜(xīguā)는 '수박(西瓜 xīguā)은 중국의 서쪽(西 xī)에서 많이 난다'라고 기억하고, '사과'는 苹果(píngguǒ)라는 것을 기억하세요.

068 **鸡蛋*****
jīdàn
2급

명 계란

鸡蛋一斤多少钱? 빈출
Jīdàn yì jīn duōshao qián?
계란은 한 근에 얼마예요?

+ 斤 jīn 양 근[무게 단위] | 多少 duōshao 대 얼마

069 **牛奶****
niúnǎi
2급

참고 面包 miànbāo 빵
3급 ··· p.168

명 우유

来，喝一杯牛奶吧。빈출
Lái, hē yì bēi niúnǎi ba.
자, 우유 한 잔 마셔.

+ 杯 bēi 양 잔 | 吧 ba 조 ~해, ~하자

070 **鱼****
yú
2급

명 물고기, 생선

妈妈做的鱼非常好吃。빈출
Māma zuò de yú fēicháng hǎochī.
엄마가 만든 생선 요리는 매우 맛있다.

+ 做 zuò 동 하다, 만들다 | 非常 fēicháng 부 매우

071 **羊肉***
yángròu
2급

명 양고기

你喜欢吃羊肉吗?
Nǐ xǐhuan chī yángròu ma?
너는 양고기 먹는 것을 좋아하니?

072 **喜欢**★★★
□
□
1급
xǐhuan

동 좋아하다

儿子喜欢吃西瓜。
Érzi xǐhuan chī xīguā.
아들은 수박 먹는 것을 좋아한다.

073 **爱**
□
□
1급
ài

동 사랑하다

我爱你。
Wǒ ài nǐ.
나는 너를 사랑해.

동 ~하기를 좋아하다

我最爱吃鱼。
Wǒ zuì ài chī yú.
나는 생선 먹는 것을 제일 좋아한다.

+最 zuì 부 가장

074 **对**★★★
□
□
2급
duì

참고 对 duì 옳다, 맞다
2급 ··· p.123

개 ~에 대하여

호응 对…好 duì…hǎo ~에 좋다

睡觉前吃东西对身体不好。
Shuìjiào qián chī dōngxi duì shēntǐ bù hǎo.
잠자기 전에 음식을 먹는 것은 몸에 좋지 않다.

+睡觉 shuìjiào 동 잠을 자다 | 东西 dōngxi 명 물건, 것 | 身体 shēntǐ 명 신체, 몸

075 **身体**
□
□
2급
shēntǐ

명 신체, 몸

호응 身体健康 shēntǐ jiànkāng 몸이 건강하다 | 锻炼身体 duànliàn shēntǐ 몸을 단련하다

你爸爸妈妈都身体好吗?
Nǐ bàba māma dōu shēntǐ hǎo ma?
네 아빠와 엄마는 모두 몸이 건강하셔?

076 **眼睛** yǎnjing 2급

명 눈

多吃这种水果对眼睛好。
Duō chī zhè zhǒng shuǐguǒ duì yǎnjing hǎo.
이런 과일을 많이 먹으면 눈에 좋다.

+种 zhǒng 양 종류

077 **生病** shēngbìng 2급

동 병이 나다, 아프다

小王生病了，所以没来上课。
Xiǎo Wáng shēngbìng le, suǒyǐ méi lái shàngkè.
샤오왕은 아파서 수업에 오지 않았다.

+所以 suǒyǐ 접 그래서 | 上课 shàngkè 동 수업하다

078 **药**★ yào 2급

명 약

호응 吃药 chī yào 약을 먹다 | 开药 kāi yào 약을 처방하다

生病了要吃药。
Shēngbìngle yào chī yào.
아프면 약을 먹어야 한다.

+生病 shēngbìng 동 병이 나다, 아프다 | 要 yào 조동 ~해야 한다

079 **次** cì 2급

양 번, 회, 차례

这个药一天要吃三次。
Zhège yào yì tiān yào chī sān cì.
이 약은 하루에 세 번 먹어야 한다.

+药 yào 명 약

080 **医生** yīshēng 1급

동의 大夫 dàifu 의사 4급

명 의사

她在找张医生。
Tā zài zhǎo Zhāng yīshēng.
그녀는 장 의사 선생님을 찾고 있다.

+在 zài 부 ~하고 있다 | 找 zhǎo 동 찾다 | 张 Zhāng 고유 장(성씨)

081 □ □ 1급

医院*

yīyuàn

참고 生病 shēngbìng
병이 나다
2급 ···› p.35
看病 kànbìng
진찰 받다, 진찰하다

명 병원

你还是去医院看看吧。
Nǐ háishi qù yīyuàn kànkan ba.
너는 아무래도 병원에 가보는 게 좋겠어.

+ 还是 háishi 부 아무래도

082 □ □ 1급

睡觉***

shuìjiào

참고 起床 qǐchuáng
기상하다
2급 ···› p.36

동 잠을 자다

昨晚我只睡了三个小时觉。
Zuówǎn wǒ zhǐ shuìle sān ge xiǎoshí jiào.
어젯밤에 나는 잠을 3시간밖에 못 잤다.

+ 昨晚 zuówǎn 명 어젯밤 |
只 zhǐ 부 단지 | 小时 xiǎoshí 명 시간

맛있는 단어 TIP 이합사 睡觉

睡觉(shuìjiào)에서 순수한 동사는 睡(shuì 자다)이며 觉(jiào)는 '잠'이라는 뜻의 명사입니다. 이처럼 '동사(睡)+명사(觉)'로 이루어진 동사를 이합동사(혹은 이합사)라고 합니다. 이합사는 위의 예문처럼 분리해서 쓸 수 있는 것이 특징입니다.

083 □ □ 2급

起床

qǐchuáng

참고 睡觉 shuìjiào
잠을 자다
1급 ···› p.36

동 (잠자리에서) 일어나다, 기상하다

今天我6点就起床了。
Jīntiān wǒ liù diǎn jiù qǐchuáng le.
오늘 나는 6시에 바로 일어났다.

+ 今天 jīntiān 명 오늘 |
点 diǎn 명 시 | 就 jiù 부 곧, 바로

084 **累** ★★★
lèi
2급

형 지치다, 피곤하다

星期日也得上班，太累了。
Xīngqīrì yě děi shàngbān, tài lèi le.
일요일도 출근해야 해서, 너무 피곤하다.

+ 星期日 xīngqīrì 명 일요일 | 也 yě 부 역시, ~도 | 得 děi 조동 ~해야 한다 | 上班 shàngbān 동 출근하다 | 太 tài 부 너무

맛있는 한자 TIP 累를 쉽게 암기하는 방법

밭(田)일을 하고 나니 힘들어서 다리가 실(糸)처럼 힘이 풀린 모습을 연상하면 累(lèi)를 쉽게 외울 수 있습니다.

085 **一点儿** ★★★
yìdiǎnr
1급

양 약간, 조금

호응 一点儿也不 yìdiǎnr yě bù 조금도 ~않다

你想吃(一)点儿什么？
Nǐ xiǎng chī (yì)diǎnr shénme?
넌 뭘 좀 먹고 싶어?

맛있는 단어 TIP 一点儿과 有点儿 비교

有点儿(yǒudiǎnr)과 一点儿(yìdiǎnr)은 둘 다 '약간, 조금'이라는 뜻이지만, 형용사를 만날 때는 어순이 달라집니다. [有点儿+형용사]는 불만의 감정이 들어있고, [형용사+一点儿]은 비교의 의미가 들어있습니다.

→ 불만을 나타냄 有点儿 + 형용사　　→ 지금의 가격과 비교 형용사 + 一点儿

这个东西有点儿贵，能不能便宜一点儿？
Zhège dōngxi yǒudiǎnr guì, néng bu néng piányi yìdiǎnr?
이 물건은 좀 비싼데, 좀 더 싸게 해주실 수 있어요?

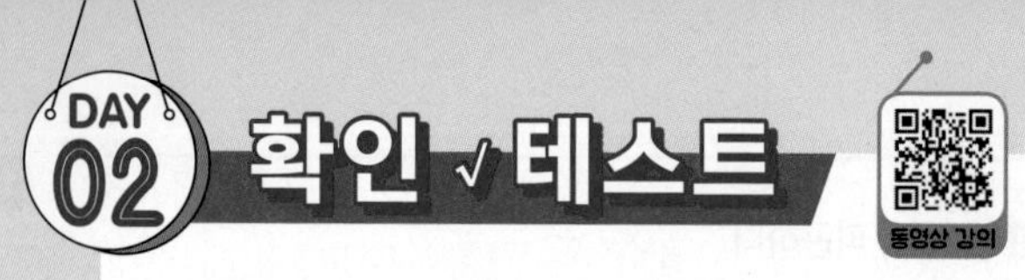

1 빈칸을 채우세요.

喝	❶	마시다
杯子	bēizi	❷
❸	chá	차
服务员	❹	종업원
咖啡	❺	커피

2 단어의 병음과 뜻을 알맞게 연결하세요.

❶ 水果 •	• ㉠ chī •	• ⓐ 식당
❷ 什么 •	• ㉡ shuǐguǒ •	• ⓑ 먹다
❸ 吃 •	• ㉢ fàndiàn •	• ⓒ 무엇
❹ 饭店 •	• ㉣ shénme •	• ⓓ 과일

3 빈칸에 들어갈 알맞은 단어를 고르세요.

Nǐ bàba māma dōu (yǎnjing / shēntǐ) hǎo ma ?
❶ 你 爸爸 妈妈 都 (眼睛 / 身体) 好 吗?
네 아빠와 엄마는 모두 **몸**이 건강하셔?

Māma zuò de (yú / yángròu) fēicháng hǎochī .
❷ 妈妈 做 的 (鱼 / 羊肉) 非常 好吃。
엄마가 만든 **생선** 요리는 매우 맛있다.

Xiǎo Wáng (shēngbìng / shuìjiào) le , suǒyǐ méi lái shàngkè .
❸ 小 王 (生病 / 睡觉) 了，所以 没 来 上课。
샤오왕은 **아파서** 수업에 오지 않았다.

Nǐ háishi qù (yīshēng / yīyuàn) kànkan ba .
❹ 你 还是 去 (医生 / 医院) 看看 吧。
너는 아무래도 **병원**에 가보는 게 좋겠어.

04

도전! HSK 2급 **듣기** 제1부분

4 녹음을 듣고 사진과 일치하면 √, 일치하지 않으면 X를 표시하세요.

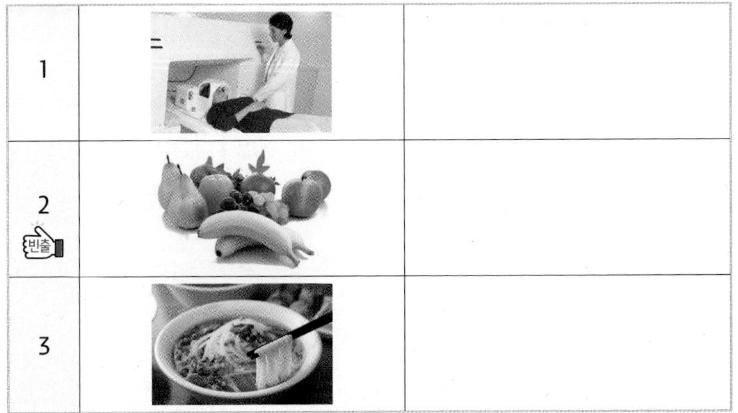

도전! HSK 2급 **독해** 제2부분

5 빈칸에 들어갈 알맞은 단어를 고르세요.(모두 한 번씩만 사용됩니다.)

yǎnjing A 眼睛	kāfēi B 咖啡	xīguā C 西瓜	yào D 药

Nǐ chī ( ) hòu hǎohāor xiūxi ba .
❶ 你 吃 (　　　　) 后 好好儿 休息 吧 。

빈출
Jiějie ài hē
❷ 姐姐 爱 喝 (　　　　) 。

Māma mǎile yí ge hěn dà de
❸ 妈妈 买了 一 个 很 大 的 (　　　　) 。

빈출
Duō chī zhège shuǐguǒ duì ( ) hǎo .
❹ 多 吃 这个 水果 对 (　　　　) 好 。

오늘 하루도 맑음 _성질과 상태

HSK 1·2급에 이 단어가 나온다!

성질과 상태의 정도를 나타내는 정도부사 很(hěn 매우), 非常(fēicháng 매우), 最(zuì 가장) 등은 형용사가 들어가는 문장에서 거의 모두 쓰입니다. 감정을 나타내는 高兴(gāoxìng 기쁘다), 快乐(kuàilè 즐겁다)와 날씨와 관련된 冷(lěng 춥다), 热(rè 덥다), 晴(qíng 맑다), 阴(yīn 흐리다)도 자주 출제되고 있습니다.

한눈에 파악하는 단어

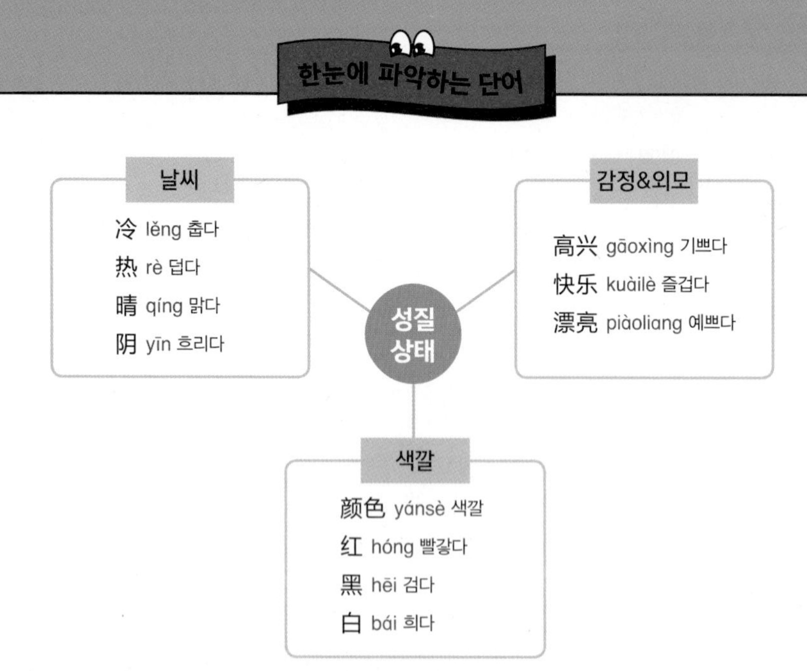

성질 상태
날씨
冷 lěng 춥다
热 rè 덥다
晴 qíng 맑다
阴 yīn 흐리다
감정&외모
高兴 gāoxìng 기쁘다
快乐 kuàilè 즐겁다
漂亮 piàoliang 예쁘다
색깔
颜色 yánsè 색깔
红 hóng 빨갛다
黑 hēi 검다
白 bái 희다

086 很★ hěn
☐ ☐ 1급

부 매우

这件衣服很漂亮，但是太贵了。
Zhè jiàn yīfu hěn piàoliang, dànshì tài guì le.
이 옷은 매우 예쁘긴 한데 너무 비싸.

+ 漂亮 piàoliang 형 예쁘다 | 但是 dànshì 접 그러나 | 太 tài 부 너무 | 贵 guì 형 비싸다

맛있는 단어 TIP 정도부사 很

정도부사는 '매우'처럼 정도를 나타내는 부사입니다. HSK 1~2급에서는 很(hěn 매우), 最(zuì 가장), 太(tài 너무), 非常(fēicháng 매우) 등의 정도부사가 등장합니다. 정도부사는 주로 형용사를 수식합니다.

087 非常★ fēicháng
☐ ☐ 2급

부 매우

今天的天气非常冷，你还是多穿点儿吧。
Jīntiān de tiānqì fēicháng lěng, nǐ háishi duō chuān diǎnr ba.
오늘 날씨는 매우 추워. 너는 (옷을) 좀 많이 입어.

+ 还是 háishi 부 ~하는 편이 좋다

088 最★★ zuì
☐ ☐ 2급

부 가장, 최고로

牛奶最好喝。
Niúnǎi zuì hǎohē.
우유가 가장 맛있어.

+ 牛奶 niúnǎi 명 우유 | 好喝 hǎohē 형 맛있다, 마시기 좋다

089 

太 ★★★

tài

1급

부 너무

호응 太…了 tài…le 너무 ~하다 | 不太… bú tài… 그다지 ~않다

> 天气太热了！ 빈출
> Tiānqì tài rè le!
> 날씨가 너무 더워!

맛있는 단어 TIP [太…了] 형식

[太+형용사+了]는 '너무 ~하다'라는 뜻입니다. 이때 了는 '~했다'의 의미가 아니라 사실을 강조하는 어기조사입니다. 따라서 了는 해석되지 않으며 생략도 가능합니다.

- 太热了 tài rè le 너무 더워
- 太漂亮了 tài piàoliang le 너무 아름다워

090 真 ★

zhēn

2급

반의 假 jiǎ 거짓의, 가짜의 4급

부 정말, 진짜

> 外面真热！
> Wàimian zhēn rè!
> 밖은 정말 더워!
>
> + 外面 wàimian 명 밖

형 진짜이다, 사실이다

> 这话是真的吗？
> Zhè huà shì zhēn de ma?
> 이 말이 진짜야?
>
> + 话 huà 명 말

091 大

dà

1급

반의 小 xiǎo 작다 1급 → p.43

형 크다

> 这个医院很大。
> Zhège yīyuàn hěn dà.
> 이 병원은 매우 크다.
>
> + 医院 yīyuàn 명 병원

092 **小** xiǎo
1급

반의 大 dà 크다
1급 ··· p.42

형 (크기가) 작다

这个西瓜太小了。
Zhège xīguā tài xiǎo le.
이 수박은 너무 작아.

+ 西瓜 xīguā 명 수박

형 (나이가) 어리다

호응 从小(就)··· cóng xiǎo (jiù)··· 어릴 때부터 ~하다

我从小就喜欢读书。 빈출
Wǒ cóng xiǎo jiù xǐhuan dú shū.
나는 어릴 때부터 책 읽기를 좋아했다.

+ 从 cóng 개 ~부터 | 读 dú 동 읽다 | 书 shū 명 책

093 **多** duō
1급

반의 少 shǎo 적다
1급 ··· p.43

형 많다

这个医院有很多医生。
Zhège yīyuàn yǒu hěn duō yīshēng.
이 병원에는 많은 의사가 있다.

+ 医院 yīyuàn 명 병원 | 医生 yīshēng 명 의사

094 **少** shǎo
1급

반의 多 duō 많다
1급 ··· p.43

형 적다

我的面条儿太少了，再给我一点儿。
Wǒ de miàntiáor tài shǎo le, zài gěi wǒ yìdiǎnr.
내 면은 너무 적어. 좀 더 줘.

+ 面条(儿) miàntiáo(r) 명 국수, 면 | 再 zài 부 다시, 또 | 给 gěi 동 ~에게 주다 | 一点儿 yìdiǎnr 양 약간, 조금

095 **不** ★★★
bù
1급

부 ~않다, ~아니다

今天天气不热。
Jīntiān tiānqì bú rè.
오늘은 날씨가 덥지 않다.

+今天 jīntiān 명 오늘 | 天气 tiānqì 명 날씨 | 热 rè 형 덥다

맛있는 단어 TIP 不와 没有 비교

부정부사 不(bù)와 没有(méiyǒu)는 가장 기본적이지만 꼭 알아두어야 할 내용입니다. 不와 没(有)의 의미와 용법을 꼭 알아두세요.

不 bù ~않다, ~아니다	没(有) méi(yǒu) ~하지 않았다, 없다(有를 부정함)
현재, 미래, 의지를 부정함	과거 사실이나 존재를 부정함
我不去。 Wǒ bú qù. 나는 안 가. 我不知道。 Wǒ bù zhīdào. 나는 알지 못한다.	我没去。 Wǒ méi qù. 나는 안 갔어. 我没(有)时间。 Wǒ méi(yǒu) shíjiān. 나는 시간이 없다.

096 **好**
hǎo
1급

형 좋다

这个医院非常好。
Zhège yīyuàn fēicháng hǎo.
이 병원은 매우 좋다.

+医院 yīyuàn 명 병원 | 非常 fēicháng 부 매우

097 **高兴**★★
gāoxìng
1급

유의 快乐 kuàilè 즐겁다
2급 ··· p.45

형 기쁘다, 즐겁다

今天大家都很高兴。
Jīntiān dàjiā dōu hěn gāoxìng.
오늘 모두가 매우 즐겁다.

098 **快乐**★★★
kuàilè
2급

유의 高兴 gāoxìng 기쁘다
1급 ··· p.45

형 즐겁다

我也很快乐。 빈출
Wǒ yě hěn kuàilè.
나도 매우 즐겁다.

099 **漂亮**★★
piàoliang

1급

유의 好看 hǎokàn 예쁘다, 잘생기다

형 예쁘다, 아름답다

这件衣服真漂亮。
Zhè jiàn yīfu zhēn piàoliang.
이 옷은 참 예쁘다.

+ 件 jiàn 양 벌[옷을 세는 단위] | 衣服 yīfu 명 옷 | 真 zhēn 부 정말, 진짜

100 **得**★★★
de

2급

조 동사나 형용사 뒤에 쓰여 결과나 정도를 나타내는 보어와 연결시킴

今天玩儿得很快乐。 빈출
Jīntiān wánr de hěn kuàilè.
오늘은 매우 즐겁게 놀았다.

+ 今天 jīntiān 명 오늘 | 玩(儿) wán(r) 동 놀다

조 동사와 보어 사이에 쓰여 가능을 나타냄
(부정을 할 때는 得를 不로 바꿈)

你能听得懂汉语吗？ 빈출
Nǐ néng tīng de dǒng Hànyǔ ma?
당신은 중국어를 들어서 이해할 수 있습니까?

+能 néng 조동 ~할 수 있다 | 懂 dǒng 동 이해하다 |
汉语 Hànyǔ 명 중국어

HSK 1·2급 출제 포인트

구조조사 得(de)는 실질적인 뜻 없이 술어와 보어를 연결합니다. HSK 2급 독해 영역과 HSK 3급~5급 쓰기 제1부분 어순 배열 문제에 자주 출제됩니다. [동사/형용사+得+보어]가 일반적인 어순인데, 得 뒤에 '부사+형용사'를 놓는 것이 핵심입니다.

그는 **걷는다.**
他走。

(연결)
+ 得 +

그는 매우 **빠르다.**
他很快。

↓

他走得很快。
Tā zǒu de hěn kuài.
그는 걷는 것이 매우 빠르다. → 그는 매우 빨리 걷는다.

101 □ □ 2급
长★★
cháng

반의 短 duǎn 짧다
3급 ··· p.203

형 길다

她的头发很长。
Tā de tóufa hěn cháng.
그녀의 머리카락은 매우 길다.

+头发 tóufa 명 머리카락

102 **高**
□
□
gāo
2급

반의 矮 ǎi (키가) 작다
3급 ··· p.139

형 높다

那山不高，但是很美。
Nà shān bù gāo, dànshì hěn měi.
그 산은 높지는 않지만 매우 아름답다.

형 (키가) 크다

我爸爸很高。
Wǒ bàba hěn gāo.
우리 아빠는 키가 크다.

103 **颜色**
□
□
yánsè
2급

명 색깔

这件衣服还有别的颜色吗？ 빈출
Zhè jiàn yīfu hái yǒu bié de yánsè ma?
이 옷은 다른 색깔이 있어요?

+衣服 yīfu 명 옷 | 还 hái 부 또한, 더 | 别 bié 형 다른

104 **黑**
□
□
hēi
2급

반의 白 bái 희다
2급 ··· p.47

형 검다

她的头发又黑又长。 빈출
Tā de tóufa yòu hēi yòu cháng.
그녀의 머리카락은 검고 또 길다.

+又 yòu 부 또 | 长 cháng 형 길다

105 **白**
□
□
bái
2급

반의 黑 hēi 검다
2급 ··· p.47

형 희다

奶奶的头发都白了。
Nǎinai de tóufa dōu bái le.
할머니의 머리카락이 모두 하얘졌다.

+奶奶 nǎinai 명 할머니 | 了 le 조 ~하게 됐다(문장 끝에 쓰여 변화를 나타냄)

106 **红**

☐
☐
2급

hóng

형 붉다, 빨갛다

这里有红的和白的，你要哪个？
Zhèli yǒu hóng de hé bái de, nǐ yào nǎ ge?
여기 빨간 것과 흰 것이 있는데, 너는 어느 것을 원해?

+ 的 de 조 ~하는 것(동사나 형용사 뒤에서 명사화시킴) | 要 yào 동 원하다

107 **觉得**★★★

☐
☐
2급

juéde

유의 认为 rènwéi ~라고 여기다 3급 ···› p.222

동 ~라고 느끼다, ~라고 생각하다

我觉得这个医院最好。빈출
Wǒ juéde zhège yīyuàn zuì hǎo.
나는 이 병원이 가장 좋다고 생각해.

108 **希望**★

☐
☐
2급

xīwàng

동 희망하다, 바라다

你希望在哪里工作？
Nǐ xīwàng zài nǎli gōngzuò?
너는 어디에서 일하기를 원하니?

+ 在 zài 개 ~에서 | 哪里 nǎli 대 어디 | 工作 gōngzuò 동 일하다

명 희망

这件事没有希望了。
Zhè jiàn shì méiyǒu xīwàng le.
이 일은 희망이 없어졌다.

+ 件 jiàn 양 건, 개[일을 세는 단위] | 事 shì 명 일

109 **比**★

bǐ

2급

개 ~보다

今天比昨天忙。 빈출

Jīntiān bǐ zuótiān máng.

오늘은 어제보다 바쁘다.

+今天 jīntiān 명 오늘 | 昨天 zuótiān 명 어제 | 忙 máng 형 바쁘다

동 비교하다

我们比一比谁跑得更快。

Wǒmen bǐ yi bǐ shéi pǎo de gèng kuài.

우리 누가 더 빨리 달리는지 한번 비교해보자.

+谁 shéi 대 누구 | 跑 pǎo 동 뛰다, 달리다 | 更 gèng 부 더욱 | 快 kuài 형 빠르다

HSK 1·2급 출제 포인트

HSK 2급 독해 제2부분 빈칸 채우기 문제에서 주어와 비교 대상이 나올 때는 그 사이에 比가 들어가야 함을 기억하세요. 또한 HSK 3급 쓰기 제1부분 어순 배열 문제에서는 비교의 차이를 나타내는 수량사를 형용사 뒤쪽에 위치시키는 것이 핵심입니다.

S+比+비교 대상+형용사/동사+차이(수량사)

哥哥比我大一岁。

Gēge bǐ wǒ dà yí suì.

형은 나보다 한 살이 많다.

110 **快**★★

kuài

2급

반의 慢 màn 느리다 2급 ··· p.50

형 빠르다

他吃得很快，一分钟能吃完一碗。

Tā chī de hěn kuài, yì fēnzhōng néng chīwán yì wǎn.

그는 먹는 게 매우 빨라서 1분 안에 한 그릇을 다 먹을 수 있다.

맛있는 단어 TIP [快…了] 형식

임박을 나타내는 고정 격식인 [快…了]는 '곧 ~하려 하다'라는 뜻으로, 시험에 자주 출제되는 중요한 표현입니다. 주의할 점은 了가 있지만 아직 발생하지 않았다는 것입니다.

베이징에 온 지 1년이 넘지 않았음
我来北京已经快一年了。
Wǒ lái Běijīng yǐjīng kuài yì nián le.
내가 베이징에 온 지 벌써 1년이 다 되어 간다.

111 **慢**★ màn 2급

반의 快 kuài 빠르다 2급 ··· p.49

형 느리다

你走得太慢了，能不能快一点儿?
Nǐ zǒu de tài màn le, néng bu néng kuài yìdiǎnr?
너는 걷는 게 너무 느려, 좀 빨리 걸을 수 없어?

112 **忙**★★★ máng 2급

형 바쁘다

现在太忙了，不能休息。
Xiànzài tài máng le, bù néng xiūxi.
지금 너무 바빠서 쉴 수 없어.

+ 现在 xiànzài 명 지금, 현재 | 休息 xiūxi 동 쉬다

동 서둘러 하다

忙了一天，我想好好儿休息。
Mángle yì tiān, wǒ xiǎng hǎohāor xiūxi.
하루 종일 바쁘게 일했더니, 나는 좀 쉬고 싶어.

+ 好好儿 hǎohāor 부 잘 | 休息 xiūxi 동 쉬다

맛있는 한자 TIP 心(마음심)이 들어간 한자

心(마음심)이 왼쪽에 들어가면 마음심변(忄)이 됩니다. 마음심변(忄)이 있는 忙(máng)은 '바쁘다'라는 뜻입니다. 하지만 마음심(心)이 밑에 있는 忘(wàng)은 '잊다'라는 뜻이니 구별하세요.

113 **新**★★★
xīn
2급

반의 旧 jiù 오래되다
3급 ···› p.241

형 새롭다

今天来了一名新同学。 빈출
Jīntiān láile yì míng xīn tóngxué.
오늘은 한 명의 새 학생이 왔다.

\+ 名 míng 양 명[사람을 세는 단위] | 同学 tóngxué 명 동학, 급우

114 **天气**
tiānqì
1급

명 날씨

今天的天气太好了。
Jīntiān de tiānqì tài hǎo le.
오늘 날씨는 너무 좋아.

115 **冷**★
lěng
1급

반의 热 rè 덥다
1급 ···› p.51

형 춥다, 차다

今天非常冷，你多穿点儿衣服吧。 빈출
Jīntiān fēicháng lěng, nǐ duō chuān diǎnr yīfu ba.
오늘 매우 추우니까 너는 옷을 좀 많이 입어.

\+ 非常 fēicháng 부 매우 | 穿 chuān 동 입다 | 衣服 yīfu 명 옷

116 **热**★
rè
1급

반의 冷 lěng 춥다
1급 ···› p.51

형 덥다, 뜨겁다

今天天气太热了，有没有冰水？
Jīntiān tiānqì tài rè le, yǒu méiyǒu bīngshuǐ?
오늘 날씨가 너무 더워, 얼음물이 있니?

\+ 冰水 bīngshuǐ 명 얼음물, 차가운 물

맛있는 한자 TIP 灬(불화)가 들어간 한자

火(불화)가 한자 밑부분에 들어가면 '灬' 모양이 됩니다. 부수 灬는 火가 변형된 모양으로, '불'과 관련된 의미를 갖습니다. 불에 타면 검은 재가 되기 때문에 黑(hēi 검다)에도, 불이 뜨겁기 때문에 热(rè 덥다)에도 灬가 들어갑니다.

117 

晴★

□
□
2급

qíng

반의 阴 yīn 흐리다
2급 ⋯▸ p.52

형 (날씨가) 맑다

今天是晴天。빈출
Jīntiān shì qíngtiān.
오늘은 맑은 날씨이다.

118

阴★

□
□
2급

yīn

반의 晴 qíng 맑다
2급 ⋯▸ p.52

형 (날씨가) 흐리다

天阴了，看来要下雨了。빈출
Tiān yīn le, kànlai yào xiàyǔ le.
날씨가 흐려졌어. 보아하니 비가 오려나 봐.

+看来 kànlai 보아하니, 보기에 | 要 yào 조동 ~하려 하다 | 下雨 xiàyǔ 동 비가 오다

119

下雨★★★

□
□
1급

xiàyǔ

동 비가 오다

开始下雨了，我们快走吧。빈출
Kāishǐ xiàyǔ le, wǒmen kuài zǒu ba.
비가 오기 시작했어. 우리 빨리 가자.

+开始 kāishǐ 동 시작하다 | 快 kuài 부 빨리 | 走 zǒu 동 가다 | 吧 ba 조 ~하자

120

雪

□
□
2급

xuě

명 눈

호응 下雪 xiàxuě 눈이 내리다 | 一场雪 yì cháng xuě 한 차례의 눈

昨天晚上下了一场大雪。
Zuótiān wǎnshang xiàle yì cháng dà xuě.
어젯밤에 한차례 많은 눈이 내렸다.

+昨天 zuótiān 명 어제 | 晚上 wǎnshang 명 저녁, 밤 | 下 xià 동 내리다 | 场 cháng 양 (자연 현상) 회, 번

121

可能★★

□
□
2급

kěnéng

부 아마도

他今天可能不来了。빈출
Tā jīntiān kěnéng bù lái le.
그는 오늘 아마도 안 오려나 봐.

형 가능하다

在可能的情况下，我一定帮助你。
Zài kěnéng de qíngkuàng xià, wǒ yídìng bāngzhù nǐ.
가능한 상황에서는 내가 반드시 널 도울게.

+ 情况 qíngkuàng 명 상황 | 一定 yídìng 부 반드시 | 帮助 bāngzhù 동 돕다

명 가능성

明天有可能下雪。
Míngtiān yǒu kěnéng xiàxuě.
내일은 눈이 올 가능성이 있다.

+ 明天 míngtiān 명 내일

122 □ □ 1급 **狗** gǒu

명 개

你的狗真可爱！ 빈출
Nǐ de gǒu zhēn kě'ài!
네 개는 정말 귀여워!

+ 可爱 kě'ài 형 귀엽다, 사랑스럽다

123 □ □ 1급 **猫**★ māo

명 고양이

桌子下有一只小猫。 빈출
Zhuōzi xià yǒu yì zhī xiǎomāo.
탁자 아래에 한 마리의 새끼 고양이가 있다.

+ 桌子 zhuōzi 명 탁자, 테이블 | 只 zhī 양 마리[동물을 세는 단위]

124 □ □ 1급 **没有**★★★ méiyǒu

동 없다

家里没有牛奶了。 빈출
Jiāli méiyǒu niúnǎi le.
집에 우유가 다 떨어졌어.

+ 牛奶 niúnǎi 명 우유 | 了 le 조 ~하게 되다(문장 끝에 쓰여 상태의 변화를 나타냄)

부 ~하지 않았다

电影还没有开始。 빈출
Diànyǐng hái méiyǒu kāishǐ.
영화는 아직 시작하지 않았어.

+ 电影 diànyǐng 명 영화 | 还 hái 부 아직, 여전히 | 开始 kāishǐ 동 시작하다

HSK 1·2급 출제 포인트

没有(méiyǒu)는 뒤에 명사가 오면 '없다'라는 뜻이 되고, 뒤에 동사가 오면 '~하지 않았다'라는 뜻이 됩니다. 시험에는 둘 다 출제가 되기 때문에 해석할 때 정확하게 구분해야 합니다. 没有는 没(méi)로만 쓸 수도 있습니다.

125 吗 ma

1급

조 문장 끝에 쓰여 의문의 어기를 나타냄

外面冷吗? 出去穿什么衣服好?
Wàimian lěng ma? Chūqu chuān shénme yīfu hǎo?
밖은 추워? 나갈 때 무슨 옷을 입는 게 좋을까?

+ 外面 wàimian 명 밖 | 穿 chuān 동 (옷을) 입다 | 衣服 yīfu 명 옷

맛있는 단어 TIP 의문문 만드는 법

평서문에 吗(ma)를 붙이면 의문문이 되며, 일반적으로 의문대명사(什么 shénme, 怎么 zěnme, 怎么样 zěnmeyàng 등)가 있으면 吗(ma)를 쓰지 않습니다.

평서문	의문문
天气冷。 Tiānqì lěng. 날씨가 춥다.	天气冷吗? Tiānqì lěng ma? 날씨가 추워?

天气怎么样吗? (X) → 天气怎么样? (O)
Tiānqì zěnmeyàng?
날씨가 어때?

126 □ □ 2급

因为…，所以…★★

yīnwèi…, suǒyǐ…

(왜냐하면) ~이기 때문에 그래서 ~이다

因为路上车太多了，所以我来晚了。
Yīnwèi lùshang chē tài duō le, suǒyǐ wǒ láiwǎn le.
길에 차가 너무 많았기 때문에, 그래서 나는 늦게 왔어.

+路 lù 명 길 | 车 chē 명 차, 자동차 | 来晚 láiwǎn 늦게 오다

127 □ □ 2급

虽然…，但是…★★

suīrán…, dànshì…

비록 ~이지만 ~하다

虽然冬天了，但是不冷。빈출
Suīrán dōngtiān le, dànshì bù lěng.
비록 겨울이 되었지만 춥지 않다.

+冬天 dōngtiān 명 겨울

HSK 1·2급 출제 포인트

HSK 2급 독해 제3부분에서 [虽然…, 但是…]의 형식이 보인다면, 但是 뒷부분에 더욱 중요한 내용이 나오므로, 이 부분을 활용해 문제를 풀어야 합니다.

중요 내용(힌트) → 그의 집으로 가는 차는 적다
虽然这儿离我家不远，但是到我家的车不太多，…
Suīrán zhèr lí wǒ jiā bù yuǎn, dànshì dào wǒ jiā de chē bú tài duō,…
비록 여기는 우리 집에서 멀지 않지만, 우리 집으로 가는 차는 그다지 많지 않다. …

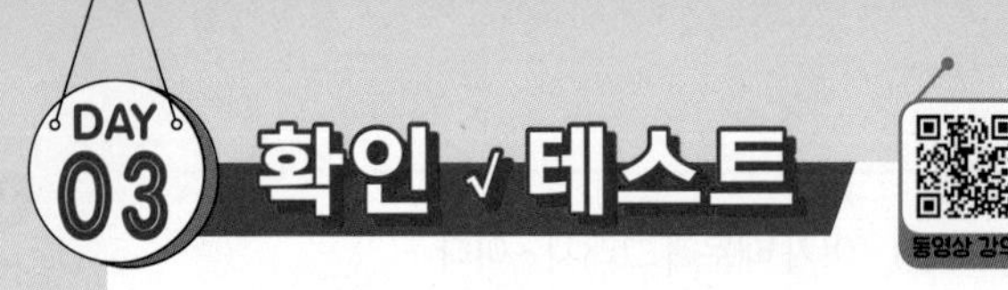

1 빈칸을 채우세요.

❶	hěn	매우
最	zuì	❷
小	❸	작다, 어리다
多	duō	❹
❺	bù	~않다, ~아니다

2 단어의 병음과 뜻을 알맞게 연결하세요.

❶ 可能 •	• ㉠ cháng •	• ⓐ 색깔
❷ 颜色 •	• ㉡ yánsè •	• ⓑ 길다
❸ 长 •	• ㉢ juéde •	• ⓒ 아마도, 가능하다
❹ 觉得 •	• ㉣ kěnéng •	• ⓓ ~라고 느끼다

3 빈칸에 들어갈 알맞은 단어를 고르세요.

Zhuōzi xià yǒu yì zhī xiǎo (māo / gǒu) .
❶ 桌子 下 有 一只 小 （猫 / 狗）。
탁자 아래에 한 마리의 새끼 **고양이**가 있다.

Jīntiān shì (yīn / qíng) tiān .
❷ 今天 是（阴 / 晴） 天。오늘은 **맑은** 날씨이다.

Jīntiān dàjiā dōu hěn (gāoxìng / piàoliang) .
❸ 今天 大家 都 很 （高兴 / 漂亮）。오늘 모두가 매우 **즐겁다**.

Xiànzài tài (màn / máng) le , bù néng xiūxi .
❹ 现在 太 （慢 / 忙） 了，不 能 休息。지금 너무 **바빠서** 쉴 수 없어.

도전! HSK 2급 **듣기** 제1부분

4 녹음을 듣고 사진과 일치하면 √, 일치하지 않으면 X를 표시하세요.

1 빈출		
2 빈출		
3		

5 빈칸에 들어갈 알맞은 단어를 고르세요.(모두 한 번씩만 사용됩니다.)

kuàilè	xīwàng	màn	zhēn
A 快乐	B 希望	C 慢	D 真

Nǐ zài nǎli gōngzuò ?
❶ 你 (　　　　) 在 哪里 工作？

Tā de zì xiě de hǎo !
❷ 她 的 字 写 得 (　　　　) 好！

Háizimen zài xuědì li de wánzhe .
빈출 ❸ 孩子们 在 雪地 里 (　　　　) 地 玩着。

Nǐ zǒu de tài le, néng bu néng kuài yìdiǎnr ?
❹ 你 走 得 太 (　　　　) 了，能 不 能 快 一点儿？

우리 지금 만나
_행위와 동작

HSK 1·2급에 이 단어가 나온다!

来(lái 오다), 去(qù 가다)는 많은 문장에서 쓰이는 기본 동사입니다. 跑步(pǎobù 달리다), 游泳(yóuyǒng 수영하다)이 자주 출제되며, 打篮球(dǎ lánqiú 농구하다)와 踢足球(tī zúqiú 축구하다)는 각각 다른 동사가(打 dǎ, 踢 tī) 사용됨에 주의해야 합니다.

한눈에 파악하는 단어

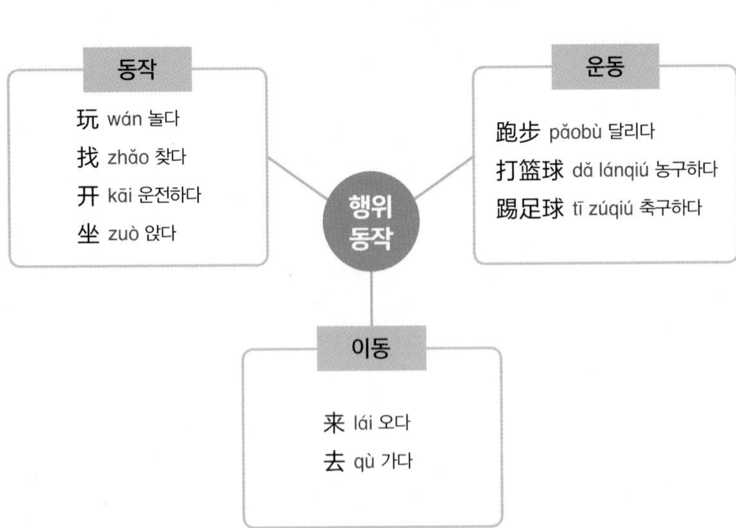

동작
玩 wán 놀다
找 zhǎo 찾다
开 kāi 운전하다
坐 zuò 앉다
운동
跑步 pǎobù 달리다
打篮球 dǎ lánqiú 농구하다
踢足球 tī zúqiú 축구하다
행위 동작
이동
来 lái 오다
去 qù 가다

128 **看** kàn 1급

참고 听 tīng 듣다
1급 ···› p.59

동 보다

호응 看电影 kàn diànyǐng 영화를 보다 |
看电视 kàn diànshì 텔레비전을 보다

姐姐在看电视。
Jiějie zài kàn diànshì.
누나(언니)는 텔레비전을 보고 있다.

+ 在 zài 부 ~하고 있다 |
电视 diànshì 명 TV, 텔레비전

맛있는 한자 TIP 目(눈목)이 들어간 한자

目(mù 눈), 眼睛(yǎnjing 눈), 看(kàn 보다)에서 공통적인 부분을 찾아보세요. 目(눈목)이 보이죠? 目은 사람의 눈을 보고 만든 상형자로서, 보통은 보는 것과 관련된 동작을 나타냅니다. '앞으로 눈(眼睛)의 눈동자(目)로 자세히 봅시다(看)!'라는 한 문장으로 目이 들어간 한자를 외워보세요.

129 **听** tīng 1급

참고 看 kàn 보다
1급 ···› p.59

동 듣다

호응 听音乐 tīng yīnyuè 음악을 듣다 |
听得懂 tīng de dǒng 듣고 이해하다 |
听不懂 tīng bu dǒng 듣고 이해하지 못하다

你听得懂汉语吗? 빈출
Nǐ tīng de dǒng Hànyǔ ma?
너는 중국어를 들어서 이해할 수 있어?

+ 懂 dǒng 동 이해하다 | 汉语 Hànyǔ 명 중국어

130 **来**★★★ lái 1급

반의 去 qù 가다
1급 ···› p.60

동 오다

他还没来。
Tā hái méi lái.
그는 아직 오지 않았다.

+ 还 hái 부 아직, 여전히 | 没 méi 부 ~않았다

131 **去**★★

qù

1급

반의 来 lái 오다
1급 ··· p.59

동 가다

我去超市买一点东西。
Wǒ qù chāoshì mǎi yìdiǎn dōngxi.
나는 물건을 좀 사러 슈퍼에 간다.

+ 超市 chāoshì 명 슈퍼마켓 | 买 mǎi 동 사다 | 东西 dōngxi 명 물건

132 **走**

zǒu

2급

동 걷다

走路是很好的运动。
Zǒulù shì hěn hǎo de yùndòng.
걷기는 아주 좋은 운동이다.

+ 运动 yùndòng 명 운동

동 떠나다, 가다

他有事，已经走了。
Tā yǒu shì, yǐjīng zǒu le.
그는 일이 있어서 이미 갔어.

+ 事 shì 명 일 | 已经 yǐjīng 부 이미, 벌써

맛있는 단어 TIP 去와 走 비교

去(qù)와 走(zǒu) 둘 다 '가다'라는 의미이지만, 구체적인 의미는 다릅니다. 去는 어떤 목적지로 간다는 의미이고, 走는 현재 머물고 있는 장소를 떠난다는 의미입니다. 따라서 走家(zǒu jiā), 走学校(zǒu xuéxiào) 등으로 쓸 수 없다는 것에 주의하세요.

我走学校。(X) → 我去学校。(O)
(장소: 学校)
Wǒ qù xuéxiào.
나는 학교에 간다.

133 **坐** zuò
1급

동 앉다

我们坐在这儿休息一下。
Wǒmen zuòzài zhèr xiūxi yíxià.
우리 여기 앉아서 좀 쉬자.

+ 这儿 zhèr 대 여기, 이곳 | 休息 xiūxi 동 쉬다 | 一下 yíxià 양 한번, 잠깐

동 (교통수단을) 타다

호응 坐飞机 zuò fēijī 비행기를 타다 | 坐地铁 zuò dìtiě 지하철을 타다 | 坐公共汽车 zuò gōnggòng qìchē 버스를 타다

我们坐出租车去吧。 빈출
Wǒmen zuò chūzūchē qù ba.
우리 택시를 타고 가자.

+ 出租车 chūzūchē 명 택시

134 **叫** jiào
1급

동 부르다

请帮我叫一辆出租车。
Qǐng bāng wǒ jiào yí liàng chūzūchē.
택시 한 대를 좀 불러주세요.

+ 请 qǐng 동 ~하세요 | 帮 bāng 동 돕다 | 辆 liàng 양 대[차량을 세는 단위] | 出租车 chūzūchē 명 택시

135 **开** kāi
1급

반의 关 guān
닫다, (전기 제품을) 끄다
3급 ··· p.254

동 열다, (전기 제품을) 켜다

호응 开门 kāi mén 문을 열다 | 开机 kāijī 휴대폰을 켜다 | 开电脑 kāi diànnǎo 컴퓨터를 켜다

门开着，电视也开着。
Mén kāizhe, diànshì yě kāizhe.
문이 열려 있고, 텔레비전도 켜져 있다.

+ 着 zhe 조 ~한 채로 있다 | 电视 diànshì 명 텔레비전 | 也 yě 부 역시, 또한

동 운전하다

호응 开车 kāichē 운전하다

我开车送您去那儿吧。 빈출
Wǒ kāichē sòng nín qù nàr ba.
제가 차를 운전해서 당신을 그곳으로 데려다줄게요.

\+ 送 sòng 동 배웅하다, 보내다

136 □ □ 2급 **玩★★★** wán

참고 好玩儿 hǎowánr 재미있다

동 놀다

호응 玩儿电脑 wánr diànnǎo 컴퓨터를 하다 | 玩儿游戏 wánr yóuxì 게임을 하다

今天玩儿得很高兴。 빈출
Jīntiān wánr de hěn gāoxìng.
오늘 즐겁게 잘 놀았어.

\+ 得 de 조 동사 뒤에서 정도를 나타내는 보어와 연결시킴 | 高兴 gāoxìng 형 기쁘다

맛있는 단어 TIP 玩이 들어간 단어

玩(wán)은 好玩儿(hǎowánr 재미있다)과 玩儿游戏(wánr yóuxì 게임을 하다)로도 자주 출제되므로 함께 외워두세요. 그리고 玩은 발음할 때 wán보다는 儿(ér)을 붙여서 'wánr'이라고 읽을 때가 더 많다는 것도 주의하세요.

137 □ □ 2급 **笑** xiào

반의 哭 kū 울다 3급 ··· p.219

동 웃다

听了他的话后，大家都笑了。
Tīngle tā de huà hòu, dàjiā dōu xiào le.
그의 말을 듣고 모두가 웃었다.

\+ 听 tīng 동 듣다 | 话 huà 명 말

138 **穿** chuān 2급

반의 脱 tuō (옷을) 벗다 4급

동 (옷을) 입다

호응 穿衣服 chuān yīfu 옷을 입다

你等我，我还没穿好衣服呢。
Nǐ děng wǒ, wǒ hái méi chuānhǎo yīfu ne.
기다려, 나는 아직 옷을 다 못 입었어.

+ 等 děng 동 기다리다 | 还 hái 부 아직, 여전히 | 衣服 yīfu 명 옷

139 **找★★★** zhǎo 2급

동 찾다

호응 找工作 zhǎo gōngzuò 직장을 구하다 | 找人 zhǎo rén 사람을 찾다

你去哪儿了？张医生在找你呢。
Nǐ qù nǎr le? Zhāng yīshēng zài zhǎo nǐ ne.
너는 어디 갔었어? 장 의사 선생님이 널 찾고 있어.

+ 在 zài 부 ~하고 있다 | 呢 ne 조 문장 끝에 쓰여 동작이나 상황이 지속을 나타냄

140 **就★** jiù 2급

참고 才 cái 비로소

부 바로, 곧, 즉시

妈妈，我快看完了，等一下就睡吧。
Māma, wǒ kuài kànwán le, děng yíxià jiù shuì ba.
엄마, 저는 곧 다 봐가요. 조금 이따가 바로 잘게요.

141 **一起★★** yìqǐ 2급

참고 一块儿 yíkuàir 함께

부 함께

你也可以和我们一起玩儿。 빈출
Nǐ yě kěyǐ hé wǒmen yìqǐ wánr.
너도 우리와 함께 놀 수 있어.

+ 也 yě 부 역시, 또한 | 可以 kěyǐ 조동 ~할 수 있다, ~해도 좋다 | 和 hé 개 ~와, ~과

명 한곳

你跟谁在一起?
Nǐ gēn shéi zài yìqǐ?
너는 누구랑 함께 있어?

+跟 gēn 개 ~와, ~과 | 谁 shéi 대 누구 | 在 zài 동 ~에 있다

142 吧*
□
□
2급
ba

조 ~하자(제의, 청유)

我们去看电影吧。
Wǒmen qù kàn diànyǐng ba.
우리 영화를 보러 가자.

+电影 diànyǐng 명 영화

조 ~해(명령)

都12点了，快睡觉吧。
Dōu shí'èr diǎn le, kuài shuìjiào ba.
벌써 12시야, 빨리 자.

+都 dōu 부 이미, 벌써 | 点 diǎn 명 시 |
快 kuài 부 빨리 | 睡觉 shuìjiào 동 잠을 자다

조 ~이지?(추측)

你累了吧? 빈출
Nǐ lèi le ba?
너는 피곤하지?

+累 lèi 형 피곤하다, 지치다

143 可以**
□
□

kěyǐ

조동 ~할 수 있다(가능이나 능력을 나타냄)

你可以给我这个东西吗?
Nǐ kěyǐ gěi wǒ zhège dōngxi ma?
너는 이 물건을 나에게 줄 수 있어?

+给 gěi 동 ~에게 주다 | 东西 dōngxi 명 물건

조동 ~해도 좋다(허가를 나타냄)

妈妈，我可以出去玩儿吗？
Māma, wǒ kěyǐ chūqu wánr ma?
엄마, 저 밖에 나가서 놀아도 돼요?

+ 玩(儿) wán(r) 동 놀다

144 **能**★★ néng
□ □ 1급

조동 ~할 수 있다(가능이나 능력을 나타냄)

你能帮助我吗？
Nǐ néng bāngzhù wǒ ma?
너는 나를 도와줄 수 있어?

+ 帮助 bāngzhù 동 돕다

조동 ~해도 된다(허가를 나타냄)

这里不能抽烟。
Zhèli bù néng chōuyān.
여기서는 담배를 필 수 없습니다.

+ 抽烟 chōuyān 동 담배를 피다

145 **想**★★ xiǎng
□ □ 1급

조동 ~하고 싶다

호응 想吃 xiǎng chī 먹고 싶다

我不想起床。
Wǒ bù xiǎng qǐchuáng.
나는 일어나고 싶지 않다.

+ 起床 qǐchuáng 동 기상하다, 일어나다

동 생각하다

我想了很长时间，但是想不起来。
Wǒ xiǎngle hěn cháng shíjiān, dànshì xiǎng bu qǐlai.
나는 오랫동안 생각해봤지만 떠오르지 않는다.

+ 长 cháng 형 길다 | 时间 shíjiān 명 시간 |
想不起来 xiǎng bu qǐlai 생각이 나지 않다, 떠오르지 않다

146 **要**★★
☐
☐
2급
yào

조동 ~하려 하다(행동의 의지를 나타냄)

我要跟她结婚。
Wǒ yào gēn tā jiéhūn.
나는 그녀와 결혼할 거야.

+ 结婚 jiéhūn 동 결혼하다

조동 ~해야 한다(의무를 나타냄)

你要好好儿学习。
Nǐ yào hǎohāor xuéxí.
너는 공부를 열심히 해야 해.

+ 学习 xuéxí 동 공부하다

동 (어떤 대상을) 원하다

我要一些苹果和西瓜。
Wǒ yào yìxiē píngguǒ hé xīguā.
나는 약간의 사과와 수박을 원한다.

+ 些 xiē 양 약간, 조금 | 苹果 píngguǒ 명 사과 | 西瓜 xīguā 명 수박

HSK 1·2급 출제 포인트

[要…了]는 '곧 ~하려 하다'라는 뜻으로 어떤 일이 곧 발생하려 함을 나타냅니다.

→ 지금 비가 내리는 것은 아님
天阴了，可能要下雨了。你别去跑步。
Tiān yīn le, kěnéng yào xiàyǔ le. Nǐ bié qù pǎobù.
날이 흐려졌어. 아마 비가 올 거야. 달리기하러 나가지 마.

147 **会**★★
☐
☐
1급
huì

조동 (배워서) ~할 줄 알다(학습 후 능력을 나타냄)

你会游泳吗?
Nǐ huì yóuyǒng ma?
너는 수영할 줄 알아?

+ 游泳 yóuyǒng 동 수영하다

조동 ~할 것이다(가능성을 나타냄)

明天可能会下雨。
Míngtiān kěnéng huì xiàyǔ.
내일은 아마 비가 올 것이다.

+明天 míngtiān 명 내일 | 可能 kěnéng 부 아마도

맛있는 단어 TIP 여러 가지 조동사

可以(kěyǐ), 能(néng), 想(xiǎng), 要(yào), 会(huì) 등은 대표적인 조동사입니다. 뒤에 오는 동사나 형용사를 앞에서 도와준다고 하여 '조(助)동사' 혹은 '능원동사'라고 부릅니다. 조동사는 일반적으로 [조동사+일반 동사/형용사]의 어순을 취하게 됩니다.

- 可以玩 kěyǐ wán 놀 수 있다, 놀아도 된다
- 能帮助 néng bāngzhù 도울 수 있다
- 想回家 xiǎng huíjiā 집에 돌아가고 싶다
- 要上课 yào shàngkè 수업해야 한다
- 会跳舞 huì tiàowǔ 춤을 출 줄 안다

148 □ □ 2급
别
bié

부 ~하지 마라

这件事你别告诉别人。
Zhè jiàn shì nǐ bié gàosu biéren.
이 일은 다른 사람에게 말하지 마.

+件 jiàn 양 건, 개[일을 세는 단위] | 事 shì 명 일 | 告诉 gàosu 동 말하다, 알려주다 | 别人 biéren 대 다른 사람

형 다르다

别的同学都走了，只有小高没走。
Bié de tóngxué dōu zǒu le, zhǐyǒu Xiǎo Gāo méi zǒu.
다른 학생들은 모두 가고, 오직 샤오가오만 가지 않았다.

+只有 zhǐyǒu 오직 ~만 있다

149 **回** huí

1급

유의 次 cì 회, 번
2급 ⋯→ p.35

동 되돌아가다, 되돌아오다

别的同学都回家了。
Bié de tóngxué dōu huíjiā le.
다른 학우는 모두 집으로 돌아갔다.

+ 别 bié 형 다르다 | 同学 tóngxué 명 동학, 급우 | 都 dōu 부 모두

양 회, 번

这回你不要来了。
Zhè huí nǐ bú yào lái le.
이번에 너는 오지 마.

150 **一下**★★ yíxià

2급

양 한번, 잠깐, 좀

호응 看一下 kàn yíxià 좀 (한번) 보다 | 开一下 kāi yíxià 좀 (한번) 열다 | 坐一下 zuò yíxià 좀 (한번) 앉다

你在这儿等一下。 빈출
Nǐ zài zhèr děng yíxià.
너는 여기에서 잠깐 기다려.

+ 等 děng 동 기다리다

맛있는 단어 TIP 一下와 동사 중첩

一下(yíxià)는 동사 뒤에서 '좀 ~하다', '잠깐 ~하다'라는 뜻을 나타냅니다. 동사를 두 번 써서 중첩하면 같은 의미를 나타냅니다.

- 等一下 děng yíxià = 等等 děngdeng 좀 기다리다
- 看一下 kàn yíxià = 看看 kànkan 좀 보다
- 休息一下 xiūxi yíxià = 休息休息 xiūxi xiūxi 좀 쉬다

151 **请** qǐng

1급

동 ~하세요[경어]

大家都正在等你呢，请进！
Dàjiā dōu zhèngzài děng nǐ ne, qǐng jìn!
모두가 당신을 기다리고 있어요, 들어오세요!

+ 正在 zhèngzài 부 지금 ~하고 있다

동 청하다, 초청하다

我们请来了一个医生。
Wǒmen qǐngláile yí ge yīshēng.
우리는 의사 한 명을 초청했다.

152 **说** shuō 1급

동 말하다

电影开始了，你别说话。
Diànyǐng kāishǐ le, nǐ bié shuōhuà.
영화가 시작했어. 너는 말하지 마.

+开始 kāishǐ 동 시작하다

맛있는 한자 TIP 讠(말씀언)이 들어간 한자

부수 讠는 言(말씀언)의 간체자입니다. 한자에 讠이 들어가면 주로 '말'과 관련된 뜻인 경우가 많습니다.

- 讠= 言
- 说(讠+兑) shuō 말하다
- 话(讠+舌) huà 말
- 请(讠+青) qǐng 청하다
- 告诉(讠+斥) gàosu 알리다

153 **说话** shuōhuà 2급

동 말을 하다

他不爱说话，但喜欢听别人说话。
Tā bú ài shuōhuà, dàn xǐhuan tīng biéren shuōhuà.
그는 말하기를 좋아하지 않지만, 다른 사람이 말하는 걸 듣기 좋아한다.

+爱 ài 동 좋아하다 | 但 dàn 접 그러나 | 别人 biéren 대 다른 사람

154 **了**★★★ le 1급

조 동사 뒤에 쓰여 동작의 완료를 나타냄

今天来了三位客人。
Jīntiān láile sān wèi kèrén.
오늘 세 분의 손님이 왔다.

+位 wèi 양 분[사람을 세는 단위] | 客人 kèrén 명 손님

조 문장 끝에 쓰여 상황의 변화나 어떤 상황이 곧 일어날 것임을 나타냄

天阴了，看来要下雨了。
Tiān yīn le, kànlai yào xiàyǔ le.
날이 흐려졌네. 보아하니 비가 오겠어.

+ 阴 yīn 형 흐리다 | 看来 kànlai 보아하니 | 要…了 yào…le 곧 ~하려 하다

맛있는 단어  조사 了

첫 번째 예문의 了(le)는 동사 뒤에서 동작의 완료를 나타냅니다. 하지만 미래에도 동작의 완료가 있기 때문에 了가 반드시 과거만을 나타내는 것은 아닙니다. 또한, 두 번째 예문처럼 了는 문장 끝에서 변화를 나타낼 수 있습니다. [(快)要…了]의 형식으로 쓰면 '곧 ~하려 하다'의 뜻으로 임박을 나타낸다는 것에 주의하세요.

155 □ □ 

过★★★

guo

참고 过 guò 지나가다, 보내다 3급 ··· p.255

조 ~한 적이 있다(경험을 나타냄)

你去过中国吗？
Nǐ qùguo Zhōngguó ma?
너는 중국에 가본 적 있어?

+ 中国 Zhōngguó 고유 중국

맛있는 단어 TIP 동태조사 过

동태조사 过(guo)는 동사 뒤에서 '~한 적이 있다'라는 뜻으로 경험을 나타냅니다. HSK 3급에서 배울 동사 过(guò)는 4성 으로 발음하며, '지나가다'라는 의미인 점에 주의하세요.

① [V+过] : ~한 적이 있다

동태조사
我去过中国。 나는 중국에 간 적이 있다.
Wǒ qùguo Zhōngguó.

② [过+명사] : ~를 지나가다

동사
现在不能过马路。 지금 길을 건너면 안 돼.
Xiànzài bù néng guò mǎlù.

156 **着**★★
zhe
2급

조 ~하고 있다
(동사 뒤에서 동작의 진행이나 상태의 지속을 나타냄)

她打着电话呢。
Tā dǎzhe diànhuà ne.
그녀는 전화를 걸고 있다.

+ 打电话 dǎ diànhuà 전화를 걸다

맛있는 단어 TIP 동태조사 了, 着, 过

동태조사 삼총사인 了(le), 着(zhe), 过(guo)는 동사 뒤에서 동작의 상태를 나타냅니다. 완료의 了, 진행과 지속의 着, 경험의 过라고 기억하는 것이 가장 좋습니다.

① [V+了] : 동작의 완료

我看了一部电影。 나는 한 편의 영화를 다 보았다.
Wǒ kànle yí bù diànyǐng.

② [V+着] : 동작의 지속

我看着电影。 나는 영화를 보고 있다.
Wǒ kànzhe diànyǐng.

③ [V+过] : 동작의 경험

我看过这部电影。 나는 이 영화를 본 적이 있다.
Wǒ kànguo zhè bù diànyǐng.

157 **给**★★★
gěi
2급

동 주다

妈妈给了我一个苹果。
Māma gěile wǒ yí ge píngguǒ.
엄마는 나에게 사과 하나를 주었다.

개 ~에게, ~를 위하여

到家后，马上给我打电话。 빈출
Dào jiā hòu, mǎshàng gěi wǒ dǎ diànhuà.
집에 도착해서 바로 내게 전화해.

+ 到 dào 동 도착하다 | 马上 mǎshàng 부 바로, 곧 | 打电话 dǎ diànhuà 전화를 걸다, 전화를 하다

158 □ □ 2급

让*
ràng

동 ~하게 하다, ~하도록 시키다

这件事让大家很高兴。 빈출
Zhè jiàn shì ràng dàjiā hěn gāoxìng.
이 일은 모두로 하여금 매우 기쁘게 하였다.

+高兴 gāoxìng 형 기쁘다

동 양보하다

他马上给老人让座了。 빈출
Tā mǎshàng gěi lǎorén ràngzuò le.
그는 바로 노인에게 자리를 양보했다.

+马上 mǎshàng 부 바로 | 老人 lǎorén 명 노인 |
座 zuò 명 자리, 좌석

159 □ □ 2급

为什么*
wèishénme

대 왜, 어째서, 무엇 때문에(원인이나 목적을 묻는 데 쓰임)

你为什么不喜欢我呢?
Nǐ wèishénme bù xǐhuan wǒ ne?
너는 왜 날 좋아하지 않아?

+呢 ne 조 의문문 끝에 쓰여 강조를 나타냄

160 □ □ 1급

怎么
zěnme

대 어떻게(방식을 물음)

你们是怎么认识的?
Nǐmen shì zěnme rènshi de?
너희들은 어떻게 알게 됐어?

+认识 rènshi 동 (사람을) 알다, 인식하다

대 어째서, 왜(원인을 물음)

他怎么还不来?
Tā zěnme hái bù lái?
그는 어째서 아직도 오지 않는 거지?

+还 hái 부 아직

맛있는 단어 TIP 为什么와 怎么 비교

为什么(wèishénme)는 원인을 묻는 데 초점이 있고, 怎么(zěnme)는 이상하다고 느끼면서 원인을 묻는 데 초점이 있습니다. 실제 시험에서 이 둘을 구별하는 문제는 출제되지 않지만, 뉘앙스 차이가 있으므로 알아두세요.

你为什么不来?
Nǐ wèishénme bù lái?
너는 왜 안 와?(오지 않는 이유를 직접적으로 물어봄)

你怎么知道?
Nǐ zěnme zhīdào?
너는 어떻게 알아?(상대방이 아는 것이 이상하다고 느끼면서 물음)

161 **告诉**★★ gàosu 2급

동 말하다, 알리다

别把这件事告诉小王。
Bié bǎ zhè jiàn shì gàosu Xiǎo Wáng.
이 일을 샤오왕에게 말하지 마.

+别 bié 부 ~하지 마라 | 把 bǎ 개 ~을

162 **看见**★ kànjiàn 1급

동 보다, 보이다, 눈에 띄다

你看见小张了没有?
Nǐ kànjiàn Xiǎo Zhāng le méiyǒu?
너는 샤오장을 봤어?

163 **哪** nǎ 1급

대 어느, 어떤

你哪天来都可以。
Nǐ nǎ tiān lái dōu kěyǐ.
네가 어느 날에 오든 다 괜찮아.

맛있는 단어 TIP 那와 哪 비교

那(nà)와 哪(nǎ)는 발음과 뜻이 유사해서 혼동하기 쉽지만 반드시 구별해서 써야 합니다. 또한, 那儿(nàr)은 4성인데 3성(nǎr)으로 잘못 읽는 실수도 많이 합니다. 儿(ér)이나 里(lǐ)가 붙으면 장소의 의미를 가지게 된다는 점을 기억하면 구별하는 데 도움이 됩니다.

① 那 nà 그(것), 저(것)

那是我的手机。 그것은 나의 휴대폰이야.
Nà shì wǒ de shǒujī.

② 哪 nǎ 어느

哪个手机是你的? 어느 휴대폰이 너의 것이야?
Nǎge shǒujī shì nǐ de?

③ 哪儿/哪里 nǎr/nǎli 어디

我的手机在哪儿/哪里? 내 휴대폰은 어디에 있어?
Wǒ de shǒujī zài nǎr/nǎli?

164 **再** zài 2급

부 다시, 또

过几天再来买吧。
Guò jǐ tiān zài lái mǎi ba.
며칠 지나고 다시 와서 사자.

+过 guò 동 (시간이) 지나다

맛있는 단어 TIP 再의 의미

再(zài)는 같은 동작이나 행위의 중복을 나타내며, 주로 아직 실현되지 않은 동작이나 행위에 쓰입니다. 하지만 만일 뒤에 형용사가 온다면 '아무리'로 해석된다는 점을 주의하세요.

我再忙(형용사)也会帮助你的。 내가 아무리 바빠도 널 도와줄 거야.
Wǒ zài máng yě huì bāngzhù nǐ de.

165 **运动** yùndòng 2급

동 운동하다

你喜欢什么运动?
Nǐ xǐhuan shénme yùndòng?
너는 어떤 운동을 좋아하니?

+喜欢 xǐhuan 동 좋아하다 | 什么 shénme 대 무슨, 무엇

166 **跑步*** pǎobù 2급

동 달리다

他去跑步了。
Tā qù pǎobù le.
그는 달리기하러 갔다.

167 **游泳*** yóuyǒng 2급

동 수영하다

我去游泳，你也想去吗？
Wǒ qù yóuyǒng, nǐ yě xiǎng qù ma?
나는 수영하러 가는데, 너도 갈래?

168 **跳舞**** tiàowǔ 2급

동 춤을 추다

我不会跳舞，你教教我吧。
Wǒ bú huì tiàowǔ, nǐ jiāojiao wǒ ba.
나는 춤을 출 줄 모르니까, 네가 나를 좀 가르쳐줘.

+ 会 huì 동 (배워서) ~할 줄 알다 | 教 jiāo 동 가르치다

169 **打篮球*** dǎ lánqiú 2급

동 농구하다

他打篮球打得很好。 빈출
Tā dǎ lánqiú dǎ de hěn hǎo.
그는 농구를 매우 잘한다.

170 **踢足球*** tī zúqiú 2급

동 축구하다

他踢足球踢得不太好。
Tā tī zúqiú tī de bú tài hǎo.
그는 축구를 잘 못한다.

맛있는 한자 TIP 足(발족)이 들어간 한자

足(발족)은 무릎에서 발까지의 모양을 본따 만든 글자입니다. 그래서 足이 들어가는 글자는 '발'과 관련된 의미를 가집니다.

- 跳 tiào 뛰어오르다
- 跑 pǎo 뛰다, 달리다
- 踢 tī 차다

1 빈칸을 채우세요.

看	❶	보다
❷	tīng	듣다
来	lái	❸
❹	qù	가다
走	❺	떠나다, 가다

2 단어의 병음과 뜻을 알맞게 연결하세요.

❶ 踢足球 •	• ㉠ dǎ lánqiú •	• ⓐ 축구하다
❷ 跳舞 •	• ㉡ tī zúqiú •	• ⓑ 농구하다
❸ 打篮球 •	• ㉢ tiàowǔ •	• ⓒ 운동하다
❹ 运动 •	• ㉣ yùndòng •	• ⓓ 춤을 추다

3 빈칸에 들어갈 알맞은 단어를 고르세요.

Wǒ bú huì (pǎobù / yóuyǒng), nǐ jiāojiao wǒ ba .
❶ 我 不 会 （跑步 / 游泳）， 你 教教 我 吧 。
나는 **수영**을 못 하니까, 네가 나를 좀 가르쳐줘.

Nǐmen shì (zěnme / jiào) rènshi de ?
❷ 你们 是 （怎么 / 叫） 认识 的？ 너희들은 **어떻게** 알게 됐어?

Bié bǎ zhè jiàn shì (gàosu / wán) Xiǎo Wáng .
❸ 别 把 这 件 事 （告诉 / 玩） 小 王 。
이 일을 샤오왕에게 **알리지** 마.

Nǐ (kànjiàn / shuōhuà) Xiǎo Zhāng le méiyǒu ?
❹ 你 （看见 / 说话） 小 张 了 没有？ 너는 샤오장을 **봤어**?

도전! HSK 2급 **듣기** 제1부분

4 녹음을 듣고 사진과 일치하면 √, 일치하지 않으면 X를 표시하세요.

1 빈출		
2		
3 빈출		

도전! HSK 2급 **독해** 제2부분

5 빈칸에 들어갈 알맞은 단어를 고르세요.(모두 한 번씩만 사용됩니다.)

wèishénme	ba	ràng	tiàowǔ
A 为什么	B 吧	C 让	D 跳舞

Wǒmen qù　　　nǐ yě yìqǐ qù ba.
❶ 我们 去 (　　　), 你 也 一起 去 吧。

Shíjiān bù zǎo le, kuài qù shuì
❷ 时间 不 早 了, 快 去 睡 (　　　)。

Nǐ　　　bù xǐhuan wǒ ne?
❸ 你 (　　　) 不 喜欢 我 呢?

Zhè jiàn shì　　　dàjiā hěn gāoxìng.
❹ 这 件 事 (　　　) 大家 很 高兴。

힐링에는 역시 쇼핑
_쇼핑과 장소

HSK 1·2급에 이 단어가 나온다!

중국의 화폐 단위인 块(kuài 위안)는 매번 출제되고 있으며 贵(guì 비싸다), 便宜(piányi 싸다)가 함께 출제됩니다. 장소와 관련해서는 离(lí ~로부터), 远(yuǎn 멀다), 近(jìn 가깝다)이 반드시 출제되므로 꼭 기억해 두세요.

한눈에 파악하는 단어

쇼핑

买 mǎi 사다
↔卖 mài 팔다

钱 qián 돈
– 块 kuài 위안

贵 guì 비싸다
↔便宜 piányi 싸다

衣服 yīfu 옷
– 件 jiàn 벌[옷을 세는 단위]

교통&장소

公共汽车 gōnggòng qìchē 버스

火车站 huǒchēzhàn 기차역

机场 jīchǎng 공항

近 jìn 가깝다
↔远 yuǎn 멀다

171 **买** mǎi 1급

반의 卖 mài 팔다 2급 ···› p.79

동 사다

我买了一件衣服。
Wǒ mǎile yí jiàn yīfu.
나는 옷 한 벌을 샀다.

+ 件 jiàn 양 벌[옷을 세는 단위] | 衣服 yīfu 명 옷

172 **卖** mài 2급

반의 买 mǎi 사다 1급 ···› p.79

동 팔다

苹果怎么卖?
Píngguǒ zěnme mài?
사과는 어떻게 팔아요?(가격을 물음)

+ 怎么 zěnme 대 어떻게

173 **块**★★ kuài 1급

동의 元 yuán 위안 3급 ···› p.250

양 위안[중국의 화폐 단위]

这些水果三十块。
Zhèxiē shuǐguǒ sānshí kuài.
이 과일들은 30위안입니다.

+ 这些 zhèxiē 대 이것들, 이들 | 水果 shuǐguǒ 명 과일

양 덩이[덩이로 된 물건을 세는 단위]

호응 一块手表 yí kuài shǒubiǎo 한 개의 손목시계 |
一块蛋糕 yí kuài dàngāo 한 조각의 케이크

这块手表是爸爸送我的。
Zhè kuài shǒubiǎo shì bàba sòng wǒ de.
이 손목시계는 아빠가 나에게 선물한 것이다.

+ 手表 shǒubiǎo 명 손목시계 | 送 sòng 동 선물하다

174 **多少**★★★ duōshao 1급

대 얼마

鸡蛋一斤多少钱? 빈출
Jīdàn yì jīn duōshao qián?
계란은 한 근에 얼마예요?

+ 鸡蛋 jīdàn 명 계란 | 斤 jīn 양 근[무게 단위]

175

钱

qián

1급

명 돈

你今天花了多少钱? 빈출
Nǐ jīntiān huāle duōshao qián?
너는 오늘 돈을 얼마나 썼어?

+ 花 huā 동 (돈을) 쓰다 | 多少 duōshao 대 얼마

맛있는 한자 TIP 金(쇠금)이 들어간 한자

金(쇠금)은 흙 속에 덮여 있는 광석을 본뜬 한자입니다. '钅'은 金이 변형된 것으로 금전과 관련된 의미를 나타냅니다.

- 钱 qián 돈
- 银行 yínháng 은행

176

零

líng

2급

수 0, 영

从零做起。
Cóng líng zuò qǐ.
영에서 시작하다.(백지 상태에서 시작하다.)

+ 从 cóng 개 ~부터 | 起 qǐ 동 시작하다(동사 뒤에 보어로 와서 어떤 동작을 시작함을 나타냄)

177

百

bǎi

2급

수 100, 백

现在我有一百块。
Xiànzài wǒ yǒu yìbǎi kuài.
지금 나는 100위안이 있어.

+ 现在 xiànzài 명 지금, 현재 | 块 kuài 양 위안[중국의 화폐 단위]

178

千

qiān

2급

수 1,000, 천

我花了一千五百块。
Wǒ huāle yìqiān wǔbǎi kuài.
나는 1,500위안을 썼다.

+ 花 huā 동 (돈을) 쓰다

179 **两** liǎng
2급

수 둘

用两块钱能买什么?
Yòng liǎng kuài qián néng mǎi shénme?
2위안으로 무엇을 살 수 있어?

+用 yòng 동 사용하다, 쓰다

맛있는 단어 TIP 二과 两 비교

① 二(èr)은 서수(순서를 나타내는 수)를 나타낼 수 있지만 两(liǎng)은 할 수 없습니다.

- 两月份 (X) → 二月份 èr yuè fèn 2월달 (O)
- 两楼 (X) → 二楼 èr lóu 2층 (O)

※ 两点(liǎng diǎn 두 시)은 예외적으로 가능함

② 两(liǎng)은 주로 수량을 나타낼 때 씁니다.

我要住两三天。
Wǒ yào zhù liǎng sān tiān.
나는 2, 3일 묵을 것이다.

180 **商店** shāngdiàn
1급

명 상점, 가게

我去商店买一点东西。
Wǒ qù shāngdiàn mǎi yìdiǎn dōngxi.
나는 상점에 약간의 물건을 사러 간다.

+东西 dōngxi 명 물건

181 **东西**★★ dōngxi
1급

명 물건, 것

你想买什么东西?
Nǐ xiǎng mǎi shénme dōngxi?
너는 어떤 것을 사고 싶어?

+想 xiǎng 조동 ~하고 싶다

맛있는 단어 

东西의 두 가지 발음과 뜻

东西(dōngxi, dōngxī)는 발음에 따라 뜻이 다릅니다. 西(xi)를 경성으로 읽으면 '물건, 것'이라는 뜻이 되고, 西(xī)를 1성으로 읽으면 '동쪽과 서쪽, 동서'라는 뜻이 됩니다. HSK 1~2급에서는 물건을 뜻하는 东西(dōngxi)가 주로 출제됩니다.

- 东西 dōngxi 물건, 것
- 东西 dōngxī 동쪽과 서쪽, 동서

182 衣服★★★

yīfu

1급

명 옷

爸爸给姐姐买了几件衣服。 빈출

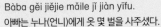

Bàba gěi jiějie mǎile jǐ jiàn yīfu.

아빠는 누나(언니)에게 옷 몇 벌을 사주셨다.

+ 给 gěi 개 ~에게 | 几 jǐ 수 몇 | 件 jiàn 양 벌[옷을 세는 단위]

183 号★

hào

1급

동의 日 rì 일 2급 ··· p.102

명 일(날짜)

你的生日是几月几号?

Nǐ de shēngrì shì jǐ yuè jǐ hào?

네 생일은 몇 월 며칠이야?

+ 生日 shēngrì 명 생일 | 月 yuè 명 월

명 사이즈

小姐，您穿多大号的衣服?

Xiǎojiě, nín chuān duō dà hào de yīfu?

아가씨, 당신은 몇 호 사이즈를 입으세요?

+ 小姐 xiǎojiě 명 아가씨 | 穿 chuān 동 입다

명 번호

我是三号。

Wǒ shì sān hào.

나는 3번이야.

184 □ □ 2급
件★★
jiàn

양 벌, 건, 개[옷이나 일을 세는 단위]

호응 一件衣服 yí jiàn yīfu 한 벌의 옷 | 一件事 yí jiàn shì 한 가지 일

这件衣服是昨天买的。 빈출
Zhè jiàn yīfu shì zuótiān mǎi de.
이 옷은 어제 샀다.

+ 昨天 zuótiān 명 어제

HSK 1·2급 출제 포인트

件(jiàn)은 HSK 2급 독해 제2부분에 자주 출제되는 양사입니다. 주로 옷이나 일을 세는 단위로, 빈칸 뒤에 衣服(yīfu 옷), 事(shì 일), 事情(shìqing 일) 등이 나온다면 바로 件을 고를 수 있어야 합니다.

这件衣服最贵一百块钱。
Zhè jiàn yīfu zuì guì yìbǎi kuài qián.
이 옷은 가장 비싸봐야 100위안이다.

听到这件事情，大家都很高兴。
Tīngdào zhè jiàn shìqing, dàjiā dōu hěn gāoxìng.
이 일을 듣고 모두 매우 기뻤다.

185 □ □ 2급
贵★★
guì

반의 便宜 piányi (가격이) 싸다 2급 ··· p.83

형 비싸다

这件衣服有点儿贵，有没有别的？ 빈출
Zhè jiàn yīfu yǒudiǎnr guì, yǒu méiyǒu biéde?
이 옷은 좀 비싼데, 다른 것은 없어요?

+ 有点儿 yǒudiǎnr 부 약간, 조금 | 别的 biéde 다른 것

186 □ □ 2급
便宜★★
piányi

반의 贵 guì 비싸다 2급 ··· p.83

형 (가격이) 싸다

这件衣服便宜些，您看一看。 빈출
Zhè jiàn yīfu piányi xiē, nín kàn yi kàn.
이 옷은 좀 더 싸니까 한번 보세요.

+ 些 xiē 양 약간, 조금

187 **中国** ☐ ☐ 1급
Zhōngguó

고유 중국

你什么时候去中国?
Nǐ shénme shíhou qù Zhōngguó?
너는 언제 중국에 가?

188 **北京** ☐ ☐ 1급
Běijīng

고유 베이징, 북경

我明天去北京。
Wǒ míngtiān qù Běijīng.
나는 내일 베이징에 간다.

189 **路**★ ☐ ☐ 2급
lù

명 길

这条路不好走。
Zhè tiáo lù bù hǎo zǒu.
이 길은 걷기 쉽지 않다.(길이 험하다.)

+ 条 tiáo 양 가늘고 긴 것을 셈 | 好 hǎo 형 ~하기 쉽다

190 **在**★★★ ☐ ☐ 1급
zài

동 ~에 있다

那个商店就在公司旁边。
Nàge shāngdiàn jiù zài gōngsī pángbiān.
그 상점은 바로 회사 옆에 있다.

+ 商店 shāngdiàn 명 상점 | 旁边 pángbiān 명 옆

개 ~에(서)

我在家看电视。
Wǒ zài jiā kàn diànshì.
나는 집에서 TV를 본다.

부 ~하고 있다

我在看电影。
Wǒ zài kàn diànyǐng.
나는 영화를 보고 있다.

191 **哪儿**
nǎr
1급

대 어디, 어느 곳

请问，火车站在哪儿？
Qǐngwèn, huǒchēzhàn zài nǎr?
실례지만, 기차역은 어디에 있나요?

+ 请问 qǐngwèn 말씀 좀 여쭙겠습니다 | 火车站 huǒchēzhàn 명 기차역

192 **住**★★
zhù
1급

동 거주하다

你住在哪儿？
Nǐ zhùzài nǎr?
너는 어디에서 살아?

동 숙박하다

你住在几号房间？
Nǐ zhùzài jǐ hào fángjiān?
몇 호실에 묵고 계세요?

+ 号 hào 명 호, 번호 | 房间 fángjiān 명 방

193 **宾馆**★
bīnguǎn
2급

유의 饭店 fàndiàn 식당, 호텔
1급 ···› p.30
酒店 jiǔdiàn 호텔

명 호텔

那家宾馆在海边。
Nà jiā bīnguǎn zài hǎibiān.
그 호텔은 해변에 있다.

+ 家 jiā 양 집·점포·공장 등을 세는 단위 | 海边 hǎibiān 명 해변

194 **房间**★
fángjiān
2급

명 방

那家宾馆已经没有房间了。
Nà jiā bīnguǎn yǐjīng méiyǒu fángjiān le.
그 호텔은 이미 (남은) 방이 없다.

+ 宾馆 bīnguǎn 명 호텔 | 已经 yǐjīng 부 이미 | 了 le 조 ~하게 되었다(문장 끝에 쓰여 상태의 변화를 나타냄)

195 **离** ★★★

lí

2급

개 ~로부터

호응 A离B近 A lí B jìn A는 B에서 가깝다 |
A离B远 A lí B yuǎn A는 B에서 멀다

我家离学校有一千米。
Wǒ jiā lí xuéxiào yǒu yìqiān mǐ.
우리 집은 학교로부터 1000미터 떨어져 있다.

+ 米 mǐ 양 미터(m)

HSK 1·2급 출제 포인트

떨어진 거리를 나타낼 때 쓰는 개사 离(lí)는 HSK 2급 독해 제2부분 빈칸 채우기 문제에 자주 출제됩니다. 그리고 HSK 3, 4급 쓰기 제1부분 어순 배열 문제에 [A+离+B+远/近/구체적인 거리](A는 B로부터 멀다/가깝다/~거리이다) 형태로 자주 출제됩니다.

你家离学校远吗?
Nǐ jiā lí xuéxiào yuǎn ma?
너의 집은 학교에서 멀어?

196 **近** ★★★

jìn

2급

반의 远 yuǎn 멀다
2급 ··· p.86

형 가깝다

学校离我家很近。
Xuéxiào lí wǒ jiā hěn jìn.
학교는 우리 집에서 아주 가까워.

+ 学校 xuéxiào 명 학교 | 离 lí 개 ~로부터

197 **远** ★★★

yuǎn

2급

반의 近 jìn 가깝다
2급 ··· p.86

형 멀다

那个宾馆离这儿远不远?
Nàge bīnguǎn lí zhèr yuǎn bu yuǎn?
그 호텔은 여기서 멀어 안 멀어?

198 **往**
wǎng
2급

개 ~을 향하여

往前走10分钟就到那儿了。
Wǎng qián zǒu shí fēnzhōng jiù dào nàr le.
앞쪽으로 10분 걸어가면 그곳에 도착합니다.

+ 分钟 fēnzhōng 명 분 | 到 dào 동 도착하다 | 那儿 nàr 대 그곳

맛있는 한자 TIP 往과 住 비교

往(wǎng)을 住(zhù 거주하다)와 혼동하지 않도록 주의하세요. 往은 彳(두인변)이 들어가고, 住는 亻(사람인변)이 들어갑니다.

199 **公共汽车***
gōnggòng qìchē
2급

동의 公交车 gōngjiāochē 버스

명 버스

坐公共汽车很快就到。
Zuò gōnggòng qìchē hěn kuài jiù dào.
버스를 타면 금방 도착해.

+ 到 dào 동 도착하다

200 **出租车***
chūzūchē
1급

동의 出租汽车 chūzū qìchē 택시

명 택시

호응 叫出租车 jiào chūzūchē 택시를 부르다, 택시를 잡다

我们坐出租车去吧。
Wǒmen zuò chūzūchē qù ba.
우리 택시를 타고 가자.

+ 吧 ba 조 문장 끝에 쓰여 청유, 추측, 명령 등을 나타냄

201 **飞机***
fēijī
1급

참고 机场 jīchǎng 공항 2급 ··· p.88

명 비행기

你下了飞机就给我打电话。 빈출
Nǐ xiàle fēijī jiù gěi wǒ dǎ diànhuà.
너는 비행기에서 내리면 바로 내게 전화해.

+ 下 xià 동 내려가다 | 给 gěi 개 ~에게 | 打电话 dǎ diànhuà 전화를 걸다

202 **机场**★

☐ ☐ 2급

jīchǎng

참고 飞机 fēijī 비행기
1급 ··· p.87

명 공항

机场离这儿很远。 빈출
Jīchǎng lí zhèr hěn yuǎn.
공항은 여기에서 매우 멀다.

+ 远 yuǎn 형 멀다

203 **火车站**★★

☐ ☐ 2급

huǒchēzhàn

명 기차역

我开车送你去火车站。
Wǒ kāichē sòng nǐ qù huǒchēzhàn.
내가 차로 너를 기차역까지 태워줄게.

+ 送 sòng 동 배웅하다, 데려다주다

204 **上**

☐ ☐ 1급

shàng

반의 下 xià 아래
1급 ··· p.89

명 위

桌子上有一本书。
Zhuōzishang yǒu yì běn shū.
탁자 위에 책 한 권이 있다.

+ 桌子 zhuōzi 명 탁자, 테이블 |
本 běn 양 권[책을 세는 단위]

동 오르다, 타다

车到了，大家快上车吧。
Chē dào le, dàjiā kuài shàngchē ba.
차가 왔어요. 모두 빨리 차에 타세요.

동 가다

学生每天上学，多累啊。
Xuésheng měitiān shàngxué, duō lèi a.
학생은 매일 학교에 가니 얼마나 힘들어.

+ 学生 xuésheng 명 학생 | 多 duō 부 얼마나 |
累 lèi 형 피곤하다, 힘들다

205 **下**
□
□
1급

xià

반의 上 shàng 위
1급 ⋯ p.88

명 아래, 밑

他们坐在树下休息。
Tāmen zuòzài shù xià xiūxi.
그들은 나무 아래에 앉아서 쉰다.

+ 坐 zuò 동 앉다 | 树 shù 명 나무 |
休息 xiūxi 동 쉬다

동 떨어지다, 내리다

外面在下大雪，你有伞吗？
Wàimian zài xià dà xuě, nǐ yǒu sǎn ma?
밖에 눈이 많이 와. 너는 우산 있어?

+ 外面 wàimian 명 밖 | 在 zài 부 ~하고 있다 |
雪 xuě 명 눈 | 伞 sǎn 명 우산

동 (높은 곳에서 낮은 곳으로) 내려가다

太阳快要下山了，我们也下山吧。
Tàiyáng kuàiyào xià shān le, wǒmen yě xià shān ba.
해가 곧 지려고 해, 우리도 산을 내려가자.

+ 太阳 tàiyáng 명 태양 |
快要…了 kuàiyào…le 곧 ~하려 하다

206 **后面**
□
□
1급

hòumian

반의 前面 qiánmian
앞(쪽), 앞부분
1급 ⋯ p.90

명 뒤(쪽), 뒷부분

机场后面有一个宾馆。
Jīchǎng hòumian yǒu yí ge bīnguǎn.
공항 뒤쪽에는 호텔이 하나 있다.

+ 机场 jīchǎng 명 공항 | 宾馆 bīnguǎn 명 호텔

207 **前面**

qiánmian

1급

반의 后面 hòumian
뒤(쪽), 뒷부분
1급 ⋯› p.89

명 앞(쪽), 앞부분

火车站前面有一家饭店。
Huǒchēzhàn qiánmian yǒu yì jiā fàndiàn.
기차역 앞에 식당이 하나 있다.

+ 火车站 huǒchēzhàn 명 기차역 | 家 jiā 양 집·점포를 세는 단위 | 饭店 fàndiàn 명 식당, 호텔

208 **旁边**★★

pángbiān

명 옆(쪽), 옆부분

公司旁边新开了一家面包房。
Gōngsī pángbiān xīn kāile yì jiā miànbāofáng.
회사 옆에 빵집이 새로 생겼다.

+ 公司 gōngsī 명 회사 | 开 kāi 동 열다, 개업하다 | 面包房 miànbāofáng 명 빵집, 베이커리

209 **右边**

yòubian

반의 左边 zuǒbian
왼쪽, 좌측
2급 ⋯› p.90

명 오른쪽, 우측

往右边走。
Wǎng yòubian zǒu.
오른쪽으로 가세요.

+ 往 wǎng 개 ~를 향하여, ~쪽으로 | 走 zǒu 동 가다, 걷다

210 **左边**

zuǒbian

반의 右边 yòubian
오른쪽, 우측
2급 ⋯› p.90

명 왼쪽, 좌측

往左边走。
Wǎng zuǒbian zǒu.
왼쪽으로 가세요.

211 **里**

lǐ

1급

반의 外 wài 밖
2급 ··· p.91

명 속, 안

教室里没有学生。
Jiàoshì li méiyǒu xuésheng.
교실 안에는 학생이 없다.

+ 教室 jiàoshì 명 교실 | 学生 xuésheng 명 학생

맛있는 단어 TIP 여러 가지 방위사

방위사는 방향과 위치를 나타내는데, 上(shàng), 下(xià), 里(lǐ), 内(nèi), 外(wài) 등의 단어가 있습니다. 이들은 장소가 아닌 명사 뒤에 붙어서 장소화시키는 역할을 해 在 뒤에 올 수 있습니다.

비장소 단어+上/下/里/内/外 → 장소

- 书在我的桌子。(X) → 书在我的桌子上。(O)
  Shū zài wǒ de zhuōzi shang.
  책은 내 탁자 위에 있다.

212 **外**

wài

2급

반의 里 lǐ 속, 안
1급 ··· p.91

명 밖

我往外一看，下雪了！
Wǒ wǎng wài yí kàn, xià xuě le!
내가 밖을 한번 봤는데, 눈이 와!

+ 往 wǎng 개 ~을 향하여 | 下 xià 동 떨어지다, 내리다 | 雪 xuě 명 눈

213 **进**

☐
☐
2급

jìn

반의 出 chū 나오다
2급 ···› p.92

동 들어가다

外面很冷，快进来吧。
Wàimian hěn lěng, kuài jìnlai ba.
밖이 매우 추워, 빨리 들어와.

맛있는 한자 TIP 辶(쉬엄쉬엄갈착)이 들어간 한자

辶의 부수 이름은 '쉬엄쉬엄갈착' 혹은 '책받침변'입니다. 辶은 부수 이름처럼 '가다', '움직이다'라는 의미를 나타냅니다. 그래서 辶이 들어간 글자는 '가다'라는 의미와 관련이 있습니다.

- 近(辶+斤) jìn 가깝다
- 远(辶+元) yuǎn 멀다
- 进(辶+井) jìn 들어가다

214 **出**★

☐
☐
2급

chū

반의 进 jìn 들어가다
2급 ···› p.92

동 나오다

她昨天没出门。
Tā zuótiān méi chū mén.
그녀는 어제 외출하지 않았다.

동 발생하다

家里出了点儿问题。
Jiāli chūle diǎnr wèntí.
집에 약간의 문제가 생겼다.

+ 点儿 diǎnr 양 약간, 조금 | 问题 wèntí 명 문제

215 **到**

☐
☐
2급

dào

동 도착하다

我快到家了。
Wǒ kuài dào jiā le.
나는 곧 집에 도착해.

+ 快…了 kuài…le 곧 ~하려 하다

동 (시간이) 되다, 이르다

夏天快到了，我想去海边玩儿。
Xiàtiān kuài dào le, wǒ xiǎng qù hǎibiān wánr.
곧 여름이야. 나는 해변에 놀러 가고 싶어.

+ 夏天 xiàtiān 명 여름 | 海边 hǎibiān 명 해변 | 玩儿 wánr 동 놀다

1·2급

DAY 01
DAY 02
DAY 03
DAY 04
DAY 05
DAY 06
DAY 07

DAY 05 확인 √ 테스트

동영상 강의

1 빈칸을 채우세요.

钱	qián	❶
买	❷	사다, 구매하다
多少	duōshao	❸
商店	❹	상점, 가게
❺	dōngxi	물건

2 단어의 병음과 뜻을 알맞게 연결하세요.

❶ 贵 •	• ㉠ yīfu •	• ⓐ 어디
❷ 哪儿 •	• ㉡ guì •	• ⓑ 비싸다
❸ 衣服 •	• ㉢ nǎr •	• ⓒ 옷
❹ 路 •	• ㉣ lù •	• ⓓ 길

3 빈칸에 들어갈 알맞은 단어를 고르세요.

(Pángbiān / Hòumian) yǒu yí ge shāngdiàn .
❶ （旁边 / 后面） 有 一 个 商店 。**옆쪽**에 상점 하나가 있다.

Wàimian hěn lěng, kuài (jìn / jìn) lái ba .
❷ 外面 很 冷， 快 （近 / 进） 来 吧 。
밖이 매우 추워, 빨리 **들어**와.

Nǐ xiàle (fēijī / jīchǎng) jiù gěi wǒ dǎ diànhuà .
❸ 你 下了 （飞机 / 机场） 就 给 我 打 电话 。
너는 **비행기**에서 내리면 바로 내게 전화해.

Wǒ jiā (lí / wǎng) zhèli hěn jìn .
❹ 我 家 （离 / 往） 这里 很 近 。우리 집은 여기**에서** 아주 가까워.

10

도전! HSK 2급 **듣기** 제1부분

4 녹음을 듣고 사진과 일치하면 √, 일치하지 않으면 X를 표시하세요.

1 빈출		
2		
3		

도전! HSK 2급 **독해** 제2부분

5 빈칸에 들어갈 알맞은 단어를 고르세요.(모두 한 번씩만 사용됩니다.)

duōshao	bīnguǎn	huǒchēzhàn	guì
A 多少	B 宾馆	C 火车站	D 贵

Nà jiā méiyǒu fángjiān le.
❶ 那家（　　　　）没有房间了。

Zhè jiàn yīfu yǒudiǎnr yǒu méiyǒu piányi diǎnr de?
❷ 这件衣服有点儿（　　　　），有没有便宜点儿的？

Zhè zhǒng yīfu qián yí jiàn?
빈출 ❸ 这种衣服（　　　　）钱一件？

Zuò chūzūchē qù zuì kuài.
❹ 坐出租车去（　　　　）最快。

꼭 알아야 할

HSK 1·2급 빈출 단어

1	 吃 chī 먹다	▪ 吃米饭 chī mǐfàn 밥을 먹다 ▪ 吃药 chī yào 약을 먹다 ▪ 吃水果 chī shuǐguǒ 과일을 먹다 ▪ 你最喜欢吃什么水果? Nǐ zuì xǐhuan chī shénme shuǐguǒ? 너는 어떤 과일 먹는 것을 가장 좋아해?
2	 喝 hē 마시다	▪ 喝茶 hē chá 차를 마시다 ▪ 喝水 hē shuǐ 물을 마시다 ▪ 喝咖啡 hē kāfēi 커피를 마시다 ▪ 我们找个咖啡馆喝杯咖啡怎么样? Wǒmen zhǎo ge kāfēiguǎn hē bēi kāfēi zěnmeyàng? 우리 커피숍을 찾아서 커피 한 잔 하는 게 어때?
3	 坐 zuò 타다	▪ 坐出租车 zuò chūzūchē 택시를 타다 ▪ 坐公共汽车 zuò gōnggòng qìchē 버스를 타다 ▪ 坐地铁 zuò dìtiě 지하철을 타다 ▪ 坐地铁去更快。 Zuò dìtiě qù gèng kuài. 지하철을 타고 가는 것이 더 빠르다.
4	 一起 yìqǐ 함께	▪ 一起去 yìqǐ qù 함께 가다 ▪ 一起学习 yìqǐ xuéxí 함께 공부하다 ▪ 一起玩儿 yìqǐ wánr 함께 놀다 ▪ 你也可以和我们一起玩儿。 Nǐ yě kěyǐ hé wǒmen yìqǐ wánr. 너도 우리와 함께 놀아도 돼.

꼭 알아야 할
HSK 1·2급 빈출 구문

1

有点儿 yǒudiǎnr+형용사 좀 ~하다(불만의 어투)

今天有点儿冷，你多穿点儿衣服吧。
Jīntiān yǒudiǎnr lěng, nǐ duō chuān diǎnr yīfu ba.
오늘 좀 추우니까, 너는 옷을 많이 입어.

2

A和B A hé B A와 B

苹果和西瓜我都喜欢吃。
Píngguǒ hé xīguā wǒ dōu xǐhuan chī.
사과와 수박은 내가 다 먹기를 좋아한다.

3

동사+一下(儿) yíxià(r) 좀 (한번) ~하다(가벼운 시도)

请帮我开一下门。
Qǐng bāng wǒ kāi yíxià mén.
문을 좀 열어주세요.

+ 请 qǐng 동 ~하세요 | 帮 bāng 동 돕다 | 开 kāi 동 열다

4

怎么这么 zěnme zhème+형용사 왜 이렇게 ~해?

今天怎么这么热啊?
Jīntiān zěnme zhème rè a?
오늘 왜 이렇게 더워?

5

A离B近/远 A lí B jìn/yuǎn A는 B에서 가깝다/멀다

火车站离这儿不远。
Huǒchēzhàn lí zhèr bù yuǎn.
기차역은 여기에서 멀지 않다.

+ 火车站 huǒchēzhàn 명 기차역

월화수목금금금
_시간과 생활

HSK 1·2급에 이 단어가 나온다!

시간을 나타내는 부사 还(hái 아직), 已经(yǐjīng 이미)과 시간의 단위인 小时(xiǎoshí 시간), 分钟(fēnzhōng 분)이 자주 출제되고 있습니다. 그리고 谢谢(xièxie 감사합니다)와 不客气(bú kèqi 별말씀을요), 对不起(duìbuqǐ 미안하다)와 没关系(méi guānxi 괜찮다)는 함께 기억하면 정답을 쉽게 고를 수 있습니다.

한눈에 파악하는 단어

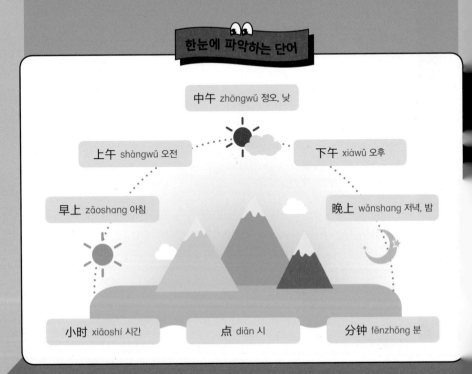

中午 zhōngwǔ 정오, 낮

上午 shàngwǔ 오전

下午 xiàwǔ 오후

早上 zǎoshang 아침

晚上 wǎnshang 저녁, 밤

小时 xiǎoshí 시간

点 diǎn 시

分钟 fēnzhōng 분

216 **时间** shíjiān ☐☐ 2급

명 시간

호응 过时间 guò shíjiān 시간을 보내다 | 花时间 huā shíjiān 시간을 쓰다

时间过得真快！ 빈출
Shíjiān guò de zhēn kuài!
시간이 정말 빨리 지나간다!

+过 guò 동 지나가다 | 真 zhēn 부 진짜, 정말 | 快 kuài 형 빠르다

217 **昨天** zuótiān ☐☐ 1급

명 어제

昨天的事情，我真对不起。
Zuótiān de shìqing, wǒ zhēn duìbuqǐ.
어제의 일은 내가 정말 미안해.

+事情 shìqing 명 일 | 真 zhēn 부 정말, 진짜 | 对不起 duìbuqǐ 동 미안합니다

218 **今天** jīntiān ☐☐ 1급

참고 今年 jīnnián 올해

명 오늘

今天是星期四。
Jīntiān shì xīngqīsì.
오늘은 목요일이다.

+星期 xīngqī 명 요일, 주(周)

219 **明天** míngtiān ☐☐ 1급

명 내일

明天才是星期五。
Míngtiān cái shì xīngqīwǔ.
내일이 비로소 금요일이다.

+才 cái 부 비로소, 겨우

맛있는 한자  日(날일)이 들어간 한자

日(날일)은 '해'의 모양을 본뜬 글자입니다. 옛날 사람들은 해가 떠 있는 위치나 지는 정도를 보고 시간을 짐작했습니다. 그래서 日이 들어가면 시간과 관련된 의미인 경우가 많습니다.

- 时间(日+寸) shíjiān 시간 • 昨天(日+乍) zuótiān 어제
- 明天(日+月) míngtiān 내일

220 **上午**
shàngwǔ
1급

반의 下午 xiàwǔ 오후
1급 ···› p.100

명 오전

明天上午我没有时间。
Míngtiān shàngwǔ wǒ méiyǒu shíjiān.
내일 오전에 나는 시간이 없어.

\+ 时间 shíjiān 명 시간

221 **下午**
xiàwǔ
1급

반의 上午 shàngwǔ 오전
1급 ···› p.100

명 오후

明天下午才有时间。
Míngtiān xiàwǔ cái yǒu shíjiān.
내일 오후에야 비로소 시간이 있어.

\+ 才 cái 부 비로소

222 **现在**★★
xiànzài
1급

명 현재, 지금

现在几点了？ 빈출
Xiànzài jǐ diǎn le?
지금 몇 시야?

\+ 几 jǐ 수 몇 | 点 diǎn 명 시

223 **早上**★
zǎoshang

명 아침

他每天早上6点起床去跑步。
Tā měitiān zǎoshang liù diǎn qǐchuáng qù pǎobù.
그는 매일 아침 6시에 일어나서 조깅하러 간다.

224 **中午**
zhōngwǔ
1급

명 정오, 낮

中午我没吃饭。
Zhōngwǔ wǒ méi chīfàn.
낮에 나는 밥을 안 먹었어.

225 **晚上** ★★
wǎnshang
2급

명 저녁, 밤

那个商店晚上十点关门。
Nàge shāngdiàn wǎnshang shí diǎn guān mén.
그 상점은 밤 10시에 문을 닫는다.

+商店 shāngdiàn 명 상점 | 关 guān 동 닫다 | 门 mén 명 문

226 **年**
nián
1급

명 년, 해

我们认识十年了。 빈출
Wǒmen rènshi shí nián le.
우리가 알게 된 지 10년이 되었다.

+认识 rènshi 동 알다, 인식하다

227 **去年**
qùnián
2급

참고 今年 jīnnián 올해, 금년

명 작년

去年我还在中国。
Qùnián wǒ hái zài Zhōngguó.
작년까지도 나는 중국에 있었어.

+还 hái 부 아직, 여전히 | 在 zài 동 ~에 있다

228 **月** ★
yuè
1급

참고 上个月 shàng ge yuè 지난달
下个月 xià ge yuè 다음 달

명 월, 달

下个月我去北京。
Xià ge yuè wǒ qù Běijīng.
다음 달에 나는 베이징에 간다.

+北京 Běijīng 고유 베이징

229 **星期★★★**
□
□
1급

xīngqī

동의 礼拜 lǐbài 요일, 주
周 zhōu 요일, 주

명 요일, 주

今天星期几?
Jīntiān xīngqī jǐ?
오늘은 무슨 요일이야?

HSK 1·2급 출제 포인트

HSK 1, 2급 듣기 문제에서 星期日(xīngqīrì 일요일), 星期天(xīngqītiān 일요일)이 나올 경우, 다른 요일과 헷갈리지 않도록 주의하세요. 또한, 질문에서 昨天是星期几? (Zuótiān shì xīngqī jǐ? 어제는 무슨 요일이었습니까?)처럼 어제(昨天 zuótiān), 오늘(今天 jīntiān), 내일(明天 míngtiān)을 활용하여 요일을 묻는 문제도 헷갈리지 않도록 주의하세요.

230 **日**
□
□
2급

rì

동의 号 hào 일
1급 ··· p.82

명 날, 일

今年的春节是2月5日。
Jīnnián de Chūnjié shì èr yuè wǔ rì.
올해 춘절은 2월 5일이다.

+ 今年 jīnnián 명 올해 | 春节 Chūnjié 명 음력설, 춘절

231 **生日★★**
□
□

shēngrì

명 생일

호응 过生日 guò shēngrì 생일을 보내다 |
生日快乐 shēngrì kuàilè 생일 축하해!

祝你生日快乐!
Zhù nǐ shēngrì kuàilè!
생일 축하해!

+ 祝 zhù 동 바라다, 축하하다

HSK 1·2급 출제 포인트

HSK 2급 듣기 제1, 2부분에서 선물을 들고 있는 사진이나 케이크가 제시되어 있는 사진이 출제됩니다. 이때 생일(生日 shēngrì)이라는 단어가 나올 것을 예상하고 들으면 정답을 쉽게 찾을 수 있습니다.

1·2급

DAY 01 | DAY 02 | DAY 03 | DAY 04 | DAY 05 | DAY 06 | DAY 07

232 □ □ 2급

小时★★★

xiǎoshí

명 시간

我每天睡六个小时就可以了。
Wǒ měitiān shuì liù ge xiǎoshí jiù kěyǐ le.
나는 매일 6시간을 자면 된다.

+ 可以 kěyǐ 형 괜찮다, 좋다

233 □ □ 1급

点★

diǎn

명 시(時)

我每天早上七点起床。 빈출
Wǒ měitiān zǎoshang qī diǎn qǐchuáng.
나는 매일 아침 7시에 일어난다.

+ 起床 qǐchuáng 동 기상하다, 일어나다

양 조금, 약간

我有点儿累，想早点儿睡觉。
Wǒ yǒudiǎnr lèi, xiǎng zǎo diǎnr shuìjiào.
나는 좀 피곤해서 일찍 자고 싶어.

+ 累 lèi 형 피곤하다 | 睡觉 shuìjiào 동 잠을 자다

동 (음식 등을) 주문하다

我们点的菜太少，再点两个菜吧。 빈출
Wǒmen diǎn de cài tài shǎo, zài diǎn liǎng ge cài ba.
우리가 주문한 요리가 너무 적어. 두어 개 더 주문하자.

+ 菜 cài 명 요리, 음식 | 再 zài 부 더 | 吧 ba 조 ~하자

맛있는 단어 TIP 小时와 点 비교

小时(xiǎoshí)는 三个小时(sān ge xiǎoshí 3시간), 十个小时(shí ge xiǎoshí 10시간)처럼 시간의 길이를 나타내지만, 点(diǎn)은 三点(sān diǎn 3시), 十点(shí diǎn 10시)처럼 시점을 나타냅니다.

234 **分钟**★★★
□
□
1급
fēnzhōng

명 분

你等我5分钟，我很快就回来。
Nǐ děng wǒ wǔ fēnzhōng, wǒ hěn kuài jiù huílai.
나 5분만 기다려줘. 내가 금방 돌아올게.

+等 děng 동 기다리다 | 就 jiù 부 곧, 바로 | 回来 huílai 동 돌아오다

235 **从**
□
□
2급
cóng

참고 离 lí ~로부터
2급 ···› p.86

개 ~부터, ~로부터

호응 从A到B cóng A dào B A에서 B까지

从你家到商店有多远?
Cóng nǐ jiā dào shāngdiàn yǒu duō yuǎn?
너희 집에서 상점까지 얼마나 멀어?

+到 dào 개 ~까지 | 商店 shāngdiàn 명 상점 | 多 duō 부 얼마나 | 远 yuǎn 형 멀다

236 **时候**★★★
□
□
1급
shíhou

명 때, 동안

你是从什么时候开始学习汉语的?
Nǐ shì cóng shénme shíhou kāishǐ xuéxí Hànyǔ de?
넌 언제부터 중국어를 공부하기 시작했어?

+开始 kāishǐ 동 시작하다 | 学习 xuéxí 동 공부하다, 배우다 | 汉语 Hànyǔ 명 중국어

237 **开始**★★★
□
□

kāishǐ

반의 结束 jiéshù 끝나다
3급 ···› p.162

동 시작하다

我是从去年开始学习汉语的。
Wǒ shì cóng qùnián kāishǐ xuéxí Hànyǔ de.
나는 작년부터 중국어를 배우기 시작했어.

+去年 qùnián 명 작년

맛있는 단어  [从…开始…] 형식

[从…开始…]는 '(시점)부터'라는 뜻으로 자주 활용되는 표현입니다. 从昨天开始(cóng zuótiān kāishǐ)는 '어제부터'라는 뜻이고, 从今天开始(cóng jīntiān kāishǐ)는 '오늘부터'라는 뜻입니다.

238 **每**★★
□
□
2급
měi

대 매, ~마다

호응 每个人 měi ge rén 사람들마다 | 每天 měitiān 매일

她每天早上跑30分钟。
Tā měitiān zǎoshang pǎo sānshí fēnzhōng.
그녀는 매일 아침마다 30분씩 달린다.

239 **手表**
□
□
2급
shǒubiǎo

명 손목시계

这块儿手表坏了，不走。빈출
Zhè kuàir shǒubiǎo huài le, bù zǒu.
이 손목시계는 고장 나서 안 움직여.

+ 块 kuài 양 시계를 세는 단위 | 坏 huài 동 고장 나다 | 走 zǒu 동 (시계가) 가다, 이동하다

240 **还**★★★
□
□
2급
hái

부 아직, 여전히

电影还没开始。빈출
Diànyǐng hái méi kāishǐ.
영화는 아직 시작하지 않았다.

부 또한, 게다가

你还做了什么菜？빈출
Nǐ hái zuòle shénme cài?
너는 또 어떤 요리를 했어?

241 **已经**★★★
□
□
2급
yǐjīng

부 이미

호응 已经…了 yǐjīng…le 이미 ~했다

我已经到了，你在哪儿？
Wǒ yǐjīng dào le, nǐ zài nǎr?
나는 이미 도착했는데, 너는 어디에 있어?

+ 到 dào 동 도착하다

242 ☐ ☐ 2급

正在**

zhèngzài

부 지금(마침) ~하고 있다(진행을 나타냄)

我正在休息。
Wǒ zhèngzài xiūxi.
나는 마침 쉬고 있다.

+ 休息 xiūxi 동 쉬다

HSK 1·2급 출제 포인트

HSK 2급 듣기 제3, 4부분 대화형 문제에서는 보기에 已经(yǐjīng), 正在(zhèngzài) 등의 표현을 사용해 오답을 제시합니다. 시제에 유의해 오답을 고르지 않도록 주의하세요.

녹음

妈，我看会儿电视后再做作业。
Mā, wǒ kàn huìr diànshì hòu zài zuò zuòyè.
엄마, 저 TV를 좀 보고 나서 숙제할게요.

보기

A 作业已经做完 숙제는 이미 다했다 → 오답
zuòyè yǐjīng zuòwán

B 他正在写作业 그는 숙제를 하고 있다 → 오답
tā zhèngzài xiě zuòyè

C 作业还没写完 숙제는 아직 다 안 했다 → 정답
zuòyè hái méi xiěwán

243 ☐ ☐ 1급

呢

ne

조 문장 끝에 쓰여 동작이나 상황이 지속됨을 나타냄

外面下大雪呢。
Wàimian xià dà xuě ne.
밖에는 많은 눈이 내리고 있어.

+ 外面 wàimian 명 밖, 바깥

조 의문문 끝에 쓰여 강조를 나타냄

你怎么不回家呢？
Nǐ zěnme bù huíjiā ne?
너는 왜 집에 안 돌아가?

+ 怎么 zěnme 대 어째서, 왜

244 **等**★
dĕng
2급

동 기다리다

我在这儿等一个朋友。
Wǒ zài zhèr dĕng yí ge péngyou.
저는 여기에서 한 친구를 기다리고 있습니다.

+ 在 zài 개 ~에서 |
这儿 zhèr 대 여기 |
朋友 péngyou 명 친구

245 **家**
jiā
1급

명 집

时间不早了，快回家吧。
Shíjiān bù zǎo le, kuài huíjiā ba.
시간이 늦었어, 빨리 집으로 돌아가자.

+ 时间 shíjiān 명 시간 |
早 zǎo 형 (때가) 이르다

양 점포나 회사를 세는 단위

那是一家大公司。
Nà shì yì jiā dà gōngsī.
그것은 한 큰 회사이다.

+ 公司 gōngsī 명 회사

246 **谢谢**★★★
xièxie
1급

참고 不客气 bú kèqi
천만에요
1급 ··· p.108

동 감사하다, 고맙다

我在这儿下车，谢谢。
Wǒ zài zhèr xiàchē, xièxie.
저는 여기에서 내릴게요. 감사합니다.

+ 在 zài 개 ~에서 |
下车 xiàchē 동 하차하다

247 **不客气*****

bú kèqi

1급

참고 谢谢 xièxie
감사하다, 고맙다
1급 ···› p.107

사양하지 않다, 천만에요, 별말씀을요

A：谢谢你的帮助。 빈출
Xièxie nǐ de bāngzhù.
도와줘서 고마워요.

B：不客气。
Bú kèqi.
별말씀을요.

HSK 1·2급 출제 포인트

HSK 1, 2급 독해 제4부분에서 제시된 문장과 어울리는 대답을 고를 때 谢谢(xièxie)가 보인다면 不客气(bú kèqi)를 정답으로 고르면 됩니다.

248 **对不起*****

duìbuqǐ

1급

참고 没关系 méi guānxi
괜찮다
1급 ···› p.108

동 미안합니다, 죄송합니다

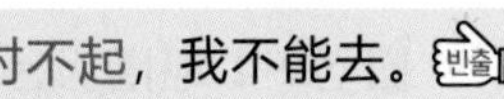

对不起，我不能去。 빈출
Duìbuqǐ, wǒ bù néng qù.
미안한데, 나는 갈 수 없어.

249 **没关系*****

méi guānxi

1급

참고 对不起 duìbuqǐ
미안합니다, 죄송합니다
1급 ···› p.108

괜찮다, 관계없다, 문제없다

A：对不起。家里有点事，我不能去了。
Duìbuqǐ. Jiāli yǒu diǎn shì, wǒ bù néng qù le.
미안해요. 집에 일이 좀 있어서 나는 갈 수가 없게 됐어요.

B：没关系。
Méi guānxi.
괜찮아요.

HSK 1·2급 출제 포인트

HSK 1, 2급 독해 제4부분에서 아무리 문장이 길더라도 对不起(duìbuqǐ)가 제시되어 있다면 바로 没关系(méi guānxi)를 정답으로 고르세요.

250 **再见**

zàijiàn

1급

동 (헤어졌을 때) 안녕, 또 뵙겠습니다

我是来跟你说再见的。
Wǒ shì lái gēn nǐ shuō zàijiàn de.
나는 너에게 작별 인사를 하러 왔어.

+ 跟 gēn 개 ~와, ~과

251 **喂**

wéi

1급

감탄 (전화상에서) 여보세요

喂，我下飞机了，你在哪儿?
Wéi, wǒ xià fēijī le, nǐ zài nǎr?
여보세요? 나는 비행기에서 내렸어. 넌 어디에 있어?

+ 下 xià 동 내려가다 | 飞机 fēijī 명 비행기

252 **打电话*****

dǎ diànhuà

1급

전화를 걸다

호응 给…打电话 gěi…dǎ diànhuà ~에게 전화를 걸다

你快给他打个电话。 빈출
Nǐ kuài gěi tā dǎ ge diànhuà.
너는 빨리 그에게 전화해 봐.

+ 给 gěi 개 ~에게

253 **手机****

shǒujī

2급

명 휴대 전화

我买了一个新手机。
Wǒ mǎile yí ge xīn shǒujī.
나는 새 휴대 전화를 하나 샀다.

+ 买 mǎi 동 사다 | 新 xīn 형 새롭다

254 **电视***

diànshì

1급

명 텔레비전, TV

长时间看电视对眼睛不好。 빈출
Cháng shíjiān kàn diànshì duì yǎnjing bù hǎo.
장시간 TV를 보면 눈에 좋지 않다.

+ 对 duì 개 ~에 대하여 | 眼睛 yǎnjing 명 눈

255 **电影** diànyǐng 1급

명 영화

最近有没有好看的电影?
Zuìjìn yǒu méiyǒu hǎokàn de diànyǐng?
최근에 볼 만한 영화가 있니?

+最近 zuìjìn 명 최근 | 好看 hǎokàn 형 재미있다, 보기 좋다

256 **票** piào 2급

명 표, 티켓

호응 一张票 yì zhāng piào 한 장의 표

那个电影的票很难买到。
Nàge diànyǐng de piào hěn nán mǎidào.
그 영화표는 매우 사기 힘들다.

+电影 diànyǐng 명 영화 | 难 nán 형 어렵다 | 买 mǎi 동 사다

257 **报纸** bàozhǐ 2급

명 신문

爸爸在看报纸，妈妈在看电视。
Bàba zài kàn bàozhǐ, māma zài kàn diànshì.
아빠는 신문을 보고 있고, 엄마는 TV를 보고 있다.

+在 zài 부 ~하고 있다 | 电视 diànshì 명 텔레비전, TV

258 **唱歌** chànggē 2급

동 노래를 하다

她唱歌唱得很好。
Tā chànggē chàng de hěn hǎo.
그녀는 노래를 매우 잘한다.

+得 de 조 동사 뒤에서 정도를 나타내는 보어와 연결시킴

259 □ □ **旅游** lǚyóu

2급

동의 旅行 lǚxíng 여행하다 4급

동 여행하다, 관광하다

我的爸妈想去中国**旅游**。
Wǒ de bà mā xiǎng qù Zhōngguó lǚyóu.
나의 아빠 엄마는 중국으로 여행을 가고 싶어 한다.

DAY 06 확인 √ 테스트

동영상 강의

1 빈칸을 채우세요.

时间	❶	시간
上午	shàngwǔ	❷
❸	shēngrì	생일
晚上	wǎnshang	❹
现在	❺	현재, 지금

2 단어의 병음과 뜻을 알맞게 연결하세요.

❶ 手表 •	• ㉠ yǐjīng •	• ⓐ 손목시계
❷ 从 •	• ㉡ shǒubiǎo •	• ⓑ 시작하다
❸ 开始 •	• ㉢ kāishǐ •	• ⓒ 이미
❹ 已经 •	• ㉣ cóng •	• ⓓ ~에서, ~로부터

3 빈칸에 들어갈 알맞은 단어를 고르세요.

Wǒ mǎile yí ge xīn (shǒubiǎo / shǒujī).
❶ 我 买了 一 个 新 （手表 / 手机）。 나는 새 **휴대 전화**를 하나 샀다.

Cháng shíjiān kàn (diànshì / diànyǐng) duì yǎnjing bù hǎo .
❷ 长 时间 看 （电视 / 电影） 对 眼睛 不 好 。
장시간 TV를 보는 것은 눈에 좋지 않다.

Bàba zài kàn (bàozhǐ / piào), māma zài kàn diànshì .
❸ 爸爸 在 看 （报纸 / 票）， 妈妈 在 看 电视 。
아빠는 **신문**을 보고 있고, 엄마는 TV를 보고 있다.

Wǒ de bà mā xiǎng qù Zhōngguó (lǚyóu / chànggē).
❹ 我 的 爸 妈 想 去 中国 （旅游 / 唱歌）。
나의 아빠 엄마는 중국으로 **여행**을 가고 싶어 한다.

14

도전! HSK 2급 **듣기** 제1부분

4 녹음을 듣고 사진과 일치하면 √, 일치하지 않으면 X를 표시하세요.

1		
2 빈출		
3 빈출		

도전! HSK 2급 **독해** 제2부분

5 빈칸에 들어갈 알맞은 단어를 고르세요.(모두 한 번씩만 사용됩니다.)

shǒubiǎo	zhèngzài	děng	měi
A 手表	B 正在	C 等	D 每

Nǐ de ( ) shì bu shì huài le? Bù zǒu a.
빈출 ❶ 你的（　　）是不是坏了？不走啊。

Wàimian ( ) xiàyǔ, qǐng nǐ dài bǎ sǎn.
❷ 外面（　　）下雨，请你带把伞。

Nǐ zài zhèr ( ) yíxià, wǒ hěn kuài jiù huílai.
빈출 ❸ 你在这儿（　　）一下，我很快就回来。

Tā ( ) tiān gōngzuò bā ge xiǎoshí.
❹ 她（　　）天工作八个小时。

그래도 가야지

_학교와 회사

HSK 1·2급에 이 단어가 나온다!

학교와 관련해서는 懂(dǒng 이해하다)이 늘 출제되고 있으며 对(duì 맞다), 错(cuò 틀리다)가 비중있게 다뤄집니다. 회사와 관련해서는 上班(shàngbān 출근하다), 工作(gōngzuò 일하다), 电脑(diànnǎo 컴퓨터) 등이 자주 출제되고 있습니다.

学习 xuéxí 공부하다

- 书 shū 책
- 读 dú 읽다
- 懂 dǒng 알다, 이해하다
- 写 xiě 쓰다
- 字 zì 글자
- 铅笔 qiānbǐ 연필

学校 xuéxiào 학교

- 老师 lǎoshī 선생님
- 学生 xuésheng 학생
- 教室 jiàoshì 교실
- 桌子 zhuōzi 탁자, 책상
- 椅子 yǐzi 의자

考试 kǎoshì 시험

- 题 tí 문제
- 对 duì 맞다
- 错 cuò 틀리다
- 第一 dì-yī 첫 (번)째, 1등

260 **读** dú

1급

동 읽다

我读过这本书。
Wǒ dúguo zhè běn shū.
나는 이 책을 읽은 적이 있다.

+ 过 guo 조 ~한 적이 있다(경험을 나타냄) | 本 běn 양 권[책을 세는 단위]

맛있는 단어 TIP 读와 卖 비교

读(dú)는 卖(mài 팔다) 앞에 말씀언(言)의 간체자인 '讠'이 들어갑니다. 读와 卖는 전혀 다른 뜻이므로, 이 둘을 혼동하지 않도록 주의하세요.

这本书我读过。
Zhè běn shū wǒ dúguo.
이 책은 내가 읽은 적이 있다.

这里不卖水果。
Zhèli bú mài shuǐguǒ.
이곳에는 과일을 팔지 않는다.

261 **懂**★★★ dǒng

2급

유의 明白 míngbai 이해하다 3급 ···› p.157
理解 lǐjiě 이해하다 4급

동 알다, 이해하다

他听不懂汉语。
Tā tīng bu dǒng Hànyǔ.
그는 중국어를 못 알아듣는다.

+ 汉语 Hànyǔ 명 중국어

HSK 1·2급 출제 포인트

懂(dǒng)은 HSK 2급 듣기 제2부분에 자주 출제됩니다. 녹음에서 懂이 들리면 수업하거나 책을 보고 있는 사진이 정답이 됩니다. 또한, 懂은 보어로 자주 쓰여 听不懂(tīng bu dǒng 들어서 이해할 수 없다), 看不懂(kàn bu dǒng 보고 이해할 수 없다) 등으로 출제됩니다.

262 **汉语**★★★
□
□
1급
Hànyǔ

유의 中文 Zhōngwén
중국어
3급 ··· p.159

명 중국어

我想买一本汉语字典。
Wǒ xiǎng mǎi yì běn Hànyǔ zìdiǎn.
나는 중국어 자전 한 권을 사고 싶다.

+想 xiǎng 조동 ~하고 싶다 | 字典 zìdiǎn 명 자전

263 **本**
□
□
1급
běn

양 권[책을 세는 단위]

这本书很有意思，你也看看吧。
Zhè běn shū hěn yǒu yìsi, nǐ yě kànkan ba.
이 책은 매우 재미있어, 너도 한번 봐봐.

+有意思 yǒu yìsi 재미있다 | 也 yě 부 역시, 또한

264 **书**★
□
□
1급
shū

명 책

这本书我也买了一本。
Zhè běn shū wǒ yě mǎile yì běn.
이 책은 나도 한 권 샀다.

+也 yě 부 역시, 또한 | 买 mǎi 동 사다 | 本 běn 양 권[책을 세는 단위]

265 **老师**
□
□
1급
lǎoshī

명 선생님

他是小学老师。
Tā shì xiǎoxué lǎoshī.
그는 초등학교 선생님이다.

+小学 xiǎoxué 명 초등학교

266 **学生**
xuésheng
1급

명 학생

他不是我们学校的学生。
Tā bú shì wǒmen xuéxiào de xuésheng.
그는 우리 학교의 학생이 아니다.

+ 学校 xuéxiào 명 학교

267 **同学**★★★
tóngxué
1급

명 동학, 급우, 동창

同学们都喜欢路老师。 빈출
Tóngxuémen dōu xǐhuan Lù lǎoshī.
급우들은 모두 루 선생님을 좋아한다.

+ 喜欢 xǐhuan 동 좋아하다

268 **学习**
xuéxí
1급

참고 复习 fùxí 복습하다
3급 ···› p.157
预习 yùxí 예습하다
4급

동 공부하다, 배우다

她从去年开始学习汉语。 빈출
Tā cóng qùnián kāishǐ xuéxí Hànyǔ.
그녀는 작년부터 중국어를 배우기 시작했다.

+ 从 cóng 개 ~부터 | 去年 qùnián 명 작년 | 开始 kāishǐ 동 시작하다

269 **学校**
xuéxiào
1급

명 학교

我们学校的老师都很好。
Wǒmen xuéxiào de lǎoshī dōu hěn hǎo.
우리 학교의 선생님은 모두 좋다.

270 **教室**★
jiàoshì
2급

명 교실

教室里一个学生也没有。
Jiàoshì li yí ge xuésheng yě méiyǒu.
교실 안에는 한 명의 학생도 없다.

271 **桌子** zhuōzi 1급

명 탁자, 테이블

你的书在桌子上。 빈출
Nǐ de shū zài zhuōzishang.
네 책은 탁자 위에 있다.

272 **椅子** yǐzi 1급

명 의자

老师坐在椅子上。
Lǎoshī zuòzài yǐzishang.
선생님은 의자에 앉아 있다.

+ 坐在 zuòzài ~에 앉다

273 **门** mén 2급

명 문

教室的门开着。
Jiàoshì de mén kāizhe.
교실 문이 열려 있다.

+ 开 kāi 동 열다

274 **写**★ xiě 1급

동 쓰다

这个字我会写了。 빈출
Zhège zì wǒ huì xiě le.
이 글자는 내가 쓸 수 있게 되었다.

+ 字 zì 명 글자 | 会 huì 조동 ~할 줄 알다

275 **字**★ zì 1급

명 글자

你写的字很漂亮。 빈출
Nǐ xiě de zì hěn piàoliang.
네가 쓴 글자는 매우 예쁘다.

+ 漂亮 piàoliang 형 아름답다

276 **完**★★
wán
2급

동 완성하다, 끝내다

我写完作业了。
Wǒ xiěwán zuòyè le.
나는 숙제를 다 했다.

+ 作业 zuòyè 명 숙제

맛있는 단어 

결과보어 完

写完(xiěwán 다 쓰다), 看完(kànwán 다 보다)처럼 完(wán)은 다른 동사 뒤에서 결과보어로 쓰입니다. 이때 完은 '동작이 다 끝났다'라는 의미를 나타냅니다.

- 写完 xiěwán 다 쓰다
- 看完 kànwán 다 보다
- 做完 zuòwán 다 하다
- 听完 tīngwán 다 듣다

277 **送**
sòng
2급

동 배웅하다, 데려다주다

妈妈每天把孩子送到学校。
Māma měitiān bǎ háizi sòngdào xuéxiào.
엄마는 매일 아이를 학교까지 데려다준다.

동 선물하다

他送了我两张电影票。 빈출
Tā sòngle wǒ liǎng zhāng diànyǐng piào.
그는 나에게 두 장의 영화표를 선물했다.

+ 张 zhāng 양 장[종이 등을 세는 단위]

동 배달하다, 보내다

这个商店可以把东西送到家。
Zhège shāngdiàn kěyǐ bǎ dōngxi sòngdào jiā.
이 상점은 물건을 집까지 배달해줄 수 있다.

+ 商店 shāngdiàn 명 상점

278 **帮助**★★
□
□
bāngzhù
2급

동 돕다

她喜欢帮助别人。 빈출
Tā xǐhuan bāngzhù biéren.
그녀는 다른 사람 돕기를 좋아한다.

+ 别人 biéren 대 다른 사람

명 도움

在老师的帮助下，我爱看书了。
Zài lǎoshī de bāngzhù xià, wǒ ài kàn shū le.
선생님의 도움으로, 나는 책 보는 것을 좋아하게 됐다.

+ 在…下 zài…xià (조건이나 상황) ~에서, ~하에 | 爱 ài 동 좋아하다

279 **介绍**
□
□
jièshào
2급

동 소개하다

호응 介绍自己 jièshào zìjǐ 자신을 소개하다 |
给…介绍… gěi…jièshào… ~에게 ~를 소개하다

我给你介绍一个中国朋友。
Wǒ gěi nǐ jièshào yí ge Zhōngguó péngyou.
내가 너에게 한 중국 친구를 소개해줄게.

+ 给 gěi 개 ~에게 | 朋友 péngyou 명 친구

280 **考试**★★
□
□
kǎoshì

명 시험

这个考试不太难。
Zhège kǎoshì bú tài nán.
이 시험은 그다지 어렵지 않아.

+ 难 nán 형 어렵다

동 시험 치다

今天不考试了，明天再考试。
Jīntiān bù kǎoshì le, míngtiān zài kǎoshì.
오늘은 시험을 안 치고, 내일 다시 시험을 친다.

281 **第一** ☐ ☐ 2급
dì-yī

수 첫 (번)째, 최초, 1등

호응 第一天 dì-yī tiān 첫날 | 第一次 dì-yī cì 첫 번째

这次考试我考了第一。
Zhè cì kǎoshì wǒ kǎole dì-yī.
이번 시험에서 나는 1등을 했다.

+ 次 cì 양 번, 회 |
考 kǎo 동 시험을 보다

282 **课** ☐ ☐ 2급
kè

명 수업

我快要上课了。
Wǒ kuàiyào shàngkè le.
나는 곧 수업을 듣는다.

+ 快要…了 kuàiyào…le 곧 ~하려 하다 |
上课 shàngkè 동 수업을 하다, 수업을 듣다

283 **铅笔*** ☐ ☐ 2급
qiānbǐ

명 연필

我的铅笔不见了，你没看到吗？
Wǒ de qiānbǐ bú jiàn le, nǐ méi kàndào ma?
내 연필이 없어졌는데, 너는 못 봤어?

+ 见 kànjiàn 동 보다, 보이다 |
看到 kàndào 동 보다, 보이다

284 **问*** ☐ ☐ 2급
wèn

동 묻다

这个题我不会做，你去问问老师吧。
Zhège tí wǒ bú huì zuò, nǐ qù wènwen lǎoshī ba.
이 문제를 나는 못 풀어. 선생님께 한번 물어봐.

+ 题 tí 명 문제 |
做 zuò 동 하다

맛있는 단어  이중 목적어를 취하는 동사

送(sòng), 问(wèn), 给(gěi)는 목적어 두 개를 수반할 수 있는 특수한 동사입니다. 이들 동사 뒤에는 간접 목적어(~에게)와 직접 목적어(~을)가 연달아 올 수 있습니다. '~에게'로 해석된다고 해서 동사 뒤에 给를 따로 쓰지 않도록 주의하세요.

주어+送/问/给+목적어1(간접 목적어)+목적어2(직접 목적어)

他送了我两张电影票。
Tā sòngle wǒ liǎng zhāng diànyǐng piào.
그는 나에게 두 장의 영화표를 선물했다.

他问了我很多问题。
Tā wènle wǒ hěn duō wèntí.
그는 나에게 많은 문제를 물었다.

他给了我一个月的时间。
Tā gěile wǒ yí ge yuè de shíjiān.
그는 나에게 한 달간의 시간을 주었다.

285 **问题** wèntí 2급

명 문제

你有什么问题吗？
Nǐ yǒu shénme wèntí ma?
너는 무슨 문제 있어?

+ 什么 shénme 대 무슨, 무엇

286 **题** tí 2급

명 문제

这个题你会做吗？
Zhège tí nǐ huì zuò ma?
너는 이 문제를 풀 수 있어?

+ 做 zuò 동 (문제를) 풀다

287 **对**★★★
□
□
2급

duì

반의 错 cuò 틀리다
2급 ··· p.123

형 옳다, 맞다

这些题我都做对了。
Zhèxiē tí wǒ dōu zuòduì le.
이 문제들은 나는 모두 맞혔다.

\+ 做 zuò 동 (문제를) 풀다

288 **错**★★
□
□
2급

cuò

반의 对 duì 맞다
2급 ··· p.123

형 틀리다, 맞지 않다

这次你错了。
Zhè cì nǐ cuò le.
이번에는 네가 틀렸다.

\+ 次 cì 양 회, 번

명 착오, 잘못

这不是你的错。

Zhè bú shì nǐ de cuò.
이것은 네 잘못이 아니다.

맛있는 단어 TIP 결과보어 错

错(cuò)는 단독으로도 쓰이지만, 다른 동사 뒤에서 결과보어로도 많이 쓰입니다.

- 写错了 xiěcuò le 잘못 썼다
- 看错了 kàncuò le 잘못 보았다
- 听错了 tīngcuò le 잘못 들었다
- 走错了 zǒucuò le (길 등을) 잘못 들었다

289 **意思**★★
yìsi
2급

명 뜻, 의미

这是什么意思？
Zhè shì shénme yìsi?
이것은 무슨 뜻이야?

명 재미

这本书很有意思。
Zhè běn shū hěn yǒu yìsi.
이 책은 매우 재미있다.

290 **公司**
gōngsī
2급

명 회사

他开了一家公司。
Tā kāile yì jiā gōngsī.
그는 회사를 하나 차렸다.

+ 开 kāi 동 (회사를) 세우다 | 家 jiā 양 점포나 회사 등을 세는 단위

291 **事情**
shìqing
2급

명 업무

这个公司事情很多。
Zhège gōngsī shìqing hěn duō.
이 회사는 일이 많다.

+ 公司 gōngsī 명 회사

명 일, 사건

你找我有什么事情吗？
Nǐ zhǎo wǒ yǒu shénme shìqing ma?
당신이 날 찾아왔는데, 무슨 일이 있어요?

292 □ □ 1급 **工作*** gōngzuò

동 일하다

他每天工作八个小时。
Tā měitiān gōngzuò bā ge xiǎoshí.
그는 매일 8시간 일한다.

명 일, 업무, 직업

最近好工作很难找。
Zuìjìn hǎo gōngzuò hěn nán zhǎo.
최근에 좋은 일자리는 찾기 어렵다.

+ 最近 zuìjìn 명 최근 | 找 zhǎo 동 찾다

293 □ □ 2급 **上班***** shàngbān

반의 下班 xiàbān 퇴근하다

동 출근하다, 근무하다

我姐姐在医院上班。
Wǒ jiějie zài yīyuàn shàngbān.
나의 언니(누나)는 병원에서 근무한다.

+ 医院 yīyuàn 명 병원

294 □ □ 1급 **做***** zuò

동 (일을) 하다

你是做什么工作的？ 빈출
Nǐ shì zuò shénme gōngzuò de?
당신은 어떤 일을 하십니까?

동 (문제를) 풀다

这个题我也做对了。 

Zhège tí wǒ yě zuòduì le.
이 문제는 나도 풀어서 맞혔다.

+ 题 tí 명 문제 | 对 duì 형 맞다, 옳다

295 **电脑★★★**

diànnǎo

1급

명 컴퓨터

호응 玩儿电脑 wánr diànnǎo 컴퓨터를 하다

下班的时候，你应该关好电脑。
Xiàbān de shíhou, nǐ yīnggāi guānhǎo diànnǎo.
퇴근할 때 너는 컴퓨터를 잘 꺼야 해.

+ 下班 xiàbān 동 퇴근하다 | 应该 yīnggāi 조동 마땅히 ~해야 한다 | 关 guān 동 (기기를) 끄다

296 **休息★★★**

xiūxi

2급

동 쉬다, 휴식하다

工作很累吧？你休息一下。
Gōngzuò hěn lèi ba? Nǐ xiūxi yíxià.
일이 많이 힘들지? 잠시 쉬어.

+ 累 lèi 형 힘들다, 피곤하다

맛있는 한자 TIP 나무목(木)이 들어간 한자

나무목(木)은 땅에 뿌리가 박혀 있는 나무의 형상을 본뜬 글자입니다. 休息(xiūxi 쉬다)에서 休(xiū)를 보면 나무(木) 옆에 사람(人)이 기대어 쉬는 모습을 토대로 '쉬다'라는 의미를 알 수 있습니다. 桌子(zhuōzi 탁자), 学校(xuéxiào 학교), 椅子(yǐzi 의자)에도 木이 들어간다는 것을 기억하세요.

- 休息 xiūxi 쉬다
- 桌子 zhuōzi 탁자
- 学校 xuéxiào 학교
- 椅子 yǐzi 의자

297 **准备**

zhǔnbèi

2급

동 준비하다

她很想去那个公司，所以准备了很多。
Tā hěn xiǎng qù nàge gōngsī, suǒyǐ zhǔnbèile hěn duō.
그녀는 그 회사에 매우 가고 싶어서 많이 준비했다.

+ 公司 gōngsī 명 회사 | 所以 suǒyǐ 접 그래서

298 **知道**★

zhīdào

2급

유의 认识 rènshi 알다

1급 ··· p.20

동 알다

你怎么知道?
Nǐ zěnme zhīdào?
너는 어떻게 알아?

+ 怎么 zěnme 대 어떻게, 이째서, 왜

299 **都**★★★

dōu

1급

부 모두

今天的工作都做完了。 빈출
Jīntiān de gōngzuò dōu zuòwán le.
오늘의 일은 모두 끝났다.

+ 做 zuò 동 (일을) 하다

300 **也**★

yě

2급

부 역시, 또한

我也不知道。
Wǒ yě bù zhīdào.
나도 모른다.

+ 知道 zhīdào 동 알다

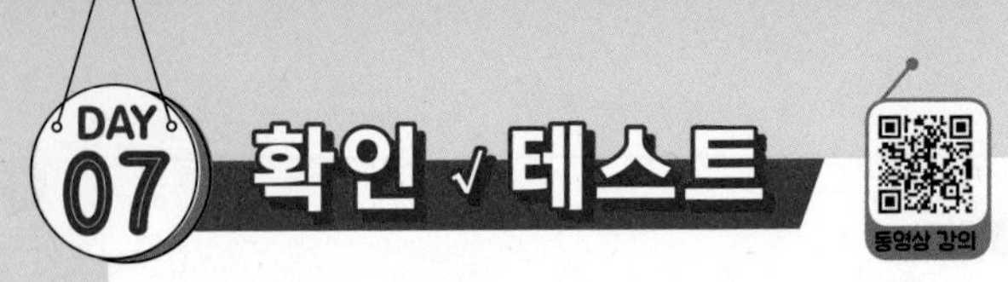

1 빈칸을 채우세요.

❶	dú	읽다
老师	❷	선생님
❸	xuéxí	공부하다
桌子	zhuōzi	❹
懂	❺	알다, 이해하다

2 단어의 병음과 뜻을 알맞게 연결하세요.

❶ 字 • • ㉠ tóngxué • • ⓐ 의자

❷ 同学 • • ㉡ zì • • ⓑ 동학, 급우

❸ 椅子 • • ㉢ wán • • ⓒ 글자

❹ 完 • • ㉣ yǐzi • • ⓓ 완성하다, 끝내다

3 빈칸에 들어갈 알맞은 단어를 고르세요.

Gōngzuò hěn lèi ba? Nǐ (xiūxi / wèn) yíxià .
❶ 工作 很 累 吧？你 (休息 / 问) 一下 。
일이 많이 힘들지? 잠시 **쉬어**.

Tā hěn xiǎng qù nàge gōngsī , suǒyǐ (bāngzhù / zhǔnbèi)le hěn duō .
❷ 她 很 想 去 那个 公司，所以 (帮助 / 准备)了 很 多。
그녀는 그 회사에 매우 가고 싶어서 많이 **준비했다**.

Zhège gōngsī (shìqing / zhīdào) hěn duō .
❸ 这个 公司 (事情 / 知道) 很 多。
이 회사는 **일**이 많다.

Wǒ jiějie zài yīyuàn (shàngbān / zuò) .
❹ 我 姐姐 在 医院 (上班 / 做)。 나의 언니(누나)는 병원에서 **근무한다**.

도전! HSK 2급 **듣기** 제1부분

4 녹음을 듣고 사진과 일치하면 √, 일치하지 않으면 X를 표시하세요.

1		
2		
3 빈출		

도전! HSK 2급 **독해** 제2부분

5 빈칸에 들어갈 알맞은 단어를 고르세요.(모두 한 번씩만 사용됩니다.)

zhǔnbèi	shàngbān	dǒng	yìsi
A 准备	B 上班	C 懂	D 意思

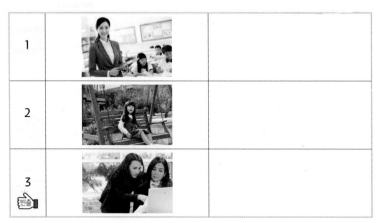

빈출 ❶ Nǐ (　　　) hǎo le ma? Kuài yìdiǎnr, shíjiān bù duō.
你 (　　　) 好了吗? 快一点儿，时间不多。

❷ Zhège tí wǒ bù (　　　), nǐ néng bu néng jiāo wǒ?
这个题我不 (　　　)，你能不能教我?

❸ Wǒ zài (　　　), xiàbān zhī hòu zài shuō ba.
我在 (　　　)，下班之后再说吧。

빈출 ❹ Zhè běn shū hěn yǒu (　　　), yǒu shíjiān nǐ yě kànkan ba.
这本书很有 (　　　)，有时间你也看看吧。

HSK 1·2급 미니 ✓ 테스트

HSK 1급 듣기 제3부분 녹음과 일치하는 사진을 고르세요.

A		B	
C		D	

1 □

2 □

HSK 1급 독해 제3부분 질문에 대한 적절한 대답을 고르세요.

3	Nǐ xǐhuan chī shénme shuǐguǒ ? 你 喜欢 吃 什么 水果 ?	□	Píngguǒ . A 苹果 。
4	Nǐ érzi gōngzuò le ma ? 你 儿子 工作 了 吗 ?	□	Méiyǒu . B 没有 。
5	Nǐ míngtiān hé shéi qù mǎi shū ? 你 明天 和 谁 去 买 书 ?	□	Qùle yīyuàn . C 去了 医院 。
6	Nǐ zuótiān shàngwǔ zài nǎr ? 你 昨天 上午 在 哪儿 ?	□	Wǒ bàba . D 我 爸爸 。

HSK 2급 **듣기** 제1부분 녹음과 일치하면 √, 일치하지 않으면 X를 표시하세요.

7		
8		

HSK 2급 **독해** 제2부분 빈칸에 들어갈 알맞은 단어를 고르세요.

jīchǎng	fēicháng	xiūxi	yòubian
A 机场	B 非常	C 休息	D 右边

Zhè cì kǎoshì tā kǎo de ( ) hǎo .
9 这 次 考试 他 考 得 (   ) 好 。

Wǒ míngtiān zǎoshang yào qù
10 我 明天 早上 要 去 (   ) 。

Wǒ de shǒujī zài shūbāo de
11 我 的 手机 在 书包 的 (   ) 。

Nǐ zuòzhe ( ) yíxià , wǒ qù xǐ yīfu .
12 你 坐着 (   ) 一下 ， 我 去 洗 衣服 。

맛있는 books

HSK 3급

300단어

START!

주인공은 바로 나야 _사람과 생물

HSK 3급에 이 단어가 나온다!

사람과 관련된 단어로는 阿姨(āyí 아주머니), 邻居(línjū 이웃)가 매우 중요하며, 생물에서는 熊猫(xióngmāo 판다), 马(mǎ 말)가 자주 출제됩니다. 또한, 사람을 묘사하는 可爱(kě'ài 귀엽다)와 有名(yǒumíng 유명하다)도 자주 출제됩니다.

한눈에 파악하는 단어

爷爷 yéye 할아버지
奶奶 nǎinai 할머니

邻居 línjū 이웃
叔叔 shūshu 아저씨
阿姨 āyí 아주머니

司机 sījī 운전기사

经理 jīnglǐ 사장

301 **爷爷** yéye

참고 奶奶 nǎinai 할머니
3급 ···› p.135

명 할아버지, 조부

爷爷的头发几乎全白了。
Yéye de tóufa jīhū quán bái le.
할아버지의 머리카락이 거의 모두 하얗게 되었다.

+ 头发 tóufa 명 머리카락 | 几乎 jīhū 부 거의 | 全 quán 부 모두 | 白 bái 형 희다

302 **奶奶** nǎinai

참고 爷爷 yéye 할아버지
3급 ···› p.135

명 할머니, 조모

奶奶的身体还是很健康。 빈출
Nǎinai de shēntǐ háishi hěn jiànkāng.
할머니의 몸은 여전히 매우 건강하다.

+ 还是 háishi 부 여전히 | 健康 jiànkāng 형 건강하다

303 **客人*** kèrén

명 손님

请把客人带到会议室。
Qǐng bǎ kèrén dàidào huìyìshì.
손님을 회의실로 데려오세요.

+ 把 bǎ 개 ~을 | 带 dài 동 (사람을) 데리다 | 会议室 huìyìshì 명 회의실

304 **叔叔** shūshu

참고 阿姨 āyí 아주머니
3급 ···› p.135

명 작은아버지, 삼촌, 아저씨

我叔叔是出租车司机。
Wǒ shūshu shì chūzūchē sījī.
나의 삼촌은 택시 기사이다.

+ 出租车 chūzūchē 명 택시 | 司机 sījī 명 기사

305 **阿姨** āyí

참고 叔叔 shūshu 작은아버지, 삼촌, 아저씨
3급 ···› p.135

명 아주머니, 이모

李阿姨是我妈妈的朋友。
Lǐ āyí shì wǒ māma de péngyou.
이씨 아주머니는 우리 엄마의 친구이다.

+ 朋友 péngyou 명 친구

306 **司机**
□
□
sījī

참고 出租车司机
chūzūchē sījī
택시 기사

명 기사, 운전기사

我认识了一位司机。
Wǒ rènshile yí wèi sījī.
나는 운전기사 한 분을 알게 되었다.

+ 认识 rènshi 동 알다, 인식하다 | 位 wèi 양 분[사람을 세는 단위]

307 **邻居**
□
□
línjū

명 이웃

楼上搬来了一位新邻居。 빈출
Lóushang bānláile yí wèi xīn línjū.
위층에 이웃 한 분이 새로 이사를 왔다.

+ 搬 bān 동 옮기다, 이사하다

HSK 3급 출제 포인트

HSK 3급 듣기 제3, 4부분에서 세 인물(대상)이 등장하고 녹음에서 언급된 인물(대상)을 고르는 문제가 출제됩니다. 인물(대상) 간의 관계나 행위에 집중해 녹음을 들어야 정답을 쉽게 고를 수 있습니다.

→ 강아지는 이웃(邻居)이 선물해 준 것임
这只小狗是邻居马阿姨送我的。
Zhè zhī xiǎogǒu shì línjū Mǎ āyí sòng wǒ de.
이 강아지는 이웃 마씨 아주머니가 나에게 선물해준 것이다.

308 **同事**
□
□
tóngshì

참고 同学 tóngxué
급우, 학우
1급 ···› p.117

명 동료

同事们都在认真地工作。
Tóngshìmen dōu zài rènzhēn de gōngzuò.
동료들은 모두 열심히 일을 하고 있다.

+ 在 zài 부 ~하고 있다 | 认真 rènzhēn 형 진지하다, 열심히 하다 | 工作 gōngzuò 동 일하다

맛있는 단어 

同事와 同学 비교

同事(tóngshì)는 일을 같이 하는 사람이라는 뜻으로 '동료'를 가리키고, 同学(tóngxué)는 같이 공부하는 사람이라는 뜻으로 '동학', '동급생'을 가리킵니다.

309 **经理** jīnglǐ

명 지배인, 사장, 매니저

她是这家公司的经理。
Tā shì zhè jiā gōngsī de jīnglǐ.
그녀는 이 회사의 사장이다.

+公司 gōngsī 명 회사

310 **自己** zìjǐ

참고 别人 biéren 다른 사람
3급 ··· p.137

대 자기, 자신, 스스로

这个问题我能自己解决。
Zhège wèntí wǒ néng zìjǐ jiějué.
이 문제는 나 스스로 해결할 수 있다.

+问题 wèntí 명 문제 | 解决 jiějué 동 해결하다

311 **别人** biéren

참고 自己 zìjǐ
자기, 자신, 스스로
3급 ··· p.137

대 남, 타인, 다른 사람

别人怎么说，他都不听。
Biéren zěnme shuō, tā dōu bù tīng.
다른 사람이 어떻게 말하든 그는 다 듣지 않는다.

+怎么 zěnme 대 어떻게

312 **其他** qítā

대 기타, 다른 사람(사물)
호응 其他人 다른 사람 | 其他颜色 다른 색깔

除了你，其他人都到了。
Chúle nǐ, qítā rén dōu dào le.
너 말고 다른 사람은 모두 도착했어.

+除了 chúle 개 ~을 제외하고

313 **位** wèi

참고 个 gè 개
1급 ··· p.28

양 분[사람을 세는 단위]

家里来了一位客人。
Jiāli láile yí wèi kèrén.
집에 손님이 한 분 오셨다.

+客人 kèrén 명 손님

맛있는 단어 TIP 个와 位 비교

사람을 세는 양사로는 个(gè 명)와 공경을 나타내는 位(wèi 분)가 있습니다. 一个客人(yí ge kèrén 한 명의 손님)도 맞는 표현이지만, 손님 입장에서는 一位客人(yí wèi kèrén 한 분의 손님)으로 표현하면 더욱 대우받는 느낌이겠죠?

314 □ □

遇到★★

yùdào

유의 遇见 yùjiàn (우연히) 만나다

동 (우연히) 만나다, 마주치다, 부딪히다

호응 遇到问题 문제에 부딪히다 | 遇到老朋友 옛 친구를 우연히 만나다

今天我在路上遇到了一个老同学。 빈출
Jīntiān wǒ zài lùshang yùdàole yí ge lǎo tóngxué.
오늘 나는 길에서 한 옛 동창을 만났다.

\+ 路 lù 명 길 | 老同学 lǎo tóngxué 옛 동창

HSK 3급 출제 포인트

遇到(yùdào) 뒤에는 사람이나 문제 등을 목적어로 쓸 수 있습니다. 遇到는 HSK 3급 독해 지문에 자주 출제되는 단어이기 때문에 그 뜻과 용법을 꼭 정확하게 기억해야 합니다.

주어 술어 목적어
我遇到不认识的词就查一查。
Wǒ yùdào bú rènshi de cí jiù chá yi chá.
나는 모르는 단어를 만나면 바로 찾아본다.

315 □ □

个子

gèzi

명 키

호응 个子高 키가 크다 | 个子矮 키가 작다

他的个子比我矮。
Tā de gèzi bǐ wǒ ǎi.
그의 키는 나보다 작다.

\+ 比 bǐ 개 ~보다 | 矮 ǎi 형 (키가) 작다

316 **矮**★
ǎi

반의 高 gāo (키가) 크다
2급 ···› p.47

형 (사람의 키가) 작다, (높이가) 낮다

她的个子并不矮。
Tā de gèzi bìng bù ǎi.
그녀의 키는 결코 작지 않다.

\+ 个子 gèzi 명 키 | 并 bìng 부 결코

맛있는 단어 TIP 矮와 小 비교

个子高(gèzi gāo 키가 크다)의 반대말인 个子矮(gèzi ǎi 키가 작다)는 한국인들이 많이 틀리는 표현입니다. '키가 작다'는 小(xiǎo 작다)가 아닌 矮(ǎi)로 표현해야 함을 주의하세요.

他的个子小。(X) → 他的个子矮。(O)
Tā de gèzi ǎi.
그의 키는 작다.

317 **长**★
zhǎng

참고 长 cháng 길다
2급 ···› p.46

동 자라다

儿子的个子长高了很多。빈출
Érzi de gèzi zhǎnggāole hěn duō.
아들의 키가 많이 자랐다.

\+ 儿子 érzi 명 아들 | 个子 gèzi 명 키

동 생기다

这个女孩儿长得很漂亮。
Zhège nǚháir zhǎng de hěn piàoliang.
이 여자아이는 매우 예쁘게 생겼다.

맛있는 단어  **长의 두 가지 발음**

长은 두 가지 발음이 있는데, cháng으로 읽으면 형용사로 '길다'라는 뜻이 되고, zhǎng으로 읽으면 동사로 '자라다, 생기다'라는 의미가 됩니다.

형용사
他等了很长时间。
Tā děngle hěn cháng shíjiān.
그는 긴 시간을 기다렸다.

동사
你长大了要做什么?
Nǐ zhǎngdàle yào zuò shénme?
너는 커서 무엇을 할 거야?

318 **头发**★★
□
□
tóufa

참고 理发 lǐfà
이발하다, 머리를 깎다
4급

명 머리카락

姐姐的头发很长。
Jiějie de tóufa hěn cháng.
누나(언니)의 머리카락은 매우 길다.

+ 姐姐 jiějie 명 누나, 언니 | 长 cháng 형 길다

319 **脸**
□
□
liǎn

명 얼굴

晚上睡前要刷牙、洗脸。
Wǎnshang shuì qián yào shuāyá、xǐliǎn.
밤에 잠자기 전에는 이를 닦고 세수해야 한다.

+ 要 yào 조동 ~해야 한다 | 刷牙 shuāyá 동 이를 닦다

320 **耳朵**
□
□
ěrduo

명 귀

他左边的耳朵几乎听不见了。
Tā zuǒbian de ěrduo jīhū tīng bu jiàn le.
그의 왼쪽 귀는 거의 안 들린다.

+ 左边 zuǒbian 명 왼쪽 | 几乎 jīhū 부 거의 | 听不见 tīng bu jiàn 들을 수 없다

321 **鼻子**
☐
☐
bízi

명 코

你鼻子怎么这么红?
Nǐ bízi zěnme zhème hóng?
너는 코가 왜 이렇게 빨개?

+ 怎么这么 zěnme zhème 왜 이렇게 |
红 hóng 형 빨갛다

322 **嘴**
☐
☐
zuǐ

명 입

医生让我张开嘴。
Yīshēng ràng wǒ zhāngkāi zuǐ.
의사는 나에게 입을 벌리라고 했다.

+ 让 ràng 동 ~하게 하다 |
张开 zhāngkāi 동 벌리다

323 **腿**
☐
☐
tuǐ

참고 大腿 dàtuǐ 허벅지
小腿 xiǎotuǐ 종아리

명 다리

他的腿上坐着一只小猫。
Tā de tuǐshang zuòzhe yì zhī xiǎomāo.
그의 다리 위에는 한 마리의 새끼 고양이가 앉아있다.

+ 只 zhī 양 마리[동물을 세는 단위] |
猫 māo 명 고양이

맛있는 한자 TIP 月(육달월)이 들어간 한자

脚(jiǎo 발), 腿(tuǐ 다리), 脸(liǎn 얼굴)의 공통점이 뭘까요? 모두 글자의 왼쪽 부분에 月(육달월)이 들어간다는 것입니다. 이때 月은 '달 월'이 아니라 바로 肉(고기육)이 변형된 형태인 '육달월'입니다. 따라서 月가 들어간 글자는 몸과 관련된 뜻을 나타냅니다.

- 脚 jiǎo 발
- 腿 tuǐ 다리
- 脸 liǎn 얼굴
- 脑 nǎo 뇌, 머리
- 胖 pàng 뚱뚱하다

324 **脚**

☐
☐

jiǎo

참고 腿 tuǐ 다리
3급 ··· p.141

명 발

我的脚很干净啊，不用洗。
Wǒ de jiǎo hěn gānjìng a, bú yòng xǐ.
나의 발은 깨끗해서 씻을 필요가 없어요.

+干净 gānjìng 형 깨끗하다 | 不用 bú yòng ~할 필요 없다

맛있는 단어 TIP 신체 부위

아래 신체 부위와 관련된 단어를 보고 다시 한번 정리해보세요.

- 头 tóu 머리
- 头发 tóufa 머리카락
- 脸 liǎn 얼굴
- 眼睛 yǎnjing 눈
- 鼻子 bízi 코
- 耳朵 ěrduo 귀
- 嘴 zuǐ 입
- 手 shǒu 손
- 腿 tuǐ 다리
- 脚 jiǎo 발

325 **可爱** ★★★

☐
☐

kě'ài

형 사랑스럽다, 귀엽다

我有一只可爱的狗。 

Wǒ yǒu yì zhī kě'ài de gǒu.
나에게는 귀여운 개 한 마리가 있다.

+只 zhī 양 마리[동물을 세는 단위]

맛있는 단어 TIP 可+V로 이루어진 단어

[可+V]는 '~할 만하다'라는 뜻입니다. 그래서 可爱(kě'ài)는 '사랑할 만하다, 사랑스럽다'가 되고, 可看(kěkàn)은 '볼 만하다'가 됩니다. 可笑(kěxiào)는 '우습다', 可怜(kělián)은 '불쌍하다'라는 뜻입니다.

326 **年轻★**
niánqīng

반의 老 lǎo 늙다
3급 ··· p.143
참고 年轻人 niánqīngrén
젊은이

형 젊다

他看上去很年轻。
Tā kàn shàngqu hěn niánqīng.
그는 매우 젊어 보인다.

+ 看上去 kàn shàngqu 보기에 ~하게 보이다

327 **老**
lǎo

반의 年轻 niánqīng 젊다
3급 ··· p.143
참고 老人 lǎorén 노인

형 늙다

活到老，学到老。빈출
Huódào lǎo, xuédào lǎo.
늙을 때까지 살고, 늙을 때까지 배운다.(배움에는 끝이 없다.)

+ 活 huó 동 살다

부 늘

我老忘记带钱包。
Wǒ lǎo wàngjì dài qiánbāo.
나는 늘 지갑 챙기는 것을 잊는다.

+ 忘记 wàngjì 동 잊다 | 带 dài 동 챙기다, 지니다 | 钱包 qiánbāo 명 지갑

328 **有名★★★**
yǒumíng

유의 著名 zhùmíng
저명하다, 유명하다
4급

형 유명하다

他的爷爷是很有名的医生。빈출
Tā de yéye shì hěn yǒumíng de yīshēng.
그의 할아버지는 매우 유명한 의사이다.

+ 爷爷 yéye 명 할아버지 | 医生 yīshēng 명 의사

329 **关系**
☐
☐
guānxi

명 관계

호응 A和/跟B有关系 A는 B와 관계가 있다 | A和/跟B没关系 A는 B와 관계가 없다

我跟这件事没关系。
Wǒ gēn zhè jiàn shì méi guānxi.
나는 이 일과 관계가 없다.

+ 跟 gēn 개 ~와, ~과

동 관계되다

这关系到他们的生死。
Zhè guānxidào tāmen de shēngsǐ.
이것은 그들의 생사와 관계된다.

+ 生死 shēngsǐ 명 생사, 삶과 죽음

330 **动物**
☐
☐
dòngwù

참고 植物 zhíwù 식물 4급

명 동물

熊猫是中国人很喜欢的动物。
Xióngmāo shì Zhōngguórén hěn xǐhuan de dòngwù.
판다는 중국인이 매우 좋아하는 동물이다.

+ 熊猫 xióngmāo 명 판다 | 喜欢 xǐhuan 동 좋아하다

맛있는 한자 TIP 犭(큰개견)이 들어간 한자

猫(māo 고양이), 狗(gǒu 개)에서 공통적인 부분이 보이나요? '犭(큰개견)'은 개가 옆으로 서 있는 모습을 본따 만든 글자입니다. 손수(扌)와는 다르게 휘어져 있는 모양의 犭은 동물을 나타낼 때 사용됩니다.

- 狗 gǒu 개
- 猫 māo 고양이
- 狮子 shīzi 사자
- 猴子 hóuzi 원숭이

331 **熊猫**★★
□
□
xióngmāo

명 판다

熊猫这个动物真可爱! 
Xióngmāo zhège dòngwù zhēn kě'ài!
판다라는 이 동물은 정말 귀여워!

+ 真 zhēn 부 정말, 진짜 | 可爱 kě'ài 형 귀엽다

맛있는 단어 TIP 판다의 주요 특징

熊猫(xióngmāo 판다)는 HSK 2급에서 6급에 이르기까지 가장 자주 출제되는 동물입니다. 판다의 특징을 배경 지식으로 알아두면 문제를 쉽게 풀 수 있습니다.

① 외모가 귀엽다(可爱 kě'ài)
② 중국의 국가 1급 보호 동물
(国家一级保护动物 guójiā yī jí bǎohù dòngwù)
③ 대나무(竹子 zhúzi)가 주식이다.
(처음에는 육식을 했지만 초식으로 진화하였으며 대부분 대나무를 먹는데, 하루에 13kg까지 먹는다.)
④ 온순해 보이지만 화가 나면 위험한(危险 wēixiǎn) 동물이다.
⑤ 주요 서식지는 중국의 쓰촨성(四川省 Sìchuān Shěng), 산시성(陕西省 Shǎnxī Shěng), 간쑤성(甘肃省 Gānsù Shěng)의 산간 지역(山区 shānqū)이다.

332 **马**★★
□
□
mǎ

명 말

你会骑马吗?
Nǐ huì qí mǎ ma?
너는 말을 탈 줄 알아?

+ 会 huì 조동 ~할 줄 알다 | 骑 qí 동 (동물·자전거를) 타다

333 **鸟**
□
□
niǎo

명 새

这个鸟的叫声很好听。
Zhège niǎo de jiàoshēng hěn hǎotīng.
이 새의 우는 소리는 매우 듣기 좋다.

+ 叫声 jiàoshēng 우는 소리 | 好听 hǎotīng 형 듣기 좋다

맛있는 한자  **马, 鸟, 骑 암기 방법**

马(mǎ 말)에서 점을 두 개 찍으면 鸟(niǎo 새)가 되고, 马에서 발음에 영향을 주는 奇(qí)를 넣으면 骑(qí 타다)가 됩니다. 骑의 경우 '말(马)이 다 커야(大) 비로소 탈 수 있다(可)'라고 이해하면 쉽게 암기할 수 있습니다.

马 mǎ 말 → 鸟 niǎo 새
→ 骑 qí 타다(马+大+可)

334 **草** cǎo

명 풀

很多年轻人坐在草地上。
Hěn duō niánqīngrén zuòzài cǎodìshang.
많은 젊은이들이 풀밭에 앉아있다.

+ 年轻人 niánqīngrén 명 젊은이 | 草地 cǎodì 명 풀밭, 잔디밭

335 **树** shù

명 나무

多种树，空气会好一点儿。
Duō zhòng shù, kōngqì huì hǎo yìdiǎnr.
나무를 많이 심으면, 공기가 좀 좋아질 것이다.

+ 种 zhòng 동 심다 | 空气 kōngqì 명 공기

맛있는 한자 TIP **树 암기 방법**

树(shù 나무)를 자세히 보면 木(나무)와 对(맞다)가 결합되어 있습니다. 따라서 树를 쓸 때 '木(mù 나무)는 나무가 맞다(对 duì)'로 외우면 쉽게 암기할 수 있습니다.

336 **花** huā

명 꽃

奶奶种了很多花。
Nǎinai zhòngle hěn duō huā.
할머니는 많은 꽃을 심으셨다.

+ 奶奶 nǎinai 명 할머니 | 种 zhòng 동 심다

337 **种**
□
□
zhǒng, zhòng

양 종류(zhǒng)

在这里，这种花很多。
Zài zhèli, zhè zhǒng huā hěn duō.
여기에는 이런 종류의 꽃이 매우 많다.

+ 花 huā 명 꽃

동 심다(zhòng)

호응 种花 꽃을 심다 | 种树 나무를 심다

多种树对环境好。
Duō zhòng shù duì huánjìng hǎo.
나무를 많이 심는 것은 환경에 좋다.

+ 对 duì 개 ~에 대하여 | 环境 huánjìng 명 환경

338 **只**
□
□
zhī

참고 只 zhǐ 단지, 오로지
3급 ···› p.243

양 마리[동물을 세는 단위]

호응 一只狗 한 마리의 개 | 一只猫 한 마리의 고양이

这只小狗太可爱了，是谁的？
Zhè zhī xiǎogǒu tài kě'ài le, shì shéi de?
이 강아지는 너무 귀엽다. 누구 거야?

+ 可爱 kě'ài 형 귀엽다

양 쪽, 짝[쌍으로 이루어진 물건 중 하나를 세는 단위]

我的这只手很疼。
Wǒ de zhè zhī shǒu hěn téng.
나의 이쪽 손이 매우 아프다.

+ 手 shǒu 명 손 | 疼 téng 형 아프다

1 다음 빈칸을 채우세요.

爷爷	❶	할아버지
奶奶	❷	할머니
❸	kèrén	손님
叔叔	shūshu	❹
阿姨	āyí	❺

2 단어의 병음과 뜻을 알맞게 연결하세요.

❶ 司机 •	• ㉠ línjū •	• ⓐ 다리
❷ 邻居 •	• ㉡ tuǐ •	• ⓑ 이웃
❸ 耳朵 •	• ㉢ sījī •	• ⓒ 운전기사
❹ 腿 •	• ㉣ ěrduo •	• ⓓ 귀

3 빈칸에 들어갈 알맞은 단어를 쓰세요.

❶ 他的爷爷是很__________(yǒumíng)的医生。 그의 할아버지는 매우 **유명한** 의사이다.

❷ 我跟这件事没__________(guānxi)。 나는 이 일과 **관계**가 없다.

❸ 我有一只__________(kě'ài)的狗。 나에게는 **귀여운** 개 한 마리가 있다.

❹ 熊猫是中国人很喜欢的__________(dòngwù)。
판다는 중국인이 매우 좋아하는 **동물**이다.

도전! HSK 3급 **쓰기** 제1부분

4 제시된 단어를 어순에 맞게 배열하세요.

빈출 ❶ 这只熊猫　可爱　真

____

❷ 左耳朵　很　我的　还　疼

____

빈출 ❸ 马阿姨的　出租车　丈夫是　司机

____

❹ 还　你　很　年轻

____

❺ 长高了　儿子的　很多　个子

____

도전! HSK 3급 **쓰기** 제2부분

5 빈칸에 들어갈 알맞은 한자를 쓰세요.

빈출 ❶ 喂，请问张经(lǐ)在吗?

❷ 你丈夫的(bí)子怎么了?

빈출 ❸ 黑板上的这个(niǎo)是谁画的?

❹ 这边太热了，我们去(shù)下坐一会儿吧。

❺ (cǎo)地上开着五颜六色的花儿。

지각은 이제 그만! _학교와 회사

HSK 3급에 이 단어가 나온다!

성적과 관련있는 成绩(chéngjì 성적), 水平(shuǐpíng 수준), 提高(tígāo 향상시키다)와 학업 태도를 나타내는 认真(rènzhēn 착실하다)이 가장 많이 출제됩니다. 회사와 관련해서는 会议(huìyì 회의), 解决(jiějué 해결하다)도 출제율이 매우 높습니다.

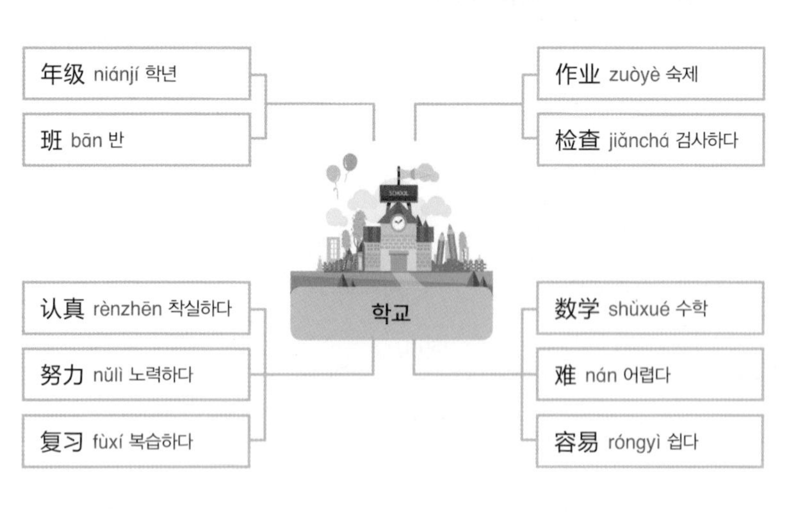

339 **聪明***
☐
☐
cōngming

형 똑똑하다, 총명하다

这个孩子真聪明！ 빈출
Zhège háizi zhēn cōngming!
이 아이는 정말 똑똑해!

+孩子 háizi 명 (어린)아이

340 **年级**
☐
☐
niánjí

명 학년

王老师教五年级的学生。
Wáng lǎoshī jiāo wǔ niánjí de xuésheng.
왕 선생님은 5학년 학생을 가르친다.

+教 jiāo 동 가르치다

341 **包***
☐
☐
bāo

참고 书包 shūbāo 책가방
钱包 qiánbāo 지갑
手提包 shǒutíbāo 핸드백

명 가방

这个书包在哪儿买的？
Zhège shūbāo zài nǎr mǎi de?
이 책가방은 어디에서 샀어?

+买 mǎi 동 사다

동 싸다

请把这些花包起来。
Qǐng bǎ zhèxiē huā bāo qǐlai.
이 꽃들을 싸주세요.

+请 qǐng 동 ~하세요 | 把 bǎ 개 ~을, ~를

양 봉지

他给了我一包茶叶。
Tā gěile wǒ yì bāo cháyè.
그는 나에게 찻잎 한 봉지를 주었다.

+给 gěi 동 주다 | 茶叶 cháyè 명 찻잎

HSK 3급 출제 포인트

[是…的] 구문은 이미 발생한 동작의 시간, 장소, 방식 등을 강조합니다. 회화에서는 是를 생략하고 말할 수 있습니다. HSK 3급 쓰기 제1부분 어순 배열 문제에서 的를 문장 끝에 놓을 수 있다는 점을 주의하세요.

S+是(생략 가능)+강조(시간/장소/방식)+V+(O)+的

他是昨天回来的。
Tā shì zuótiān huílai de.
그는 어제 돌아왔다. (시간 강조)

他是从北京来的。
Tā shì cóng Běijīng lái de.
그는 베이징에서 왔다. (장소 강조)

他是坐飞机来的。
Tā shì zuò fēijī lái de.
그는 비행기를 타고 왔다. (방식 강조)

342 **黑板**★★ hēibǎn

명 칠판

黑板上写着一个句子。
Hēibǎnshang xiězhe yí ge jùzi.
칠판에 한 문장이 적혀있다.

+ 句子 jùzi 명 문장

343 **班** bān

참고 上班 shàngbān 출근하다 2급 ··· p.125
下班 xiàbān 퇴근하다

명 반

我们班的同学都很努力学习。
Wǒmen bān de tóngxué dōu hěn nǔlì xuéxí.
우리 반 학생들은 모두 열심히 공부한다.

+ 同学 tóngxué 명 급우, 학우 | 努力 nǔlì 동 열심히 하다, 노력하다 | 学习 xuéxí 동 공부하다

344 **笔记本** bǐjìběn

명 노트, 노트북 컴퓨터(笔记本电脑 bǐjìběn diànnǎo)의 약칭

数学课的笔记本可以借我一下吗?
Shùxué kè de bǐjìběn kěyǐ jiè wǒ yíxià ma?
수학 수업 노트를 나에게 좀 빌려줄 수 있어?

+ 数学课 shuxué kè 수학 수업 | 借 jiè 동 빌리다, 빌려주다

345 **作业*** ** zuòyè

명 숙제

호응 做作业 숙제를 하다 | 写作业 숙제를 하다 | 交作业 숙제를 내다 | 检查作业 숙제를 검사하다

我终于把作业写完了。빈출
Wǒ zhōngyú bǎ zuòyè xiěwán le.
나는 마침내 숙제를 다 했다.

+ 终于 zhōngyú 부 마침내

346 **检查*** jiǎnchá

동 검사하다

호응 检查身体 신체검사를 하다 | 检查作业 숙제를 검사하다

老师在检查学生的作业。
Lǎoshī zài jiǎnchá xuésheng de zuòyè.
선생님이 학생의 숙제를 검사하고 있다.

347 **数学** shùxué

명 수학

这个数学题很简单。
Zhège shùxué tí hěn jiǎndān.
이 수학 문제는 매우 간단하다.

+ 题 tí 명 문제 | 简单 jiǎndān 형 간단하다

348 **校长★** xiàozhǎng

명 학교장, 교장, (대학교) 총장

我们的校长对学生很关心。
Wǒmen de xiàozhǎng duì xuésheng hěn guānxīn.
우리 교장 선생님은 학생에게 매우 관심이 많다.

+对 duì 개 ~에 대하여 | 关心 guānxīn 동 관심을 갖다

349 **图书馆** túshūguǎn

명 도서관

我从图书馆借了一本书。 빈출
Wǒ cóng túshūguǎn jièle yì běn shū.
나는 도서관에서 책 한 권을 빌렸다.

+从 cóng 개 ~에서, ~로부터 | 借 jiè 동 빌리다

참고 借书 jièshū 책을 빌리다
还书 huánshū 책을 반납하다

350 **难★★★** nán

형 어렵다

这次考试不太难。 빈출
Zhè cì kǎoshì bú tài nán.
이번 시험은 그다지 어렵지 않다.

+次 cì 양 번, 회 | 考试 kǎoshì 명 시험

반의 容易 róngyì 쉽다
3급 ···› p.155

맛있는 한자 TIP 又가 들어간 단어

又(yòu)는 손을 본따 만든 글자로 손과 관련된 의미를 나타냅니다. 隹(새추)는 하늘을 나는 새를 의미합니다. 그래서 손(又)과 새(隹)가 결합하여 难(nán)이 되는데, '날아가는 새(隹)를 손(又)으로 잡기 어렵다'라고 기억하면 쉽게 외울 수 있습니다.

- 难 nán 어렵다(又+隹)
- 受 shòu 받다(爫+一+又 위의 손(爫)이 아래 손(又)에게 어떤 물건(一)을 주니까 받는 모습)
- 朋友 péngyou 친구(친한 친구끼리 손을 맞잡은 모습)

351 **容易**★★★
rόngyì

반의 难 nán 어렵다
3급 ··· p.154

형 쉽다

这种事说起来容易，但做起来难。 빈출
Zhè zhǒng shì shuō qǐlai rόngyì, dàn zuò qǐlai nán.
이런 일은 말하기는 쉽지만 해보면 어렵다.

+ 种 zhǒng 양 종류 | 起来 qǐlai 다른 동사나 형용사 뒤에 보어로 와서 판단을 나타냄

352 **简单**
jiǎndān

반의 复杂 fùzá 복잡하다
4급

형 간단하다

我有一个很简单的办法。
Wǒ yǒu yí ge hěn jiǎndān de bànfǎ.
나에게 한 가지 아주 간단한 방법이 있어.

+ 办法 bànfǎ 명 방법

353 **教**
jiāo

동 가르치다

王老师教我们汉语。
Wáng lǎoshī jiāo wǒmen Hànyǔ.
왕 선생님은 우리에게 중국어를 가르친다.

+ 汉语 Hànyǔ 명 중국어

HSK 3급 출제 포인트

일반적으로 동사는 뒤에 하나의 목적어를 취하지만, 教(jiāo 가르치다), 问(wèn 묻다), 给(gěi 주다), 回答(huídá 대답하다) 등은 목적어를 두 개 취할 수 있습니다. HSK 3~5급 쓰기 제1부분 어순 배열 문제에 출제되기 때문에 어순의 특징을 알아두세요.

> 教/问/给/回答+A(사람, 간접 목적어)+B(무엇, 직접 목적어)
> → A에게 B를 가르치다/묻다/주다/대답하다

你能教我(간목)这个题(직목)怎么做?
Nǐ néng jiāo wǒ zhège tí zěnme zuò?
너는 나에게 이 문제를 어떻게 푸는지 가르쳐줄 수 있어?

354 **努力**★★★
□
□ nǔlì

참고 认真 rènzhēn
진지하다, 착실하다
3급 ⋯ p.161

동 노력하다, 힘쓰다

以后大家一定要努力学习。
Yǐhòu dàjiā yídìng yào nǔlì xuéxí.
앞으로 모두들 반드시 열심히 공부해야 합니다.

+以后 yǐhòu 명 이후 | 一定 yídìng 부 반드시

355 **留学**
□
□ liúxué

동 유학하다

儿子想去北京留学。
Érzi xiǎng qù Běijīng liúxué.
아들은 베이징으로 유학을 가고 싶어 한다.

+儿子 érzi 명 아들 | 想 xiǎng 조동 ~하고 싶다 | 北京 Běijīng 고유 베이징

맛있는 단어 TIP 留学와 장소 목적어

留学(liúxué)는 글자 그대로 '남아서 공부하다'라는 의미에서 '유학하다'라는 뜻이 되었습니다. 이합사이기 때문에 뒤에 목적어가 올 수 없어, [去/在+장소+留学]의 어순으로 써야 합니다.

- 去中国留学
  qù Zhōngguó liúxué
  중국으로 유학 가다
- 在中国留学
  zài Zhōngguó liúxué
  중국에서 유학하다
- 在中国留过学
  zài Zhōngguó liúguo xué
  중국에서 유학한 적이 있다
- 在中国留了两年学
  zài Zhōngguó liúle liǎng nián xué
  중국에서 2년 유학했다

3급

DAY 08 | DAY 09 | DAY 10 | DAY 11 | DAY 12 | DAY 13 | DAY 14 | DAY 15

356 **回答**
huídá

반의 问 wèn 묻다
2급 ···› p.121

동 대답하다

这个问题太难，同学都回答不了。빈출
Zhège wèntí tài nán, tóngxué dōu huídá bu liǎo.
이 문제는 너무 어려워서 급우들이 대답을 못한다.

+ 问题 wèntí 명 문제 | 难 nán 형 어렵다

357 **明白**
míngbai

유의 懂 dǒng 이해하다
2급 ···› p.115
理解 lǐjiě 이해하다
4급

동 이해하다, 알다, 깨닫다

你能明白这个句子的意思吗？빈출
Nǐ néng míngbai zhège jùzi de yìsi ma?
넌 이 문장의 의미를 이해할 수 있어?

+ 句子 jùzi 명 문장 | 意思 yìsi 명 뜻, 의미

358 **复习**
fùxí

반의 预习 yùxí 예습하다
4급

동 복습하다

他没复习好，所以回答不了问题。
Tā méi fùxíhǎo, suǒyǐ huídá bu liǎo wèntí.
그는 복습을 잘 안 해서 문제에 대답을 못한다.

+ 所以 suǒyǐ 접 그래서 | 问题 wèntí 명 문제

359 **成绩***
chéngjì

명 성적

成绩提高了很多。빈출
Chéngjì tígāole hěn duō.
성적이 많이 올랐다.

+ 提高 tígāo 동 향상시키다

360 **提高****
tígāo

동 향상시키다, 높이다

호응 提高成绩 성적을 향상시키다 | 提高水平 실력을 향상시키다

数学成绩提高了不少。
Shùxué chéngjì tígāole bùshǎo.
수학 성적이 적지 않게 향상됐다.

+ 数学 shùxué 명 수학 | 成绩 chéngjì 명 성적

361 □ □

差★★

chà

형 좋지 않다, 나쁘다

数学成绩最差。
Shùxué chéngjì zuì chà.
수학 성적이 가장 안 좋다.

+ 数学 shùxué 명 수학 |
成绩 chéngjì 명 성적

동 부족하다, 모자라다

现在7点差一刻。
Xiànzài qī diǎn chà yí kè.
현재 6시 45분이다.

+ 一刻 yí kè 15분

差(chà)가 '부족하다'의 뜻일 때 몇 가지 중요한 빈출 표현이 있습니다. 아래 예문들을 통해서 정확하게 뜻을 이해할 수 있도록 공부해 두세요.

① 差点儿 chàdiǎnr
(약간 차이가 나다) → 하마터면
我差点儿忘了下午有会议。
Wǒ chàdiǎnr wàngle xiàwǔ yǒu huìyì.
나는 하마터면 오후에 회의가 있는 걸 잊을 뻔했다.

② 差得远 chà de yuǎn
(차이가 나는 것이 멀다) → (실력 등이) 아직 멀었다
哪里，我还差得远呢。
Nǎli, wǒ hái chà de yuǎn ne.
아닙니다, 아직 멀었습니다.

③ 差不多 chàbuduō
(차이가 많지 않다) → 비슷하다, 거의
这两种颜色差不多。
Zhè liǎng zhǒng yánsè chàbuduō.
이 두 색깔은 비슷하다.

362 水平★
shuǐpíng

명 수준, 실력

他的汉语水平提高了很多。 빈출
Tā de Hànyǔ shuǐpíng tígāole hěn duō.
그의 중국어 실력은 많이 향상됐다.

+ 汉语 Hànyǔ 명 중국어 | 提高 tígāo 동 향상시키다

363 中文
Zhōngwén

유의 汉语 Hànyǔ 중국어
1급 ···› p.116

명 중국어

他的中文说得特别好。 빈출
Tā de Zhōngwén shuō de tèbié hǎo.
그는 중국어를 매우 잘한다.

+ 特别 tèbié 부 매우

맛있는 단어 TIP 汉语와 中文의 비교

汉语(Hànyǔ)와 中文(Zhōngwén) 모두 중국어를 뜻하지만 汉语는 구어적인 색채가 강하고 中文은 문어적인 색채가 더 강합니다. '해리포터 중국어 버전'을 말할 때 中文版(Zhōngwén bǎn)이라는 표현을 쓰는 것도 같은 이유입니다.

364 句子
jùzi

명 문장

这个句子里有几个词我不懂。
Zhège jùzi li yǒu jǐ ge cí wǒ bù dǒng.
이 문장의 단어 몇 개는 모른다.

+ 词 cí 명 단어

365 词典
cídiǎn

유의 字典 zìdiǎn
자전(글자 하나하나의 음, 뜻, 용법을 설명한 책)

명 사전

我想借用一下你的词典。
Wǒ xiǎng jièyòng yíxià nǐ de cídiǎn.
나는 네 사전을 좀 빌려 썼으면 한다.

+ 借用 jièyòng 동 빌려 쓰다

366 □□ **记得★**
jìde

반의 忘记 wàngjì 잊다
3급 ··· p.160

동 기억하다

你还记得我们的小学校长吗?
Nǐ hái jìde wǒmen de xiǎoxué xiàozhǎng ma?
너는 아직 우리 초등학교 교장 선생님을 기억해?

+ 小学 xiǎoxué 명 초등학교 | 校长 xiàozhǎng 명 교장 선생님

367 □□ **忘记★★**
wàngjì

반의 记得 jìde 기억하다
3급 ··· p.160

동 잊어버리다, 잊다

我忘记带铅笔了。

Wǒ wàngjì dài qiānbǐ le.
나는 연필 챙기는 걸 깜빡했어.

+ 带 dài 동 (몸에) 지니다, 휴대하다 | 铅笔 qiānbǐ 명 연필

368 □□ **练习★★**
liànxí

동 연습하다

你需要多练习。
Nǐ xūyào duō liànxí.
너는 많은 연습이 필요하다.

+ 需要 xūyào 동 필요하다

맛있는 한자 TIP 练习와 锻炼 비교

练习(liànxí)의 练(liàn)과 锻炼(duànliàn 단련하다)의 炼(liàn)은 발음은 같지만 한자에 각각 纟(실사변)과 火(불화)가 들어갑니다. 연습(练习)은 실(纟)처럼 길고 꾸준히 해야 하기 때문에 실사변(纟)이 있는 练을 쓰고, 단련(锻炼)은 불에 지지듯 힘들고 고통스러운 것이기에 불화(火)가 들어가는 炼을 씁니다.

3급
DAY 08
DAY 09
DAY 10
DAY 11
DAY 12
DAY 13
DAY 14
DAY 15

369 **会议**★
huìyì

참고 开会 kāihuì
회의를 열다

명 회의

这个会议不能迟到。 빈출
Zhège huìyì bù néng chídào.
이 회의는 지각하면 안 된다.

+ 迟到 chídào 동 지각하다

370 **重要**★★
zhòngyào

형 중요하다

호응 重要的事情 중요한 일 | 重要的问题 중요한 문제 |
重要的考试 중요한 시험

这次会议很重要。 빈출
Zhè cì huìyì hěn zhòngyào.
이번 회의는 매우 중요하다.

+ 次 cì 양 번, 회 | 会议 huìyì 명 회의

371 **认真**★★★
rènzhēn

참고 努力 nǔlì
노력하다, 힘쓰다
3급 ··· p.156

형 진지하다, 착실하다

호응 认真学习 열심히 공부하다 | 认真工作 열심히 일하다

你还是认真地想想再做决定吧。 빈출
Nǐ háishi rènzhēn de xiǎngxiang zài zuò juédìng ba.
너는 그래도 진지하게 생각해보고 나서 결정해.

+ 还是 háishi 부 아무래도 ~하는 게 낫다 |
决定 juédìng 명 결정

372 解决★★★
□
□
jiějué

동 해결하다

호응 解决问题 문제를 해결하다 | 解决办法 해결 방법

这些问题都可以解决。
Zhèxiē wèntí dōu kěyǐ jiějué.
이 문제들은 다 해결할 수 있다.

+ 问题 wèntí 명 문제

373 完成★★
□
□
wánchéng

유의 做完 zuòwán 다 끝내다

동 완성하다

호응 完成工作 일을 완성하다

今天的工作都完成了。 빈출
Jīntiān de gōngzuò dōu wánchéng le.
오늘 일은 모두 완성됐다.

+ 工作 gōngzuò 명 일, 업무

374 结束★★★
□
□
jiéshù

반의 开始 kāishǐ 시작하다 2급 ⋯ p.104

동 끝나다, 마치다

会议已经结束了。 빈출
Huìyì yǐjīng jiéshù le.
회의는 이미 끝났다.

+ 会议 huìyì 명 회의 | 已经 yǐjīng 부 이미, 벌써

375 办法
□
□
bànfǎ

유의 方法 fāngfǎ 방법 4급

명 방법

我突然想出了一个好办法。
Wǒ tūrán xiǎngchūle yí ge hǎo bànfǎ.
나는 갑자기 좋은 방법이 하나 생각났다.

+ 突然 tūrán 부 갑자기

3급

DAY 08 | DAY 09 | DAY 10 | DAY 11 | DAY 12 | DAY 13 | DAY 14 | DAY 15

376 **请假**
□
□ qǐngjià

동 휴가를 신청하다

她病得很重，所以请假休息几天。
Tā bìng de hěn zhòng, suǒyǐ qǐngjià xiūxi jǐ tiān.
그녀는 많이 아파서 휴가를 내고 며칠 쉰다.

+病 bìng 동 병나다 | 重 zhòng 형 심하다 | 所以 suǒyǐ 접 그래서 | 休息 xiūxi 동 쉬다

377 **只有…才…** ★★
□
□ zhǐyǒu…cái…

오직 ~해야만 비로소 ~하다

只有这样做，问题才能解决。빈출
Zhǐyǒu zhèyàng zuò, wèntí cái néng jiějué.
오직 이렇게 해야만 문제가 비로소 해결될 수 있다.

+做 zuò 동 하다 | 问题 wèntí 명 문제 | 解决 jiějué 동 해결하다

HSK 3급 출제 포인트

접속사 고정 격식을 통해 문장의 뼈대를 파악하면 문장을 빠르고 정확하게 독해할 수 있습니다. 只有…才…(zhǐyǒu…cái…)는 HSK 3~6급까지 자주 출제되는 접속사 고정 격식입니다. 只有가 나오면 才를 찾아 핵심 내용을 파악하세요.

호응 관계

只有平时努力学习才能考好。
Zhǐyǒu píngshí nǔlì xuéxí cái néng kǎohǎo.
평소에 열심히 공부해야만 시험을 잘 칠 수 있다.

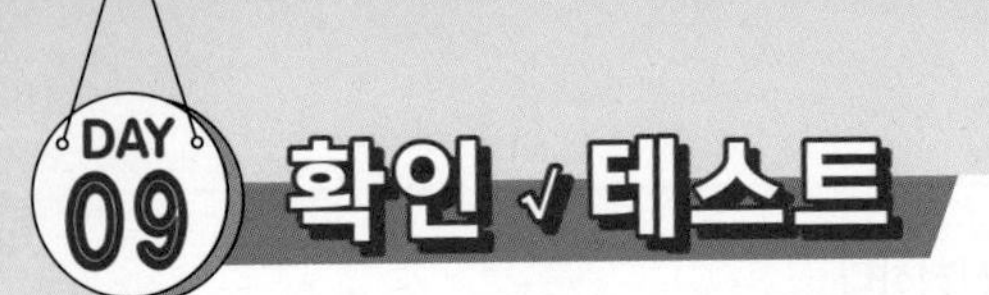

1 빈칸을 채우세요.

❶	bāo	가방
黑板	❷	칠판
笔记本	bǐjìběn	❸
❹	zuòyè	숙제
检查	jiǎnchá	❺

2 단어의 병음과 뜻을 알맞게 연결하세요.

❶ 图书馆 • • ㉠ shùxué • • ⓐ 교장

❷ 难 • • ㉡ xiàozhǎng • • ⓑ 어렵다

❸ 校长 • • ㉢ túshūguǎn • • ⓒ 수학

❹ 数学 • • ㉣ nán • • ⓓ 도서관

3 빈칸에 들어갈 알맞은 단어를 쓰세요.

róngyì
❶ 这种事说起来__________，但做起来难。
이런 일은 말하기는 **쉽지**만 해보면 어렵다.

jiǎndān
❷ 我有一个很__________的办法。 나에게 한 가지 아주 **간단한** 방법이 있어.

nǔlì
❸ 以后大家一定要__________学习。
앞으로 모두들 반드시 **열심히** 공부해야 합니다.

liúxué
❹ 儿子想去北京__________。 아들은 베이징으로 **유학**을 가고 싶어 한다.

도전! HSK 3급 **쓰기** 제1부분

4 제시된 단어를 어순에 맞게 배열하세요.

빈출 ❶ 想出了　　我突然　　好办法　　一个

____

❷ 已经　　了　　会议　　结束

____

❸ 铅笔了　　我　　忘记　　带

____

❹ 借用　　一下你的词典　　能不能

____

빈출 ❺ 说得　　特别　　她的中文　　好

____

도전! HSK 3급 **쓰기** 제2부분

5 빈칸에 들어갈 알맞은 한자를 쓰세요.

빈출 ❶ 女朋友的(huí)答让他很高兴。

❷ 你的普通话水平最近有很大提(gāo)。

빈출 ❸ 你的游泳(shuǐ)平提高很快啊。

❹ 你觉得学(Zhōng)文难不难?

❺ 这些练(xí)题我都做对了。

다이어트는 내일부터 _음식과 건강

HSK 3급에 이 단어가 나온다!

음식과 건강 관련 주제에서는 거의 모든 단어들이 골고루 출제되고 있습니다. 그중에서도 특히, 菜单(càidān 메뉴), 蛋糕(dàngāo 케이크), 新鲜(xīnxiān 신선하다), 胖(pàng 뚱뚱하다, 살찌다), 体育(tǐyù 체육)는 반드시 기억해 두세요.

한눈에 파악하는 단어

음식

面包 miànbāo 빵
蛋糕 dàngāo 케이크
— 甜 tián 달다, 달콤하다

香蕉 xiāngjiāo 바나나
饮料 yǐnliào 음료
— 渴 kě 목이 타다, 갈증 나다

啤酒 píjiǔ 맥주
饿 è 배고프다
↔ 饱 bǎo 배부르다

식기

碗 wǎn 그릇
筷子 kuàizi 젓가락
— 双 shuāng 쌍
盘子 pánzi 쟁반
瓶子 píngzi 병

378 **饿**★

□ □ è

반의 饱 bǎo 배부르다
3급 ⋯→ p.167

형 배고프다

我快要饿死了，有没有吃的?
Wǒ kuàiyào èsǐ le, yǒu méiyǒu chī de?
나는 배고파 죽겠어, 먹을 것 없어?

+ 快要⋯了 kuàiyào⋯le 곧 ~하려 하다

379 **饱**

□ □ bǎo

반의 饿 è 배고프다
3급 ⋯→ p.167

형 배부르다

我晚饭没吃饱。
Wǒ wǎnfàn méi chībǎo.
나는 저녁밥을 배불리 먹지 못했어.

+ 晚饭 wǎnfàn 명 저녁밥

380 **菜单**★★★

□ □ càidān

참고 饭店 fàndiàn 식당
1급 ⋯→ p.30
点菜 diǎncài 주문하다

명 메뉴, 식단, 차림표

这是我们的菜单，请点菜。 빈출
Zhè shì wǒmen de càidān, qǐng diǎncài.
이것은 우리의 메뉴판입니다. 주문하세요.

+ 点菜 diǎncài 동 주문하다

HSK 3급 출제 포인트

HSK 3급 듣기 제3, 4부분 대화형 문제에 두 사람이 대화를 나누고 있는 장소를 묻는 문제가 출제됩니다. 녹음에서 点菜(diǎncài 주문하다), 菜单(càidān 메뉴) 등의 단어가 들린다면, 바로 饭店(fàndiàn 식당)을 정답으로 고르세요.

381 **超市**★★

□ □ chāoshì

명 슈퍼마켓

我家附近有一个超市。
Wǒ jiā fùjìn yǒu yí ge chāoshì.
우리 집 근처에 슈퍼마켓이 하나 있다.

+ 附近 fùjìn 명 부근, 근처

382 **面包★**

☐
☐

miànbāo

참고 牛奶 niúnǎi 우유
2급 ···› p.33

명 빵

家里只有牛奶，面包没有了。 빈출
Jiāli zhǐ yǒu niúnǎi, miànbāo méiyǒu le.
집에 우유만 있고 빵은 다 떨어졌어.

+ 只有 zhǐ yǒu 오직 ~만 있다 | 牛奶 niúnǎi 명 우유

383 **蛋糕★★**

☐
☐

dàngāo

참고 鸡蛋 jīdàn 계란
2급 ···› p.33

명 케이크

这是妈妈的生日蛋糕。 빈출
Zhè shì māma de shēngrì dàngāo.
이것은 엄마의 생일 케이크야.

+ 生日 shēngrì 명 생일

384 **香蕉★★**

☐
☐

xiāngjiāo

명 바나나

香蕉不能放进冰箱里啊！
Xiāngjiāo bù néng fàngjìn bīngxiāng li a!
바나나는 냉장고에 넣으면 안 돼!

+ 放 fàng 동 놓다, 두다 | 冰箱 bīngxiāng 명 냉장고

385 **饮料★**

☐
☐

yǐnliào

참고 水 shuǐ 물
1급 ···› p.31
茶 chá 차
1급 ···› p.31
牛奶 niúnǎi 우유
2급 ···› p.33
咖啡 kāfēi 커피
2급 ···› p.31

명 음료

这个饮料很好喝。
Zhège yǐnliào hěn hǎohē.
이 음료는 매우 맛있다.

+ 好喝 hǎohē 형 (음료나 국이) 맛있다

386 **啤酒★**
☐
☐
píjiǔ

명 맥주

冰箱里没有啤酒了。빈출
Bīngxiāng li méiyǒu píjiǔ le.
냉장고 안에 맥주가 다 떨어졌어.

+ 冰箱 bīngxiāng 명 냉장고

387 **甜★★**
☐
☐
tián

형 달다, 달콤하다

这个香蕉特别甜。
Zhège xiāngjiāo tèbié tián.
이 바나나는 매우 달아.

+ 香蕉 xiāngjiāo 명 바나나 | 特别 tèbié 부 특별히, 매우

388 **筷子★★**
☐
☐
kuàizi

참고 勺子 sháozi 숟가락 4급

명 젓가락

这个孩子还不会用筷子。
Zhège háizi hái bú huì yòng kuàizi.
이 아이는 아직 젓가락을 쓸 줄 모른다.

+ 孩子 háizi 명 (어린)아이, 자녀 | 用 yòng 동 사용하다, 쓰다

맛있는 한자 TIP 竹(대나무죽)이 들어가는 한자

竹(zhú 대나무죽)은 '대나무'를 가리킵니다. 그래서 竹이 들어가는 글자는 나무와 관련이 있습니다. 竹이 부수로 쓰일 때는 주로 머리 부분에 들어가는데, 이때는 ⺮ 모양이 됩니다.

- 筷子 kuàizi 젓가락
  '국수는 대나무(竹)로 만든 젓가락으로 먹어야 빨리(快) 먹을 수 있다'라고 암기하세요.
- 行李箱 xínglixiāng 짐가방, 트렁크
  冰箱 bīngxiāng 냉장고
  옛날에 상자를 만들 때는 주로 대나무를 썼기 때문에 상자를 뜻하는 箱(竹+相)에 竹이 들어가고 相(xiāng)은 발음에 영향을 줍니다.

389 **双**
shuāng

양 쌍

호응 一双筷子 젓가락 한 쌍 | 一双鞋子 신발 한 켤레 | 一双袜子 양말 한 켤레

这双筷子很方便。
Zhè shuāng kuàizi hěn fāngbiàn.
이 젓가락은 매우 편리하다.

+ 筷子 kuàizi 명 젓가락 | 方便 fāngbiàn 형 편리하다

양사 双(shuāng)은 독해 제2부분이나 쓰기 제2부분에 자주 출제됩니다. 双은 손을 의미하는 부수인 又를 두 개 쓰면 双이 된다는 점을 이해하면 쉽게 외울 수 있습니다.

服务员，这里还少了一双筷子。
Fúwùyuán, zhèli hái shǎole yì shuāng kuàizi.
종업원, 여기 젓가락 한 쌍이 부족해요.

390 **碗**
wǎn

명 그릇, 공기

我的女儿经常帮我洗碗。
Wǒ de nǚ'ér jīngcháng bāng wǒ xǐwǎn.
우리 딸은 자주 나를 도와 설거지를 한다.

+ 经常 jīngcháng 부 자주 | 帮 bāng 동 돕다 | 洗碗 xǐwǎn 동 설거지하다

양 그릇

호응 一碗饭 밥 한 그릇

阿姨，再来一碗米饭。
Āyí, zài lái yì wǎn mǐfàn.
아주머니, 밥 한 그릇 더 주세요.

+ 阿姨 āyí 명 아주머니 | 米饭 mǐfàn 명 쌀밥

391 **盘子**
pánzi

명 쟁반

你帮我洗洗盘子吧。
Nǐ bāng wǒ xǐxi pánzi ba.
너는 나를 도와 접시 좀 씻어줘.

\+ 帮 bāng 동 돕다 | 洗 xǐ 동 씻다

392 **口**
kǒu

명 입

病从口入。
Bìng cóng kǒu rù.
병은 입으로 들어온다.(음식을 잘못 먹을 경우 병이 생긴다는 의미)

\+ 病 bìng 명 병 | 从 cóng 개 ~로부터 | 入 rù 동 들어오다

양 식구, 사람[사람을 세는 단위]

你家有几口人?
Nǐ jiā yǒu jǐ kǒu rén?
너희 집은 몇 식구야?

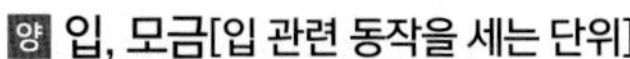

양 입, 모금[입 관련 동작을 세는 단위]

她喝了一口咖啡。
Tā hēle yì kǒu kāfēi.
그녀는 커피 한 모금을 마셨다.

\+ 咖啡 kāfēi 명 커피

맛있는 한자 TIP 口가 들어간 한자

口(kǒu 입), 喝(hē 마시다), 叫(jiào 부르다), 吃(chī 먹다)에 공통된 부분은 무엇일까요? 바로 口(입구)입니다. 口는 벌어진 입의 모양을 모방해서 만든 한자로, 먹고, 마시고, 소리를 내는 등의 입과 관련된 동작을 나타낼 때 사용합니다. 입(口 kǒu)으로 친구를 불러서(叫 jiào) 먹고(吃 chī) 마셔(喝 hē) 봅시다.

393 **冰箱**★★
□
□ bīngxiāng

명 냉장고

冰箱里有很多水果。 빈출
Bīngxiāng li yǒu hěn duō shuǐguǒ.
냉장고 안에는 많은 과일이 있다.

+水果 shuǐguǒ 명 과일

394 **新鲜**★★
□
□ xīnxiān

형 신선하다

这里的水果都很新鲜。 빈출
Zhèli de shuǐguǒ dōu hěn xīnxiān.
이곳의 과일은 모두 신선해.

+水果 shuǐguǒ 명 과일

맛있는 한자 TIP 鲜의 의미

鲜(xiān 신선하다)은 물에 사는 물고기(鱼 yú)와 육지에 사는 양(羊 yáng)이 음식으로서 모두 신선하다는 의미에서 만들어진 글자입니다.

鲜(xiān 신선하다) = 鱼(yú 물고기) + 羊(yáng 양)

395 **渴**★
□
□ kě

형 목이 타다, 갈증 나다

我很渴，有没有饮料？ 빈출
Wǒ hěn kě, yǒu méiyǒu yǐnliào?
나는 매우 목말라. 음료 없어?

+饮料 yǐnliào 명 음료

맛있는 한자 TIP 喝와 渴 비교

입구(口)가 있는 喝(hē)는 '마시다'라는 뜻이고, 삼수변(氵)이 있는 渴(kě)는 '갈증 나다'라는 뜻임을 주의하세요.

口渴了吧？喝水。
Kǒu kěle ba? Hē shuǐ.
목마르지? 물 마셔.

396 **米*** ☐☐ mǐ

명 쌀

再来一碗米饭。
Zài lái yì wǎn mǐfàn.
쌀밥 한 그릇 더 주세요.

\+ 碗 wǎn 양 그릇

양 미터(m)

银行离公司只有十米。
Yínháng lí gōngsī zhǐyǒu shí mǐ.
은행은 회사로부터 10미터밖에 안 된다.

\+ 银行 yínháng 명 은행 | 离 lí 개 ~로부터 | 公司 gōngsī 명 회사 | 只有 zhǐyǒu 단지 ~에 이르다

397 **几乎** ☐☐ jīhū

부 거의

호응 几乎每天 거의 매일 | 几乎所有人 거의 모든 사람 | 几乎都忘了 거의 다 잊었다

我丈夫几乎每天都要喝一瓶啤酒。
Wǒ zhàngfu jīhū měitiān dōu yào hē yì píng píjiǔ.
나의 남편은 거의 매일 맥주 한 병을 마신다.

\+ 丈夫 zhàngfu 명 남편 | 瓶 píng 양 병 | 啤酒 píjiǔ 명 맥주

398 **瓶子*** ☐☐ píngzi

명 병

这个瓶子里还有一些水。
Zhège píngzi li hái yǒu yìxiē shuǐ.
이 병에는 아직 약간의 물이 있다.

399 **刷牙***
shuāyá

참고 牙膏 yágāo 치약 4급
牙刷 yáshuā 칫솔

동 이를 닦다

晚上睡觉前别忘了刷牙。 빈출
Wǎnshang shuìjiào qián bié wàngle shuāyá.
밤에 잠자기 전에 양치하는 걸 잊지 마.

+别 bié 부 ~하지 마라 | 忘 wàng 동 잊다

400 **洗澡**
xǐzǎo

동 샤워하다, 목욕하다

今天真热啊，回家要洗澡了。
Jīntiān zhēn rè a, huíjiā yào xǐzǎo le.
오늘 정말 덥네. 집에 돌아가서 샤워를 해야겠어.

+热 rè 형 덥다

401 **健康*****
jiànkāng

명 건강

身体健康最重要。
Shēntǐ jiànkāng zuì zhòngyào.
건강이 가장 중요하다.

+身体 shēntǐ 명 신체, 몸 | 重要 zhòngyào 형 중요하다

형 건강하다

爷爷还很健康。
Yéye hái hěn jiànkāng.
할아버지는 아직 건강하시다.

+爷爷 yéye 명 할아버지 | 还 hái 부 아직

402 **爬山*****
páshān

동 등산하다

爬山对身体健康很有帮助。
Páshān duì shēntǐ jiànkāng hěn yǒu bāngzhù.
등산은 건강에 매우 도움이 된다.

+对 duì 개 ~에 대하여 | 帮助 bāngzhù 명 도움

403 **体育***

tǐyù

참고 运动 yùndòng 운동하다
2급 ··· p.74

명 체육

体育馆在哪儿?
Tǐyùguǎn zài nǎr?
체육관은 어디에 있나요?

+ 体育馆 tǐyùguǎn 명 체육관

404 **锻炼***

duànliàn

동 (신체적으로) 단련하다, 운동하다

호응 锻炼身体 신체를 단련하다

爷爷每天都锻炼，所以身体很健康。
Yéye měitiān dōu duànliàn, suǒyǐ shēntǐ hěn jiànkāng.
할아버지는 매일 단련해서 신체가 건강하다.

+ 爷爷 yéye 명 할아버지 | 所以 suǒyǐ 접 그래서 | 健康 jiànkāng 형 건강하다

동 (일의 능력이나 마음을) 단련하다

留学对年轻人来说是一种锻炼。
Liúxué duì niánqīngrén lái shuō shì yì zhǒng duànliàn.
유학은 젊은이에게 있어서는 하나의 단련이다.

+ 留学 liúxué 명 유학 | 对···来说 duì···lái shuō ~에게 있어서는 | 年轻人 niánqīngrén 명 젊은이

405 **胖**★★

□
□
pàng

반의 瘦 shòu 날씬하다
3급 ··· p.176

참고 减肥 jiǎnféi
다이어트하다
4급

형 뚱뚱하다, 살찌다

我现在比以前胖。빈출
Wǒ xiànzài bǐ yǐqián pàng.
나는 지금이 전보다 살쪘다.

+ 比 bǐ 개 ~보다 | 以前 yǐqián 명 이전, 과거

맛있는 한자 TIP 胖을 쉽게 외우는 방법

胖(pàng)은 살(月는 고기육(肉)에서 변형된 글자)이 절반(半 bàn)이 더 늘어나서 '살찌다'의 뜻이 되었다고 이해하면 쉽게 외울 수 있습니다.

胖(뚱뚱하다) = 月(살) + 半(절반)

406 **瘦**★★

□
□
shòu

반의 胖 pàng 뚱뚱하다
3급 ··· p.176

형 날씬하다, (몸이) 마르다

我以前很瘦，但现在很胖。
Wǒ yǐqián hěn shòu, dàn xiànzài hěn pàng.
나는 예전에는 매우 날씬했는데, 지금은 매우 뚱뚱하다.

+ 以前 yǐqián 명 이전, 과거 | 胖 pàng 형 뚱뚱하다, 살찌다

407 **公斤**★

□
□
gōngjīn

양 킬로그램(kg)

我又胖了一公斤。
Wǒ yòu pàngle yì gōngjīn.
나는 또 1킬로그램이 쪘다.

+ 又 yòu 부 또 | 胖 pàng 형 뚱뚱하다, 살찌다

맛있는 단어 TIP 무게의 단위

중국은 公斤(gōngjīn 킬로그램)보다는 斤(jīn 근)이라는 단위를 더 많이 사용합니다. 중국에서 물건을 살 때 보통 근을 단위로 가격을 말하는 경우가 많습니다.

香蕉一斤多少钱？
Xiāngjiāo yì jīn duōshao qián?
바나나는 한 근에 얼마입니까?

408 **感冒** ★★★
gǎnmào

명 감기

你的感冒都好了吗? 빈출
Nǐ de gǎnmào dōu hǎo le ma?
네 감기는 다 나았어?

동 감기에 걸리다

你感冒了，需要吃药。
Nǐ gǎnmào le, xūyào chī yào.
너는 감기에 걸렸으니 약을 먹어야 돼.

409 **发烧**
fāshāo

동 열이 나다

我感冒了，头疼、发烧。
Wǒ gǎnmào le, tóuténg、fāshāo.
나는 감기에 걸렸어. 머리가 아프고, 열이 나.

+感冒 gǎnmào 동 감기에 걸리다 | 头疼 tóuténg 동 머리가 아프다

410 **疼** ★★
téng

형 아프다

호응 头疼 머리가 아프다 | 腿疼 다리가 아프다

我的腿还是很疼。
Wǒ de tuǐ háishi hěn téng.
나의 다리는 아직도 아프다.

+腿 tuǐ 명 다리 | 还是 háishi 부 아직도, 여전히

맛있는 한자 TIP 병과 관련된 疒(병들녁)

疒(병들녁)은 '병'과 관련된 글자에 쓰입니다. 病(bìng 병, 병나다), 疼(téng 아프다), 瘦(shòu 마르다) 등에 이 부수가 들어갑니다.

- 病 bìng 병, 병나다
- 疼 téng 아프다
- 瘦 shòu 마르다

411 **应该★★★**
☐
☐
yīnggāi

조동 ~해야 한다

你感冒了，应该好好儿休息。 빈출
Nǐ gǎnmào le, yīnggāi hǎohāor xiūxi.
너는 감기에 걸려서 푹 쉬어야 해.

+ 感冒 gǎnmào 동 감기에 걸리다 | 好好儿 hǎohāor 부 잘 | 休息 xiūxi 동 쉬다

412 **照顾★★★**
☐
☐
zhàogù

동 돌보다, 보살피다

호응 照顾孩子 아이를 돌보다 | 照顾老人 노인을 돌보다 | 照顾自己 자신을 돌보다 | 照顾小狗 개를 돌보다

儿子生病了，妈妈在家照顾了他一天。 빈출
Érzi shēngbìng le, māma zài jiā zhàogùle tā yì tiān.
아들이 아파서 엄마는 집에서 그를 하루 종일 보살폈다.

+ 生病 shēngbìng 동 병이 나다, 아프다

413 **影响**
☐
☐
yǐngxiǎng

명 영향

这本书对我的影响很大。
Zhè běn shū duì wǒ de yǐngxiǎng hěn dà.
이 책은 내게 영향이 매우 크다.

동 영향을 주다

这本书影响了我很多。
Zhè běn shū yǐngxiǎngle wǒ hěn duō.
이 책은 나에게 많은 영향을 끼쳤다.

414 **跟**

gēn

유의 和 hé ~와
1급 ··· p.32
向 xiàng ~을 향하여
3급 ··· p.195

개 ~와, ~과

明天跟我一起去爬山，怎么样？ 빈출
Míngtiān gēn wǒ yìqǐ qù páshān, zěnmeyàng?
내일 나와 함께 등산 가자, 어때?

+ 爬山 páshān 동 등산하다

접 ~와, ~과

小王跟我都是北京人。
Xiǎo Wáng gēn wǒ dōu shì Běijīng rén.
샤오왕과 나는 모두 베이징 사람이다.

개 ~에게, ~을 향해

我跟他借了一本书。
Wǒ gēn tā jièle yì běn shū.
나는 그에게 책 한 권을 빌렸다.

+ 借 jiè 동 빌리다

동 따라가다

爸爸走得太快，孩子跟不上。
Bàba zǒu de tài kuài, háizi gēn bu shàng.
아빠가 너무 빨리 걸어서, 아이가 따라가지 못한다.

+ 走 zǒu 동 걷다 | 跟不上 gēn bu shàng 따라잡을 수 없다

1 빈칸을 채우세요.

饿	❶	배고프다
饱	❷	배부르다
菜单	càidān	❸
❹	chāoshì	슈퍼마켓
筷子	kuàizi	❺

2 단어의 병음과 뜻을 알맞게 연결하세요.

❶ 瓶子 • • ㉠ píngzi • • ⓐ 이를 닦다

❷ 健康 • • ㉡ shuāyá • • ⓑ 병

❸ 爬山 • • ㉢ jiànkāng • • ⓒ 등산하다

❹ 刷牙 • • ㉣ páshān • • ⓓ 건강하다

3 빈칸에 들어갈 알맞은 단어를 쓰세요.

duànliàn

❶ 爷爷每天都__________，所以身体很健康。

할아버지는 매일 **단련해서** 신체가 건강하다.

xǐzǎo

❷ 今天真热啊，回家要__________了。

오늘 정말 덥네. 집에 돌아가서 **샤워**를 해야겠어.

pàng

❸ 我现在比以前__________。 나는 지금이 전보다 **살쪘다**.

téng

❹ 我的腿还是很__________。 나의 다리는 아직도 **아프다**.

도전! HSK 3급 **쓰기** 제1부분

4 제시된 단어를 어순에 맞게 배열하세요.

빈출 ❶ 一本书　　借了　　跟他　　我

____

❷ 一公斤　　她　　胖了　　又

____

❸ 比　　爷爷现在　　健康　　以前

____

빈출 ❹ 还不会　　这个孩子　　筷子　　用

____

❺ 买　　你是　　在哪儿　　香蕉的

____

도전! HSK 3급 **쓰기** 제2부분

5 빈칸에 들어갈 알맞은 한자를 쓰세요.

❶ 这个香蕉很(tián)，很好吃。

빈출 ❷ 天气冷，你多穿点儿衣服，小心(gǎn)冒。

❸ 今天的水果很新(xiān)，也很甜。

빈출 ❹ 天气太热了，要不要喝一杯啤(jiǔ)?

❺ 我现在不(è)了，不想吃蛋糕。

쓰기 제2부분

꼭 알아야 할 HSK 3급 빈출 단어

1

安静 ānjìng 형 조용하다 | **干净** gānjìng 형 깨끗하다

静, 净은 발음이 모두 같지만 글자가 다릅니다. 가장 쉽게 구별하는 방법은 앞쪽 부수의 차이를 활용하는 것입니다. 安静의 静은 '푸를청(青)'이 들어가고, 干净의 净에는 물을 의미하는 '이수변(冫)'이 들어갑니다.

2

奇怪 qíguài 형 이상하다 | **骑** qí 동 (동물·자전거를) 타다

발음이 같지만 둘은 쉽게 구별해서 쓸 수 있습니다. 奇怪의 奇는 '이상하게 크다(大)'라고 이해하고, 骑는 말, 자전거 등을 타다라는 뜻이기 때문에 앞에 马가 들어간다고 생각하면 쉽습니다.

3

蓝 lán 형 푸르다 | **篮球** lánqiú 명 농구

蓝(푸르다)의 윗부분에는 초목의 새싹이 돋는 모습을 본뜬 풀초(艸)의 변형자인 艹가 들어가지만, 篮은 위에 대나무죽(竹)의 변형자인 ⺮이 들어갑니다.

4

努力 nǔlì 동 노력하다 | **历史** lìshǐ 명 역사

努力의 力는 힘을 의미합니다. 역사는 잘 알고 그 교훈을 잘 기억하는 것이 한 나라의 힘(力)이므로 역사(历史)를 쓸 때도 力가 들어갑니다.

5

跟 gēn 개 ~와, ~과 | **根据** gēnjù 개 ~에 근거하여 명 근거

跟과 根은 발음이 같지만 부수에 각각 발족(足)과 나무목(木)이 들어간다는 점이 다릅니다. 根据의 根은 '뿌리'라는 의미인데, 뿌리는 식물이 생장하는 근원이므로 나무목(木)이 들어간다고 이해하면 쉽습니다.

쓰기 제1부분

꼭 알아야 할 HSK 3급 빈출 구문

23

1

对…感兴趣 duì…gǎn xìngqù ~에 흥미를 느끼다

我对中国历史很感兴趣。
Wǒ duì Zhōngguó lìshǐ hěn gǎn xìngqù.
나는 중국 역사에 흥미를 느낀다.

+ 历史 lìshǐ 명 역사

2

一定+要/会… yídìng+yào/huì… 반드시 ~해야 한다/~할 것이다

大家回家后一定要好好儿复习。
Dàjiā huíjiā hòu yídìng yào hǎohāor fùxí.
모두 집에 돌아가서 반드시 잘 복습해야 해요.

+ 好好儿 hǎohāor 부 잘 | 复习 fùxí 동 복습하다

3

越来越+担心/着急 yuè lái yuè+dānxīn/zháojí 갈수록 걱정하다/조급해하다

她越来越担心了。
Tā yuè lái yuè dānxīn le.
그녀는 갈수록 걱정되었다.

+ 担心 dānxīn 동 걱정하다

4

环境+干净/安静 huánjìng+gānjìng/ānjìng 환경이 깨끗하다/조용하다

这里的环境很干净。
Zhèli de huánjìng hěn gānjìng.
이곳의 환경은 매우 깨끗하다.

+ 环境 huánjìng 명 환경 | 干净 gānjìng 형 깨끗하다

5

离开+公司/学校 líkāi+gōngsī/xuéxiào 회사/학교를 떠나다

他每天最后一个离开公司。
Tā měitiān zuìhòu yí ge líkāi gōngsī.
그는 매일 마지막으로 회사를 떠난다.

차 막히니까 일찍 출발해 _장소와 교통

HSK 3급에 이 단어가 나온다!

기본적인 방향을 나타내는 东(dōng 동쪽), 西(xī 서쪽), 南(nán 남쪽), 北方(běifāng 북쪽)은 자주 출제되며 公园(gōngyuán 공원), 附近(fùjìn 부근), 地方(dìfang 장소)도 자주 출제됩니다. 교통수단인 自行车(zìxíngchē 자전거), 地铁(dìtiě 지하철) 또한 비중있게 다뤄지며 起飞(qǐfēi 이륙하다)와 骑(qí 동물·자전거를 타다)도 자주 출제됩니다.

한눈에 파악하는 단어

장소 교통

방위, 방향

- 东 dōng 동쪽
- 西 xī 서쪽
- 南 nán 남쪽
- 北方 běifāng 북방
- 附近 fùjìn 부근, 근처

장소

- 公园 gōngyuán 공원
- 银行 yínháng 은행
- 办公室 bàngōngshì 사무실

건물

- 电梯 diàntī 엘리베이터
- 楼 lóu 층
- 层 céng 층

교통

- 地铁 dìtiě 지하철
  - 站 zhàn 역
- 自行车 zìxíngchē 자전거
  - 骑 qí (동물·자전거를) 타다

415 **世界**
shìjiè

참고 国家 guójiā 국가
3급 ··· p.185

명 세계

这个世界真小啊!
Zhège shìjiè zhēn xiǎo a!
이 세상은 참 작아!

416 **国家**
guójiā

명 국가, 나라

世界上有多少个国家?
Shìjièshang yǒu duōshao ge guójiā?
세계에 몇 개의 나라가 있지?

417 **城市**
chéngshì

명 도시

西安是中国西北最大的城市。
Xī'ān shì Zhōngguó xīběi zuì dà de chéngshì.
시안은 중국 서북부의 가장 큰 도시이다.

+ 西安 Xī'ān 고유 시안, 서안[지명]

418 **地方**★★
dìfang

명 장소

我对这个地方很满意。 빈출
Wǒ duì zhège dìfang hěn mǎnyì.
나는 이곳에 대해서 매우 만족한다.

+ 满意 mǎnyì 형 만족하다

명 (추상적인) 부분, 점

你喜欢他的什么地方?
Nǐ xǐhuan tā de shénme dìfang?
너는 그의 어떤 부분을 좋아하니?

맛있는 단어 TIP **地方의 두 가지 발음과 뜻**

地方(dìfāng, dìfang)은 方(fāng)을 1성으로 읽으면 '지방'이라는 뜻이 되지만, HSK 3급에서는 方(fang)을 경성으로 읽어 '장소, 부분, 점' 등의 뜻으로 출제됩니다.

- 地方 dìfang 장소, 부분, 점
- 地方 dìfāng (중앙에 대하여) 지방

419 **黄河** Huánghé

고유 황하

黄河是中国第二长河。
Huánghé shì Zhōngguó dì-èr cháng hé.
황하는 중국에서 두 번째로 긴 강이다.

+第二 dì-èr 둘째, 두 번째 | 河 hé 명 강

참고 长江 Chángjiāng 장강 4급

420 **东**★ dōng

명 동쪽

东边那条路可能好点儿。
Dōngbian nà tiáo lù kěnéng hǎo diǎnr.
동쪽의 그 길이 좀 더 나을 거야.

+条 tiáo 양 가늘고 긴 것을 세는 단위 | 可能 kěnéng 부 아마도

421 **西**★ xī

명 서쪽

太阳从西边儿出来了。빈출
Tàiyáng cóng xībianr chūlai le.
해가 서쪽에서 떴네.(일어나지 않을 일이 발생했을 때)

+太阳 tàiyáng 명 태양

422 **南**★ nán

명 남쪽

你往南走，我往北走。
Nǐ wǎng nán zǒu, wǒ wǎng běi zǒu.
너는 남쪽으로 가, 나는 북쪽으로 갈게.

+往 wǎng 개 ~을 향하여 | 北 běi 명 북쪽

423 □ □ **北方**★★ běifāng

명 북방, 북쪽

北方的冬天很冷。
Běifāng de dōngtiān hěn lěng.
북방의 겨울은 매우 춥다.

+ 冬天 dōngtiān 명 겨울

424 □ □ **附近**★★★ fùjìn

명 부근, 근처

这儿附近有没有银行? 빈출
Zhèr fùjìn yǒu méiyǒu yínháng?
이 근처에 은행이 있나요?

+ 银行 yínháng 명 은행

맛있는 한자 TIP 阜(언덕부)가 들어간 단어

언덕부(阜)는 고대 중국인들이 황토 고원에 만든 동굴 집을 오르내리는 언덕의 모습을 본뜬 부수입니다. 언덕이나 장소, 막혀 있다는 의미를 나타내는 글자에 쓰입니다. 언덕부(阜)가 좌측에 오면 좌부변(阝)이 됩니다.

- 太阳(tàiyáng 태양)
  언덕(阝) 위에 해(日)가 떠있는 모습을 떠올리세요.
- 阴(yīn 어둡다)
  언덕(阝) 위에 떠있는 달(月)은 해보다 어두우니까 '흐리다'입니다.
- 附近(fùjìn 부근, 근처)
  언덕(阝)에 가까이 있는 곳이니까 '근처'입니다.
- 除了(chúle ~을 제외하고)
  통행에 불편한 언덕(阝)을 제거하니까 '제외하고'가 됩니다.

425 □ □ **中间** zhōngjiān

명 중간

站在中间的人是谁?
Zhànzài zhōngjiān de rén shì shéi?
중간에 서있는 사람은 누구야?

+ 站 zhàn 동 서다

426 **公园** ★★★
□
□ gōngyuán

명 공원

爷爷在公园锻炼身体。 빈출
Yéye zài gōngyuán duànliàn shēntǐ.
할아버지는 공원에서 신체를 단련한다.

+ 锻炼 duànliàn 동 단련하다 | 身体 shēntǐ 명 신체, 몸

427 **街道** ★
□
□ jiēdào

명 거리

这条街道很干净。
Zhè tiáo jiēdào hěn gānjìng.
이 길은 매우 깨끗하다.

+ 条 tiáo 양 가늘고 긴 것을 세는 단위 |
干净 gānjìng 형 깨끗하다

428 **楼**
□
□ lóu

참고 楼梯 lóutī (건물의) 계단
유의 层 céng 층
3급 ··· p.188

명 건물

我在楼下等你。
Wǒ zài lóuxià děng nǐ.
나는 1층에서 널 기다릴게.

+ 等 děng 동 기다리다

양 층

你的办公室在几楼?
Nǐ de bàngōngshì zài jǐ lóu?
너의 사무실은 몇 층에 있어?

+ 办公室 bàngōngshì 명 사무실

429 **层**
□
□ céng

유의 楼 lóu 층
3급 ··· p.188

명 층

这座楼的一层没有商店。
Zhè zuò lóu de yī céng méiyǒu shāngdiàn.
이 건물의 1층에는 상점이 없어.

+ 座 zuò 양 고정된 큰 물체를 세는 단위 |
楼 lóu 명 건물 | 商店 shāngdiàn 명 상점

양 층

更上一层楼。
Gèng shàng yì céng lóu.
실력이 한층 향상되다.

+ 更 gèng 부 더욱, 더

430 **电梯**★★
☐
☐
diàntī

참고 楼梯 lóutī
(건물의) 계단

명 엘리베이터

坐电梯上楼。
Zuò diàntī shànglóu.
엘리베이터를 타고 올라간다.

431 **办公室**★★
☐
☐
bàngōngshì

참고 公司 gōngsī 회사
2급 ··· p.124

명 사무실

你怎么还在办公室?
Nǐ zěnme hái zài bàngōngshì?
너는 왜 아직 사무실에 있어?

+ 怎么 zěnme 대 어떻게, 어째서 | 还 hái 부 여전히, 또한

432 **银行**
☐
☐
yínháng

명 은행

这儿附近有没有中国银行?
Zhèr fùjìn yǒu méiyǒu Zhōngguó yínháng?
여기 근처에 중국 은행이 있어요?

+ 附近 fùjìn 명 부근, 근처

433 **洗手间**★★
☐
☐
xǐshǒujiān

동의 卫生间
wèishēngjiān 화장실
4급
厕所 cèsuǒ 화장실
4급

명 화장실

我去一下洗手间。
Wǒ qù yíxià xǐshǒujiān.
나는 화장실을 좀 다녀올게.

434 **环境**

huánjìng

명 환경

호응 工作环境 업무 환경 | 学习环境 학습 환경

那个公司的工作环境很好。
Nàge gōngsī de gōngzuò huánjìng hěn hǎo.
그 회사의 업무 환경은 매우 좋다.

+ 工作 gōngzuò 명 업무

435 **安静**

ānjìng

반의 吵 chǎo 시끄럽다

형 조용하다

图书馆里要安静。 빈출
Túshūguǎn li yào ānjìng.
도서관 안에서는 조용히 해야 한다.

+ 图书馆 túshūguǎn 명 도서관 | 要 yào 조동 ~해야 한다

436 **干净**★★★

gānjìng

반의 脏 zāng 더럽다 4급

형 깨끗하다

我把房间打扫干净了。 빈출
Wǒ bǎ fángjiān dǎsǎo gānjìng le.
나는 방을 깨끗이 청소했다.

+ 房间 fángjiān 명 방 | 打扫 dǎsǎo 동 청소하다

437 **方便**★★

fāngbiàn

형 편리하다

当然坐电梯上楼更方便。
Dāngrán zuò diàntī shànglóu gèng fāngbiàn.
당연히 엘리베이터를 타고 올라가는 게 더 편리하지.

+ 当然 dāngrán 부 당연히, 물론 | 电梯 diàntī 명 엘리베이터

동 편리하게 하다

汽车大大地方便了人们的出行。
Qìchē dàdà de fāngbiànle rénmen de chūxíng.
자동차는 사람들의 외출을 매우 편리하게 해주었다.

+ 出行 chūxíng 동 외출하여 멀리 가다

HSK 3급 출제 포인트

方便(fāngbiàn 편리하다), 便宜(piányi 싸다)에서 便은 같은 글자이지만 발음은 각각 biàn과 pián으로 다릅니다. HSK 3급 쓰기 제2부분에서 方便(fāngbiàn), 便宜(piányi)의 便을 쓰는 문제가 출제됩니다. 이때 제시된 병음을 보고 헷갈리지 않도록 주의하세요.

438 ☐ ☐ **离开** líkāi

반의 留 liú 남다, 남기다 4급

동 떠나다

호응 离开公司 회사를 떠나다 | 离开学校 학교를 떠나다

你为什么要离开这里?
Nǐ wèishénme yào líkāi zhèli?
너는 왜 여기를 떠나려고 해?

+ 为什么 wèishénme 대 왜

HSK 3급 출제 포인트

离不开(lí bu kāi)는 HSK 3급 듣기, 독해 영역 보기에 자주 등장하는 표현입니다. [A离不开B]의 형태로 제시되며 'A는 B를 떠날 수 없다', 'A는 B 없이는 살 수 없다'라는 의미를 나타냅니다.

鱼离不开水。
Yú lí bu kāi shuǐ.
물고기는 물을 떠나서 살 수 없다.

现代人离不开手机。
Xiàndàirén lí bu kāi shǒujī.
현대인은 휴대폰을 떠날 수 없다.

439 ☐ ☐ **经过** jīngguò

동 (장소 등을) 지나다

这路车经过天安门吗?
Zhè lù chē jīngguò Tiān'ānmén ma?
이 버스는 천안문을 지나갑니까?

+ 路 lù 양 노선 | 天安门 Tiān'ānmén 고유 천안문

동 (과정 등을) 거치다

经过一个月的努力，我终于学会了游泳。
Jīngguò yí ge yuè de nǔlì, wǒ zhōngyú xuéhuìle yóuyǒng.
한 달간의 노력을 거쳐, 나는 마침내 수영을 할 수 있게 되었다.

+终于 zhōngyú 부 마침내 |
学会 xuéhuì 동 배워서 할 수 있다

440 **地图*** dìtú

명 지도

你可以用手机上网看地图。빈출
Nǐ kěyǐ yòng shǒujī shàngwǎng kàn dìtú.
너는 휴대폰으로 인터넷에 들어가 지도를 볼 수 있어.

+手机 shǒujī 명 휴대폰 |
上网 shàngwǎng 동 인터넷을 하다

441 **地铁***** dìtiě

명 지하철

地铁比公共汽车方便。
Dìtiě bǐ gōnggòng qìchē fāngbiàn.
지하철이 버스보다 편리하다.

+比 bǐ 개 ~보다 |
公共汽车 gōnggòng qìchē 명 버스 |
方便 fāngbiàn 형 편리하다

442 **船** chuán

명 배

船慢慢向前开去。
Chuán mànmān xiàng qián kāiqù.
배는 천천히 앞을 향해 떠나갔다.

+慢慢 mànmān 부 느릿느릿, 천천히 |
向 xiàng 개 ~을 향하여 | 开去 kāiqù 몰고 가다

443 **自行车★★**
zìxíngchē

명 자전거

你教教我骑自行车吧。
Nǐ jiāojiao wǒ qí zìxíngchē ba.
내게 자전거 타는 법을 좀 가르쳐줘.

\+ 教 jiāo 동 가르치나 | 骑 qí 동 (자전거를) 타다

444 **骑★**
qí

동 (동물·자전거를) 타다

호응 骑马 말을 타다 | 骑自行车 자전거를 타다

你会骑自行车吗?
Nǐ huì qí zìxíngchē ma?
너는 자전거를 탈 줄 알아?

\+ 会 huì 동 (배워서) 할 줄 알다

맛있는 단어 TIP 坐와 骑의 비교

교통수단 중에 버스, 지하철은 좌석에 앉아서 가기 때문에 坐(zuò)로 '타다'를 표현하지만, 기마 자세로 타는 자전거나 말은 骑(qí)를 사용해서 표현합니다.

- 坐公共汽车 zuò gōnggòng qìchē 버스를 타다
- 坐地铁 zuò dìtiě 지하철을 타다
- 骑自行车 qí zìxíngchē 자전거를 타다
- 骑马 qí mǎ 말을 타다

445 **起飞★**
qǐfēi

반의 降落 jiàngluò 착륙하다 4급
참고 飞机 fēijī 비행기 1급 ··· p.87

동 이륙하다

他坐的飞机已经起飞了。 빈출
Tā zuò de fēijī yǐjīng qǐfēi le.
그가 탄 비행기는 이미 이륙했다.

\+ 坐 zuò 동 타다 | 飞机 fēijī 명 비행기 | 已经 yǐjīng 부 이미

446 **辆**

□
□
liàng

양 대[차량이나 자전거를 세는 단위]

호응 一辆车 차 한 대

我买了一辆自行车。
Wǒ mǎile yí liàng zìxíngchē.
나는 자전거 한 대를 샀다.

+自行车 zìxíngchē 명 자전거

맛있는 한자  车가 들어간 한자

车(chē)는 고대 마차를 본따 만든 한자입니다. 교통수단과 관련된 自行车(zìxíngchē 자전거), 辆(liàng 대) 등에는 모두 车가 들어갑니다.

- 汽车 qìchē 자동차
- 火车 huǒchē 기차
- 自行车 zìxíngchē 자전거
- 辆 liàng 대

447 **站★★**

□
□
zhàn

참고 火车站 huǒchēzhàn 기차역
2급 ··· p.88
地铁站 dìtiězhàn 지하철역
公共汽车站 gōnggòng qìchēzhàn 버스 정류장

동 서다

你站在我前面吧。
Nǐ zhànzài wǒ qiánmian ba.
너는 내 앞에 서.

+站在 zhànzài ~에 서다 | 前面 qiánmian 명 앞

명 정거장

再过一站，我们就到了。
Zài guò yí zhàn, wǒmen jiù dào le.
한 정거장만 더 지나면, 우리는 도착해.

+过 guò 동 지나다

맛있는 한자  站을 가장 쉽게 외우는 방법

站(zhàn)을 유심히 보면 한글의 '팜'과 비슷하게 생기지 않았나요? 피읖(ㅍ) 위에 점(丶) 하나만 추가하면 站을 쓸 수 있습니다.

448 **蓝**

lán

참고 蓝天 lántiān 푸른 하늘

형 남색의, 푸르다

这辆蓝车是谁的？很漂亮啊。
Zhè liàng lánchē shì shéi de? Hěn piàoliang a.
이 푸른색 차는 누구 거지? 아주 예쁘다.

+ 辆 liàng 양 대[차량을 세는 단위]

449 **绿**

lǜ

형 녹색의

红灯停，绿灯行。
Hóngdēng tíng, lǜdēng xíng.
빨간불에는 멈추고, 녹색불에는 통행한다.

+ 灯 dēng 명 등 | 停 tíng 동 멈추다 | 行 xíng 동 가다

450 **灯**

dēng

명 등

红绿灯坏了。
Hónglǜdēng huài le.
신호등이 고장 났다.

+ 红绿灯 hónglǜdēng 명 신호등 | 坏 huài 동 고장 나다

451 **向**★★

xiàng

참고 往 wǎng ~을 향하여 2급 ··· p.87

개 ~을 향하여

从这儿向前走，不远就有一个书店。 빈출
Cóng zhèr xiàng qián zǒu, bù yuǎn jiù yǒu yí ge shūdiàn.
여기에서 앞으로 가면, 멀지 않은 곳에 서점 하나가 있습니다.

+ 书店 shūdiàn 명 서점

개 ~에게

我们应该向他学习。
Wǒmen yīnggāi xiàng tā xuéxí.
우리는 마땅히 그에게 배워야 한다.

+ 应该 yīnggāi 조동 마땅히 ~해야 한다

DAY 11 확인 √ 테스트

1 빈칸을 채우세요.

街道	❶	거리
楼	lóu	❷
环境	huánjìng	❸
❹	ānjìng	조용하다
❺	dìtú	지도

2 단어의 병음과 뜻을 알맞게 연결하세요.

❶ 世界 •	• ㉠ yínháng •	• ⓐ 떠나다
❷ 银行 •	• ㉡ xǐshǒujiān •	• ⓑ 은행
❸ 洗手间 •	• ㉢ shìjiè •	• ⓒ 화장실
❹ 离开 •	• ㉣ líkāi •	• ⓓ 세계

3 빈칸에 들어갈 알맞은 단어를 쓰세요.

❶ 爷爷在＿＿＿＿＿(gōngyuán)锻炼身体。할아버지는 **공원**에서 신체를 단련한다.

❷ 西安是中国西北最大的＿＿＿＿＿(chéngshì)。
시안은 중국 서북부의 가장 큰 **도시**이다.

❸ 他坐的飞机已经＿＿＿＿＿(qǐfēi)了。그가 탄 비행기는 이미 **이륙했다**.

❹ 这儿＿＿＿＿＿(fùjìn)有没有银行? 이 **근처**에 은행이 있나요?

4 제시된 단어를 어순에 맞게 배열하세요.

빈출 ❶ 把房间　干净了　姐姐　打扫

____

❷ 看地图　用手机　你可以　上网

____

❸ 这个公园　身体　很多人在　锻炼

____

❹ 马上　飞机　了　就要　起飞

____

❺ 骑　你　吗　会　自行车

____

5 빈칸에 들어갈 알맞은 한자를 쓰세요.

빈출 ❶ 医院离这儿很远，我们坐(dì)铁去吧。

❷ 春天到了，山上的树都(lǜ)了。

빈출 ❸ 你终于把房间打扫干(jìng)了，累坏了吧?

❹ 你知道银(háng)几点开门吗?

❺ 我家附(jìn)有一个漂亮的公园。

시간은 금이다
_시간과 변화

HSK 3급에 이 단어가 나온다!

시간과 변화 관련 주제에서는 계절(季节 jìjié)의 변화(春天 chūntiān 봄, 夏天 xiàtiān 여름, 秋天 qiūtiān 가을, 冬天 dōngtiān 겨울)가 자주 등장합니다. 특히, 15분을 나타내는 刻(kè)의 용법을 주의해야 하며, 부사 突然(tūrán 갑자기)과 一直(yìzhí 줄곧)는 꼭 기억하세요.

한눈에 파악하는 단어

계절

季节 jìjié 계절
春 chūn 봄
夏 xià 여름
秋 qiū 가을
冬 dōng 겨울

시간

过去 guòqù 과거
(≒以前 yǐqián 이전, 과거)
马上 mǎshàng 바로, 곧
刚才 gāngcái 방금, 막
最后 zuìhòu 최후, 마지막
刻 kè 15분
突然 tūrán 갑자기
总是 zǒngshì 늘, 항상
一直 yìzhí 줄곧, 계속

452 **季节**★★
jìjié

명 계절

我国有春夏秋冬四个季节。
Wǒ guó yǒu chūn xià qiū dōng sì ge jìjié.
우리나라는 춘하추동 사계절이 있다.

+ 春夏秋冬 chūn xià qiū dōng 춘하추동(봄, 여름, 가을, 겨울)

453 **春**★
chūn

명 봄

春天来了，花儿开了，鸟儿叫了。
Chūntiān lái le, huār kāi le, niǎor jiào le.
봄이 오니 꽃이 피고 새가 운다.

+ 开 kāi 동 (꽃이) 피다 | 鸟儿 niǎor 명 새 | 叫 jiào 동 지저귀다, 울다

454 **夏**★
xià

명 여름

今年的夏天特别热。
Jīnnián de xiàtiān tèbié rè.
올해 여름은 특히 덥다.

+ 特别 tèbié 부 매우 | 热 rè 형 덥다

455 **秋**★
qiū

명 가을

秋天是一年中最好的季节。
Qiūtiān shì yì nián zhōng zuì hǎo de jìjié.
가을은 일 년 중 가장 좋은 계절이다.

+ 季节 jìjié 명 계절

456 **冬**★
dōng

명 겨울

中国北方的冬天特别冷。
Zhōngguó běifāng de dōngtiān tèbié lěng.
중국 북방의 겨울은 특히 춥다.

+ 北方 běifāng 명 북쪽 | 特别 tèbié 부 매우 | 冷 lěng 형 춥다

HSK 3급 출제 포인트

회화체에서는 주로 봄, 여름, 가을, 겨울을 春天(chūntiān), 夏天(xiàtiān), 秋天(qiūtiān), 冬天(dōngtiān)으로 표현하지만, 문어체에서는 주로 季节(jìjié 계절)의 季(jì)를 써서 春季(chūnjì), 夏季(xiàjì), 秋季(qiūjì), 冬季(dōngjì) 등으로 표현합니다. 시험에 자주 출제되므로 季(jì)가 들어간 표현에 주의해야 합니다.

457 **以前**★ □□

yǐqián

반의 以后 yǐhòu 이후

명 이전, 과거

他比以前更健康了。 빈출
Tā bǐ yǐqián gèng jiànkāng le.
그는 이전보다 더욱 건강해졌다.

+更 gèng 부 더욱 | 健康 jiànkāng 형 건강하다

458 **过去** □□

guòqù

반의 未来 wèilái 미래

명 과거

别总想过去，重要的是以后。
Bié zǒng xiǎng guòqù, zhòngyào de shì yǐhòu.
늘 과거만 생각하지 마. 중요한 것은 앞으로야.

+别 bié 부 ~하지 마라 | 总 zǒng 부 늘 | 重要 zhòngyào 형 중요하다 | 以后 yǐhòu 명 이후

동 지나가다

过去的事就让它过去吧。
Guòqù de shì jiù ràng tā guòqù ba.
지나간 일은 지나가게 해.(과거의 일은 잊어버려)

+让 ràng 동 ~하게 하다

459 **周末**★ □□

zhōumò

명 주말

周末你想做什么？
Zhōumò nǐ xiǎng zuò shénme?
주말에 넌 무엇을 하고 싶어?

HSK 3급 출제 포인트

요일을 나타내는 단어 星期(xīngqī), 周(zhōu) 중에서 周가 더 많이 출제됩니다. 예를 들어 월요일을 星期一(xīngqīyī)보다는 周一(zhōuyī)로, 일요일을 星期天(xīngqītiān)보다는 周日(zhōurì)로 표현합니다.

460 马上★★★

□ □

mǎshàng

부 바로, 곧

比赛马上就要开始了。
Bǐsài mǎshàng jiùyào kāishǐ le.
시합이 곧 시작하려 한다.

+ 比赛 bǐsài 명 시합, 경기 | 就要…了 jiùyào…le 곧 ~하려 하다 | 开始 kāishǐ 동 시작하다

맛있는 단어 TIP 马上과 马路

马上(mǎshàng)의 뜻을 외울 때, 말(马 mǎ) 위(上 shàng)에 올라타 금방 출발하니까 '곧'이라고 생각하면 쉽게 외울 수 있습니다. 马上을 '말 위'라고 해석하지 않도록 주의하세요. 또한, 옛날에는 말이 자동차의 역할을 했기 때문에 马路(mǎlù)는 '말 길'이 아니라 '도로'임을 주의하세요.

461 刚才★★

□ □

gāngcái

유의 刚 gāng 방금, 막 4급

명 방금, 막

你刚才说什么了?
Nǐ gāngcái shuō shénme le?
너는 방금 뭐라고 말했어?

HSK 3급 출제 포인트

부사인 刚(gāng 방금, 막)과는 달리 刚才(gāngcái 방금, 막)는 부사가 아니라 시간 명사입니다. 시간 명사는 동사를 수식할 뿐만 아니라 명사도 수식할 수 있기 때문에 刚才的事(gāngcái de shì 방금 전의 일)처럼 [刚才的+명사]의 표현이 가능하다는 것을 주의하세요. 독해 제2부분에 출제되므로 꼭 기억해 두세요.

462 □□ **后来** hòulái

명 이후, 나중에

他开始努力画画儿，后来成了一名画家。
Tā kāishǐ nǔlì huàhuàr, hòulái chéngle yì míng huàjiā.
그는 열심히 그림을 그리기 시작했고, 나중에 화가가 되었다.

+努力 nǔlì 동 노력하다 | 画画儿 huàhuàr 그림을 그리다 | 成 chéng 동 ~이 되다 | 名 míng 양 명[사람을 세는 단위] | 画家 huàjiā 명 화가

463 □□ **最后**★ zuìhòu

명 최후, 마지막

他最后什么也没有得到。
Tā zuìhòu shénme yě méiyǒu dédào.
그는 마지막에 어떤 것도 얻지 못했다.

+得到 dédào 동 얻다

464 □□ **最近** zuìjìn

명 최근, 요즘

你最近过得怎么样?
Nǐ zuìjìn guò de zěnmeyàng?
너는 요즘 어떻게 지내?

+过 guò 동 지내다, 생활하다

465 □□ **总是** zǒngshì

부 늘, 항상

他最近总是迟到。
Tā zuìjìn zǒngshì chídào.
그는 최근에 늘 지각한다.

+迟到 chídào 동 지각하다

466 □□ **突然**★★ tūrán

부 갑자기

他突然生病了。
Tā tūrán shēngbìng le.
그는 갑자기 병이 났다.

+生病 shēngbìng 동 병이 나다, 아프다

형 갑작스럽다

他的病太突然了。
Tā de bìng tài tūrán le.
그의 병은 너무 갑작스러웠다.

+ 病 bìng 명 병

467 终于★★★
□
□
zhōngyú

부 마침내, 결국

호응 终于做完 마침내 다 끝내다 | 终于见面 마침내 만나다 | 终于成功 마침내 성공하다

考试终于结束了。 빈출
Kǎoshì zhōngyú jiéshù le.
시험이 마침내 끝났다.

+ 考试 kǎoshì 명 시험 | 结束 jiéshù 동 마치다, 끝나다

468 短
□
□
duǎn

반의 长 cháng 길다
2급 ··· p.46

형 (길이나 시간이) 짧다

秋天太短了。
Qiūtiān tài duǎn le.
가을은 너무 짧아.

+ 秋天 qiūtiān 명 가을

469 久★★
□
□
jiǔ

반의 短 duǎn 짧다
3급 ··· p.203

형 오래되다

好久不见了。
Hǎo jiǔ bú jiàn le.
오랜만이야.

+ 好 hǎo 부 매우, 엄청(감탄의 어기)

470 历史★★★
□
□
lìshǐ

명 역사

中国的饮茶有着很长的历史。 빈출
Zhōngguó de yǐn chá yǒuzhe hěn cháng de lìshǐ.
중국의 차 마시는 것은 긴 역사를 가지고 있다.

+ 饮茶 yǐn chá 동 차를 마시다

471 **机会★**
□
□ jīhuì

명 기회

호응 等机会 기회를 기다리다 | 找机会 기회를 찾다 | 得到机会 기회를 얻다 | 错过机会 기회를 놓치다

你一定要利用好这次机会，否则要等很长时间。
Nǐ yídìng yào lìyònghǎo zhè cì jīhuì, fǒuzé yào děng hěn cháng shíjiān.
넌 반드시 이번 기회를 잘 활용해야 해. 그렇지 않으면 오랜 시간 기다려야 할 거야.

+一定 yídìng 부 반드시 | 利用 lìyòng 동 이용하다, 활용하다 | 否则 fǒuzé 접 그렇지 않으면

472 **半**
□
□ bàn

명 반, 절반

票在半个小时内就卖完了。
Piào zài bàn ge xiǎoshí nèi jiù màiwán le.
표는 30분 안에 다 팔렸다.

+票 piào 명 표 | 内 nèi 명 안 | 卖 mài 동 팔다

473 **刻★**
□
□ kè

참고 一刻 yí kè
15분(=十五分)
三刻 sān kè
45분(=四十五分)

양 15분

明天六点一刻叫我起床。 빈출
Míngtiān liù diǎn yí kè jiào wǒ qǐchuáng.
내일 6시 15분에 나를 깨워줘.

+点 diǎn 명 시(時) | 叫 jiào 동 ~하게 하다

HSK 3급 출제 포인트

刻(kè)는 HSK 3급 듣기 제3부분 대화형 문제에 출제됩니다. 녹음에서 '现在都五点一刻了。(Xiànzài dōu wǔ diǎn yí kè le. 지금 벌써 5시 15분이야.)'라고 제시하고 현재 시간을 물을 경우, 보기에서 '5:01(5시 1분)'이 아니라 '5:15(5시 15분)'을 고를 수 있어야 합니다.

474 **分**
□
□
fēn

양 (시간의) 분

现在的时间是三点十五分。
Xiànzài de shíjiān shì sān diǎn shíwǔ fēn.
지금 시간은 3시 15분이다.

명 점수

这次考试我得了一百分。
Zhè cì kǎoshì wǒ déle yìbǎi fēn.
이번 시험에서 나는 100점을 받았다.

+ 得 dé 동 얻다

양 (화폐의) 펀, 푼[1위안(元)의 100분의 1]

我现在一分钱也没有。
Wǒ xiànzài yì fēn qián yě méiyǒu.
난 지금 한 푼의 돈도 없다.

동 나누다

人太多了，分开做吧。
Rén tài duō le, fēnkāi zuò ba.
사람이 너무 많아. 나눠서 하자.

맛있는 단어 TIP 分의 여러 가지 의미

分(fēn)은 뜻이 매우 많은데 아래와 같은 순서로 암기하는 것이 좋습니다.

(시험) 점수		(시간) 분		(화폐의) 푼
一百分	›	一点十五分	›	一分钱也没有
yìbǎi fēn		yī diǎn shíwǔ fēn		yì fēn qián yě méiyǒu
100점		1시 15분		한 푼의 돈도 없다

475 **段**
□
□
duàn

양 단락, 토막, 동안

我在北京住过一段时间。
Wǒ zài Běijīng zhùguo yí duàn shíjiān.
나는 베이징에서 한동안 산 적이 있다.

+住 zhù 동 살다

476 **先★★**
□
□
xiān

부 먼저

호응 先A，然后B 먼저 A 하고 그러고 나서 B 하다

我身体不舒服，就先回来了。 빈출
Wǒ shēntǐ bù shūfu, jiù xiān huílai le.
나는 몸이 안 좋아서 먼저 돌아왔다.

+舒服 shūfu 형 (몸이나 마음이) 편안하다

477 **然后★**
□
□
ránhòu

접 그런 후에

我先想一想，然后再告诉你。 빈출
Wǒ xiān xiǎng yi xiǎng, ránhòu zài gàosu nǐ.
내가 먼저 좀 생각해보고, 그런 후에 네게 알려줄게.

+告诉 gàosu 동 말하다, 알리다

HSK 3급 출제 포인트

[先A, 然后B]는 '먼저 A 하고 그러고 나서 B 하다'라는 뜻으로 연이은 동작의 선후 순서를 나타냅니다. 특히, 듣기 영역에서 先이 들렸다면 뒤에 然后가 나올 것임을 예상하고 문제를 풀고, 독해 영역에서 先이 제시되어 있다면 뒤에 然后를 찾아서 정확하게 해석해야 합니다.

你先认真想想，然后再决定。
Nǐ xiān rènzhēn xiǎngxiang, ránhòu zài juédìng.
너는 먼저 진지하게 생각해보고 나서 결정해.

478 □ □ **还是** ★★★
háishi

부 여전히

我还是不明白。
Wǒ háishi bù míngbai.
나는 여전히 이해가 안 된다.

+ 明白 míngbai 동 알다, 이해하다

접 또는, 아니면

你上午到还是下午到? 빈출
Nǐ shàngwǔ dào háishi xiàwǔ dào?
너는 오전에 도착해 아니면 오후에 도착해?

부 ~하는 편이 좋다

还是有辆车好哇! 빈출
Háishi yǒu liàng chē hǎo wa!
그래도 차가 한 대 있는 게 좋지!

+ 辆 liàng 양 대[차량을 세는 단위]

HSK 3급 출제 포인트

[还是…吧]는 '아무래도 ~하는 편이 좋다'라는 의미로 상대방이 심사숙고 끝에 내린 결정인 경우가 많습니다. [还是…吧]에 정답의 핵심 내용이 들어있으므로 이 표현에 집중하세요.

你还是去医院看看吧。
Nǐ háishi qù yīyuàn kànkan ba.
너는 그래도 병원에 가보는 것이 좋겠어.

479 □ □ **一直** ★★
yìzhí

부 줄곧, 계속

这几天一直在下雨。빈출
Zhè jǐ tiān yìzhí zài xiàyǔ.
요 며칠 줄곧 비가 오고 있다.

480 ☐ ☐ **一会儿**★★★

yíhuìr

명 잠깐, 잠시, 잠시 후에

等一会儿!
Děng yíhuìr!
잠깐 기다려!

맛있는 단어 TIP 一会儿의 의미

一会儿(yíhuìr)은 두 가지 의미로 해석할 수 있습니다. 一会儿이 동사 뒤에 오면 시량보어가 되어 동작을 지속한 시간인 '잠시'라는 뜻이 되지만, 동사 앞에 올 경우에는 '잠시 후에, 이따가'로 해석됨에 주의하세요.

V+一会儿	一会儿+V
잠시 ~하다	나중에 ~하다
休息一会儿。 Xiūxi yíhuìr. 잠깐 쉬다.	一会儿再说。 Yíhuìr zài shuō. 나중에 다시 이야기하자.

481 ☐ ☐ **主要**

zhǔyào

부 주로

这本书主要介绍了中国节日的变化。
Zhè běn shū zhǔyào jièshàole Zhōngguó jiérì de biànhuà.
이 책은 주로 중국 명절의 변화를 소개했다.

+ 介绍 jièshào 동 소개하다 | 节日 jiérì 명 명절 | 变化 biànhuà 명 변화

형 주요하다

最近几年中国的主要变化是什么?
Zuìjìn jǐ nián Zhōngguó de zhǔyào biànhuà shì shénme?
최근 몇 년간 중국의 주요한 변화는 무엇인가?

+ 最近 zuìjìn 명 최근

482 迟到★★★
□
□
chídào

동 지각하다

我只是迟到了一会儿。 빈출
Wǒ zhǐshì chídàole yíhuìr.
나는 단지 조금 지각했을 뿐이야.

+只是 zhǐshì 부 단지, 다만

483 结婚★
□
□
jiéhūn

반의 离婚 líhūn 이혼하다

동 결혼하다

你们俩打算什么时候结婚?
Nǐmen liǎ dǎsuan shénme shíhou jiéhūn?
너희 둘은 언제 결혼할 계획이야?

+俩 liǎ 둘 | 打算 dǎsuan 동 ~할 계획이다

맛있는 단어 TIP 이합사 结婚

结婚(jiéhūn)은 이합사로, '~와 결혼하다'는 [跟…结婚]으로 표현합니다.

我想结婚她。(X) → 我想跟她结婚。(O)
Wǒ xiǎng gēn tā jiéhūn.
나는 그녀와 결혼하고 싶다.

484 帮忙★★★
□
□
bāngmáng

참고 帮助 bāngzhù 돕다
2급 ··· p.120

동 일을 돕다

周六有时间的话，你帮我一个忙吧。
Zhōuliù yǒu shíjiān de huà, nǐ bāng wǒ yí ge máng ba.
토요일에 시간이 있으면 나를 좀 도와줘.

+周六 zhōuliù 명 토요일

맛있는 단어 

帮忙과 帮助 비교

帮忙(bāngmáng)과 帮助(bāngzhù)는 모두 '돕다'라는 뜻이지만 용법이 다릅니다. 帮助는 목적어를 가져서 '~을 돕다'로 바로 사용할 수 있지만, 帮忙은 이합사이므로 목적어를 취할 수 없습니다.

- 帮助我 bāngzhù wǒ 나를 돕다 (O)
- 帮忙我 (X) → 帮我的忙 bāng wǒ de máng 나를 돕다 (O)

485 **习惯**★★
□
□ xíguàn

명 습관

호응 好习惯 좋은 습관 | 坏习惯 나쁜 습관

睡觉前刷牙是好习惯。빈출
Shuìjiào qián shuāyá shì hǎo xíguàn.
자기 전에 양치하는 것은 좋은 습관이다.

+ 刷牙 shuāyá 동 이를 닦다

동 습관이 되다

时间久了就习惯了。빈출
Shíjiān jiǔle jiù xíguàn le.
시간이 오래되니 습관이 되었다.

+ 久 jiǔ 형 오래되다

HSK 3급 출제 포인트

习惯(xíguàn)은 '습관이 되다'라는 동사의 의미도 있다는 것을 꼭! 알아두어야 합니다. 특히 쓰기 제1부분에서 习惯 뒤에 동목구가 목적어로 올 수 있음에 주의하세요. 习惯 뒤에 내용이 계속 이어져 있다면, 이때 习惯은 동사로 쓰였다고 생각하면 됩니다.

목적어(동목구)
我不习惯穿这种衣服。
Wǒ bù xíguàn chuān zhè zhǒng yīfu.
나는 이런 옷을 입는 것에 익숙치 않다.

486 **或者**
□
□ huòzhě

접 혹은, 아니면

明天或者后天可能有时间。
Míngtiān huòzhě hòutiān kěnéng yǒu shíjiān.
내일이나 모레 아마 시간이 있을 거야.

+ 后天 hòutiān 명 모레 | 可能 kěnéng 부 아마도 | 时间 shíjiān 명 시간

487 **根据**
□
□
gēnjù

명 근거

他刚才说的话没有根据。
Tā gāngcái shuō de huà méiyǒu gēnjù.
그가 방금 한 말은 근거가 없다.

+ 刚才 gāngcái 명 방금

개 ~에 의거하여

我们要根据自己的需要买东西。 빈출
Wǒmen yào gēnjù zìjǐ de xūyào mǎi dōngxi.
우리는 자신의 필요에 따라 물건을 사야 한다.

+ 需要 xūyào 명 필요, 수요

488 **关于***
□
□
guānyú

개 ~에 관하여

我买了一本关于中国历史的书。 빈출
Wǒ mǎile yì běn guānyú Zhōngguó lìshǐ de shū.
나는 중국 역사에 관한 책을 한 권 샀다.

+历史 lìshǐ 명 역사

HSK 3급 출제 포인트

[수량구+关于+n+的+N]은 HSK 3~5급 쓰기 제1부분 어순 배열 문제에 자주 출제되는 문형입니다. 'n에 관한 N'으로 해석하며 명사구가 됩니다.

수량구 n N
一本关于文化的书
yì běn guānyú wénhuà de shū
한 권의 문화에 관한 책

DAY 12 확인 √ 테스트

1 빈칸을 채우세요.

马上	mǎshàng	❶
总是	❷	늘, 항상
刚才	gāngcái	❸
最后	❹	최후, 마지막
❺	tūrán	갑자기

2 단어의 병음과 뜻을 알맞게 연결하세요.

❶ 一直 • • ㉠ chídào • • ⓐ 주말

❷ 周末 • • ㉡ xíguàn • • ⓑ 지각하다

❸ 迟到 • • ㉢ yìzhí • • ⓒ 줄곧

❹ 习惯 • • ㉣ zhōumò • • ⓓ 습관(이 되다)

3 빈칸에 들어갈 알맞은 단어를 쓰세요.

❶ 我先想一想，______(ránhòu)再告诉你。
내가 먼저 좀 생각해보고, **그런 후에** 네게 알려줄게.

❷ 中国的饮茶有着很长的______(lìshǐ)。
중국의 차 마시는 것은 긴 **역사**를 가지고 있다.

❸ 考试______(zhōngyú)结束了。시험이 **마침내** 끝났다.

❹ 我国有春夏秋冬四个______(jìjié)。우리나라는 춘하추동 사**계절**이 있다.

도전! HSK 3급 **독해** 제2부분

4 빈칸에 들어갈 알맞은 단어를 고르세요.

A 或者　　B 以前　　C 结婚　　D 突然

빈출 ❶ 他和女朋友准备明年(　　　　)。

❷ 星期日我在家休息(　　　　)跟朋友一起打篮球。

❸ 他比(　　　　)更胖了。

빈출 ❹ 今天上午还是晴天，中午(　　　　)下起雨来。

도전! HSK 3급 **쓰기** 제2부분

5 빈칸에 들어갈 알맞은 한자를 쓰세요.

❶ 我一(zhí)在这儿等你。

❷ 我先写完这个电子邮件，(rán)后帮你吧。

❸ 我买了一本(guān)于中国文化的书。

❹ 你(hái)是去医院看看吧。

❺ 现在十点十五了，您的手表慢了一(kè)。

26

기분이 좀 좋아졌어?
_감정과 태도

HSK 3급에 이 단어가 나온다!

감정과 태도 관련 주제는 시험에 매번 출제되므로 관련 단어를 반드시 잘 암기해야 합니다. 특히, 感兴趣(gǎn xìngqù 흥미가 있다), 满意(mǎnyì 만족하다), 着急(zháojí 조급해하다), 欢迎(huānyíng 환영하다)은 자주 출제되므로 꼭 기억하세요.

한눈에 파악하는 단어

긍정

- 放心 fàngxīn 안심하다
- 关心 guānxīn 관심이 있다
- 感兴趣 gǎn xìngqù 흥미가 있다, 관심이 있다
- 满意 mǎnyì 만족하다
- 相信 xiāngxìn 믿다
- 同意 tóngyì 동의하다
- 热情 rèqíng 친절하다, 열정적이다
- 欢迎 huānyíng 환영하다

부정

- 担心 dānxīn 걱정하다
- 害怕 hàipà 두려워하다, 무서워하다
- 哭 kū 울다
- 着急 zháojí 조급해하다, 서두르다
- 难过 nánguò 괴롭다, 슬프다
- 生气 shēngqì 화내다
- 小心 xiǎoxīn 조심하다
(≒注意 zhùyì 주의하다)

489 **爱好**
□
□
àihào

명 취미

他的爱好是打篮球。 빈출
Tā de àihào shì dǎ lánqiú.
그의 취미는 농구를 하는 것이다.

+ 篮球 lánqiú 명 농구

동 좋아하다

他爱好体育运动。
Tā àihào tǐyù yùndòng.
그는 스포츠를 좋아한다.

+ 体育 tǐyù 명 체육 | 运动 yùndòng 명 운동

490 **担心**★★
□
□
dānxīn

반의 放心 fàngxīn 안심하다
3급 ⋯▸ p.215

동 걱정하다

不要太担心。
Bú yào tài dānxīn.
너무 걱정하지 마.

491 **放心**★
□
□
fàngxīn

반의 担心 dānxīn 걱정하다
3급 ⋯▸ p.215

동 안심하다

放心吧，问题很快就会解决的。
Fàngxīn ba, wèntí hěn kuài jiù huì jiějué de.
안심해. 문제가 금방 해결될 거야.

+ 会 huì 조동 ~할 것이다 | 解决 jiějué 동 해결하다

492 **关心**★★
□
□
guānxīn

유의 感兴趣 gǎn xìngqù 흥미가 있다
3급 ⋯▸ p.216

동 관심이 있다

张老师很关心学生。
Zhāng lǎoshī hěn guānxīn xuésheng.
장 선생님은 학생들에 대해 매우 관심이 많다.

493 **小心** ★★

xiǎoxīn

유의 注意 zhùyì 주의하다
3급 ···› p.216

동 조심하다, 주의하다

雨天时，开车要特别小心。
Yǔ tiān shí, kāichē yào tèbié xiǎoxīn.
비가 올 때는 운전을 특히 조심해야 한다.

+ 开车 kāichē 동 운전하다 | 特别 tèbié 부 특별히, 매우

494 **注意** ★

zhùyì

유의 小心 xiǎoxīn 조심하다
3급 ···› p.216

동 주의하다, 신경 쓰다

호응 注意安全 안전에 주의하다 | 注意健康 건강에 주의하다

我以前没注意到习惯这么重要。
Wǒ yǐqián méi zhùyìdào xíguàn zhème zhòngyào.
나는 예전에는 습관이 이렇게 중요한지 인식하지 못했다.

+ 习惯 xíguàn 명 습관 | 重要 zhòngyào 형 중요하다

495 **感兴趣** ★★★

gǎn xìngqù

유의 关心 guānxīn 관심이 있다
3급 ···› p.215

흥미가 있다, 관심이 있다

호응 对…感兴趣 ~에 흥미를 느끼다

你对什么感兴趣呢？ 빈출
Nǐ duì shénme gǎn xìngqù ne?
너는 무엇에 대해서 흥미를 느끼니?

HSK 3급 출제 포인트

感兴趣(gǎn xìngqù)는 주로 [对…感兴趣] 형태로 쓰여 '~에 흥미를 느끼다'라는 의미를 나타냅니다. [对…不感兴趣]는 '~에 흥미를 느끼지 못하다'라는 의미입니다. 또한 感 대신에 有를 써서 有兴趣(yǒu xìngqù)로도 말할 수 있지만, 有感兴趣로 쓰지 않도록 주의하세요.

我对汉语感兴趣。
Wǒ duì Hànyǔ gǎn xìngqù.
나는 중국어에 흥미를 느낀다.

我对汉语不感兴趣。
Wǒ duì Hànyǔ bù gǎn xìngqù.
나는 중국어에 흥미를 느끼지 못한다.

496 **害怕**★
□
□
hàipà

동 두려워하다, 무서워하다

害怕下水就不能学会游泳。
Hàipà xià shuǐ jiù bù néng xuéhuì yóuyǒng.
물속에 들어가는 걸 무서워하면 수영을 배울 수 없다.

+ 学会 xuéhuì 동 ~하는 법을 배우다 | 游泳 yóuyǒng 명 수영

맛있는 한자 TIP 心(마음심)이 들어간 한자

心(마음심)은 심장의 심방과 심실의 모양을 본따 만들어진 글자로, 사람의 생각, 감정, 성격 등을 나타내는 글자에 들어갑니다. 心은 본래의 형태로 혹은 변형된 형태(忄)로도 표현된다는 것을 주의하세요.

- 想 xiǎng 생각하다
- 忘 wàng 잊다
- 忙 máng 바쁘다
- 害怕 hàipà 두려워하다
- 快乐 kuàilè 즐겁다

497 **满意**★★★
□
□
mǎnyì

반의 失望 shīwàng 실망하다 4급

형 만족스럽다

你对这个成绩满意吗? 빈출
Nǐ duì zhège chéngjì mǎnyì ma?
너는 이 성적에 대해서 만족하니?

+ 成绩 chéngjì 명 성적

동 만족하다, 마음에 들다

我很满意这个手表。
Wǒ hěn mǎnyì zhège shǒubiǎo.
나는 이 손목시계가 매우 마음에 든다.

+ 手表 shǒubiǎo 명 손목시계

HSK 3급 출제 포인트

满意(mǎnyì)는 HSK 3급 쓰기 제1부분 어순 배열 문제로 자주 출제됩니다. 주로 [주어+对+대상+很满意] 형태로 출제되므로, 이 문형을 꼭 암기하세요.

주어 대상
客人对**那里的服务**很满意。
Kèrén duì nàli de fúwù hěn mǎnyì.
손님은 그곳의 서비스에 대해서 매우 만족한다.

498 **难过**★★
□
□
nánguò

유의 伤心 shāngxīn 상심하다 4급
참고 哭 kū 울다 3급 ··· p.219

형 괴롭다, 슬프다

这件事让他很难过。
Zhè jiàn shì ràng tā hěn nánguò.
이 일은 그로 하여금 매우 괴롭게 했다.

+ 让 ràng 동 ~하게 하다

499 **奇怪**
□
□
qíguài

형 이상하다

那是一件很奇怪的事。
Nà shì yí jiàn hěn qíguài de shì.
그것은 이상한 일이다.

500 **热情**★★
□
□
rèqíng

형 친절하다, 열정적이다

服务员对人们很热情。
Fúwùyuán duì rénmen hěn rèqíng.
종업원은 사람들에게 매우 친절하다.

+ 服务员 fúwùyuán 명 종업원

명 열정

他对自己的工作很有热情。
Tā duì zìjǐ de gōngzuò hěn yǒu rèqíng.
그는 자신의 일에 대해서 매우 열정이 있다.

3급

DAY 08 DAY 09 DAY 10 DAY 11 DAY 12 **DAY 13** DAY 14 DAY 15

501 □□ **生气**★★

shēngqì

유의 发脾气 fā píqi 화내다

동 화내다

我听到这件事，心里很生气。
Wǒ tīngdào zhè jiàn shì, xīnli hěn shēngqì.
나는 이 일을 듣고 속으로 매우 화가 났다.

+ 心里 xīnli 명 마음속

맛있는 단어  이합사 生气

生气(shēngqì)는 단어 안에 목적어가 포함된 이합사로, 목적어를 취할 수가 없습니다. 그래서 아래 예문과 같은 형식으로 쓰입니다. HSK 4급에서는 유의어인 发脾气(fā píqi 화내다)와 관련되어 출제되므로 미리 알아두세요.

- 生我的气 shēng wǒ de qì 나 때문에 화가 나다
- 跟我生气 gēn wǒ shēngqì 나에게 화를 내다

502 □□ **哭**★

kū

반의 笑 xiào 웃다
2급 ···› p.62

참고 难过 nánguò 괴롭다, 슬프다
3급 ···› p.218

동 울다

他的眼睛哭红了。
Tā de yǎnjing kūhóng le.
그의 눈은 울어서 빨개졌다.

+ 眼睛 yǎnjing 명 눈

503 □□ **同意**

tóngyì

반의 反对 fǎnduì 반대하다
4급

동 동의하다

我同意他的话。
Wǒ tóngyì tā de huà.
나는 그의 말에 동의한다.

504 □ □ **相信** xiāngxìn

반의 怀疑 huáiyí 의심하다
4급

동 믿다

除了你以外，我还能相信谁呢？ 빈출
Chúle nǐ yǐwài, wǒ hái néng xiāngxìn shéi ne?
너 말고 내가 또 누굴 믿을 수 있겠니?

+ 除了…以外 chúle…yǐwài ~을 제외하고

505 □ □ **愿意** yuànyì

유의 想 xiǎng ~하고 싶다
1급 ···› p.65

동 원하다, 바라다

我想让他去，可他不愿意去。
Wǒ xiǎng ràng tā qù, kě tā bú yuànyì qù.
나는 그를 보내고 싶은데, 그는 가기를 원하지 않는다.

+ 让 ràng 동 ~하게 하다 | 可 kě 접 그러나

506 □ □ **着急**★★★ zháojí

반의 冷静 lěngjìng 침착하다
4급

동 조급해하다, 서두르다

别着急，慢慢儿来吧。 빈출
Bié zháojí, mànmānr lái ba.
서두르지 말고 천천히 해.

+ 慢慢儿 mànmānr 부 천천히 | 来 lái 동 하다(구체적인 동사를 대신함)

507 □ □ **打算**★★★ dǎsuan

유의 准备 zhǔnbèi 준비하다
2급 ···› p.126

동 ~할 계획이다

毕业后你打算做什么？
Bìyè hòu nǐ dǎsuan zuò shénme?
졸업 후에 너는 무엇을 할 계획이니?

+ 毕业 bìyè 동 졸업하다

명 계획

这个周日你有什么打算？
Zhège zhōurì nǐ yǒu shénme dǎsuan?
이번 주 일요일에 너는 무슨 계획이 있니?

+ 周日 zhōurì 명 일요일

508 **决定*** juédìng

동 결정하다

她决定跟男朋友结婚了。 빈출
Tā juédìng gēn nánpéngyou jiéhūn le.
그녀는 남자 친구와 결혼하기로 결정했다.

+ 结婚 jiéhūn 동 결혼하다

명 결정

호응 做决定 결정하다 | 下决定 결정을 내리다

他可能不同意这个决定。
Tā kěnéng bù tóngyì zhège juédìng.
그는 아마 이 결정에 동의하지 않을 것이다.

+ 可能 kěnéng 부 아마 | 同意 tóngyì 동 동의하다

509 **欢迎*** huānyíng

동 환영하다

欢迎下次再来！
Huānyíng xià cì zài lái!
다음에 또 오실 것을 환영합니다!

명 환영

호응 受欢迎 환영을 받다

她的歌非常受欢迎。
Tā de gē fēicháng shòu huānyíng.
그녀의 노래는 매우 인기 있다.

+ 受欢迎 shòu huānyíng 환영을 받다, 인기 있다

510 **了解*** liǎojiě

유의 理解 lǐjiě 이해하다 4급
明白 míngbai 이해하다, 알다 3급 ··· p.157

동 이해하다, 잘 알다, 알아보다

如果你不太了解一个人，就不要随便说他。
Rúguǒ nǐ bú tài liǎojiě yí ge rén, jiù bú yào suíbiàn shuō tā.
만일 당신이 한 사람에 대해서 잘 모르면, 함부로 그에 대해서 말하지 마세요.

+ 如果 rúguǒ 접 만약, 만일 | 随便 suíbiàn 부 마음대로, 함부로

511 **清楚★**

qīngchu

유의 明白 míngbai 이해하다
3급 ⋯→ p.157
知道 zhīdào 잘 알다
2급 ⋯→ p.127

형 분명하다, 뚜렷하다

黑板上清楚地写着我的名字。
Hēibǎnshang qīngchu de xiězhe wǒ de míngzi.
칠판에는 내 이름이 명확하게 적혀 있다.

+ 黑板 hēibǎn 명 칠판 | 名字 míngzi 명 이름

동 이해하다, 잘 알다

我们应该清楚自己想做什么。
Wǒmen yīnggāi qīngchu zìjǐ xiǎng zuò shénme.
우리는 자신이 무엇을 하고 싶은지 잘 알아야 한다.

+ 应该 yīnggāi 조동 마땅히 ~해야 한다

HSK 3급 출제 포인트

清楚(qīngchu)는 형용사로서 '뚜렷하다'의 의미로도 자주 출제되지만, 동사로서 '잘 알다(知道 zhīdào)', '이해하다(明白 míngbai)'의 의미로도 많이 출제되고 있습니다. 독해 제2부분 빈칸 채우기 문제에서 빈칸 뒤에 목적어가 있고 의미상으로 '~을 이해하다/알다'라고 해석될 경우 清楚가 올 수 있음을 기억하세요.

술어(동사) 목적어
我不清楚你的意思。
Wǒ bù qīngchu nǐ de yìsi.
나는 너의 뜻을 이해하지 못하겠어.

512 **认为★★★**

rènwéi

참고 以为 yǐwéi
~라고 (잘못) 여기다
4급

동 ~라고 여기다

我认为他的话是对的。
Wǒ rènwéi tā de huà shì duì de.
나는 그의 말이 옳다고 생각한다.

+ 对 duì 형 옳다, 맞다

513 **舒服**★★★

shūfu

반의 难受 nánshòu 괴롭다, 불편하다 4급

형 편안하다

호응 身体不舒服 몸이 불편하다 | 心里不舒服 마음이 불편하다

身体不舒服，心情也容易变得不好。
Shēntǐ bù shūfu, xīnqíng yě róngyì biàn de bù hǎo.
몸이 안 좋으면 기분도 안 좋아지기 쉽다.

+ 心情 xīnqíng 명 기분 | 容易 róngyì 형 ~하기 쉽다

514 **要求**

yāoqiú

명 요구

老师对学生要求很高。
Lǎoshī duì xuésheng yāoqiú hěn gāo.
선생님은 학생에 대해 요구가 매우 높다.

동 요구하다

经理要求我今天做完这个工作。
Jīnglǐ yāoqiú wǒ jīntiān zuòwán zhège gōngzuò.
사장은 나에게 오늘 이 일을 끝낼 것을 요구했다.

+ 经理 jīnglǐ 명 사장

515 **需要**★★★

xūyào

동 필요하다

호응 需要时间 시간이 필요하다 | 需要朋友 친구가 필요하다 | 需要钱 돈이 필요하다

人人都需要别人的帮助。 빈출
Rénrén dōu xūyào biéren de bāngzhù.
모든 사람은 다른 사람의 도움을 필요로 한다.

+ 别人 biéren 대 다른 사람 | 帮助 bāngzhù 명 도움

516 **多么**

duōme

참고 怎么 zěnme 어떻게 1급 ⋯ p.72
这么 zhème 이렇게

부 얼마나

你知道我多么爱你吧？
Nǐ zhīdào wǒ duōme ài nǐ ba?
내가 너를 얼마나 사랑하는지 알지?

+ 知道 zhīdào 동 알다 | 爱 ài 동 사랑하다

517 □ □ **一定**★★★

yídìng

유의 必须 bìxū 반드시
3급 ··· p.260

부 반드시(의무), 틀림없이(추측)

호응 一定要… 반드시 ~해야 한다(의무) | 一定会… 틀림없이 ~할 것이다(추측)

我决定今年一定要去旅游。 빈출
Wǒ juédìng jīnnián yídìng yào qù lǚyóu.
나는 올해 반드시 여행가기로 결정했다.

+决定 juédìng 동 결정하다 | 旅游 lǚyóu 동 여행하다

형 일정한, 어느 정도의

天气可以给人的心情一定的影响。
Tiānqì kěyǐ gěi rén de xīnqíng yídìng de yǐngxiǎng.
날씨는 사람의 기분에 일정한 영향을 줄 수 있다.

+天气 tiānqì 명 날씨 | 心情 xīnqíng 명 기분 | 影响 yǐngxiǎng 명 영향

HSK 3급 출제 포인트

[不一定…]은 '반드시 ~인 것은 아니다'라는 뜻으로 부분 부정을 나타냅니다. HSK 3~6급에 모두 출제되는 단어이므로 반드시 기억해 두세요.

钱多不一定幸福。
Qián duō bù yídìng xìngfú.
돈이 많다고 꼭 행복한 것은 아니다.

努力了不一定能成功。 빈출
Nǔlìle bù yídìng néng chénggōng.
노력했다고 꼭 성공할 수 있는 것은 아니다.

518 □ □ **更**

gèng

부 더, 더욱

比起日本来，我对中国更感兴趣。
Bǐqǐ Rìběn lái, wǒ duì Zhōngguó gèng gǎn xìngqù.
일본에 비해, 나는 중국에 대해서 더욱 흥미를 느낀다.

+比起…来 bǐqǐ…lái ~에 비해서 | 感兴趣 gǎn xìngqù 흥미를 느끼다

519 **极**
jí

부 극히

这个歌，我觉得是极好的。
Zhège gē, wǒ juéde shì jí hǎo de.
이 노래는 나는 더할 나위 없이 좋다고 느껴져.

명 (지구의 남·북) 극

北极和南极特别冷。
Běijí hé Nánjí tèbié lěng.
북극과 남극은 매우 춥다.

+ 北极 Běijí 명 북극 | 南极 Nánjí 명 남극 | 特别 tèbié 부 특히, 매우

맛있는 단어 TIP 정도보어 极了

…极了(…jí le)는 형용사나 심리동사 뒤에서 정도가 극에 달했음을 나타내는 정도보어입니다.

- 高兴极了 gāoxìng jí le 기쁘기 그지없다
- 热极了 rè jí le 극히 덥다

520 **为**
wèi

참고 为什么 wèishénme 왜
2급 ⋯ p.72

개 ~을 위하여

我能为你做点事，心里很高兴。
Wǒ néng wèi nǐ zuò diǎn shì, xīnli hěn gāoxìng.
내가 널 위해 뭔가를 좀 할 수 있어서 마음이 기쁘다.

+ 心里 xīnli 명 마음 | 高兴 gāoxìng 형 기쁘다

개 ~때문에

你别为我担心，我会照顾好自己的。
Nǐ bié wèi wǒ dānxīn, wǒ huì zhàogùhǎo zìjǐ de.
나 때문에 걱정하지 마세요. 제 몸은 제가 잘 챙길게요.

+ 担心 dānxīn 동 걱정하다 | 照顾 zhàogù 동 돌보다

521 **为了**

wèile

개 ~하기 위하여

为了学好汉语，我经常找中国人聊天。
Wèile xuéhǎo Hànyǔ, wǒ jīngcháng zhǎo Zhōngguórén liáotiān.
중국어를 잘하기 위해 나는 자주 중국인을 찾아서 이야기한다.

+ 经常 jīngcháng 부 자주 | 找 zhǎo 동 찾다 | 聊天 liáotiān 동 이야기를 나누다

522 **当然*****

dāngrán

부 당연히

我们是朋友，我当然要帮你。
Wǒmen shì péngyou, wǒ dāngrán yào bāng nǐ.
우린 친구잖아. 내가 당연히 널 도와야지.

+ 帮 bāng 동 돕다

형 당연하다

那当然了。
Nà dāngrán le.
그거야 당연하지.

523 **特别****

tèbié

유의 很 hěn 매우 1급 ··· p.41
非常 fēicháng 매우 2급 ··· p.41
十分 shífēn 매우 4급

형 특별하다

这个小孩子很特别。
Zhège xiǎoháizi hěn tèbié.
이 아이는 매우 특별하다.

+ 小孩子 xiǎoháizi 명 아이

부 특별히, 매우

호응 特别害怕 특히 두려워하다 | 特别奇怪 특히 이상하다

这句话让我特别生气。 빈출
Zhè jù huà ràng wǒ tèbié shēngqì.
이 말은 나를 매우 화나게 했다.

+ 句 jù 양 마디 | 生气 shēngqì 동 화내다

HSK 3급 출제 포인트

[特别是+일부]는 전체 중 일부를 강조할 때 씁니다. 이때 是(shì)를 함께 써야 합니다. 特别是 뒤에는 정답의 힌트가 제시된다는 것을 기억하세요.

…，但是长时间对着电脑，对人们的身体，
…, dànshì cháng shíjiān duìzhe diànnǎo, duì rénmen de shēntǐ,

힌트(→눈에 좋지 않음)
特别是眼睛影响很大。
tèbié shì yǎnjing yǐngxiǎng hěn dà.
…, 하지만 장시간 컴퓨터를 마주하면 사람들의 신체, 특히 눈에 영향이 매우 크다.

524 **越**★★★
□
□
yuè

부 ~할수록 ~하다

考试越来越近，我越来越担心。
Kǎoshì yuè lái yuè jìn, wǒ yuè lái yuè dānxīn.
시험은 갈수록 가까워오고, 나는 갈수록 걱정되었다.

+ 越来越 yuè lái yuè 갈수록 | 担心 dānxīn 동 걱정하다

맛있는 단어 TIP 항상 함께 쓰이는 越

越(yuè)는 하나만 쓰지 않고 항상 두 개로 씁니다. 위의 예문처럼 越来越(yuè lái yuè)나 越…越…(yuè…yuè…)의 형태로만 쓴다는 것에 주의하세요.

① [越来越+형용사/심리동사] : 갈수록 ~하다

天气越来越热。
Tiānqì yuè lái yuè rè.
날씨가 갈수록 덥다.

② [越…越…] : ~할수록 ~하다

我越想越生气。
Wǒ yuè xiǎng yuè shēngqì.
나는 생각할수록 화가 났다.

525 □ □ **其实**★★★
qíshí

부 사실

其实我也很高兴。
Qíshí wǒ yě hěn gāoxìng.
사실은 나도 매우 기쁘다.

+ 也 yě 부 역시, 또한 | 高兴 gāoxìng 형 기쁘다

HSK 3급 출제 포인트

其实(qíshí) 뒤에 중요한 내용이 나오기 때문에 독해 지문에서 其实 뒷부분에 집중하면 정답을 빠르게 찾을 수 있습니다. 아울러 가장 많이 출제되는 문장 구조는 [잘못된 사실+其实+반박(주제)]이라는 것도 알아두세요.

잘못된 사실 / 반박(주제)
大家都说小李比我大一岁，其实他只比我大一个月，…
Dàjiā dōu shuō Xiǎo Lǐ bǐ wǒ dà yí suì, qíshí tā zhǐ bǐ wǒ dà yí ge yuè,…
모두 샤오리가 나보다 한 살이 더 많다고 말하는데, 사실 그는 나보다 겨우 1개월이 많을 뿐이다. …

526 □ □ **不但A，而且B**
búdàn A, érqiě B

유의 不仅A，而且B
bùjǐn A, érqiě B
A일 뿐만 아니라 게다가 B 하다

A일 뿐만 아니라 게다가 B 하다

不但学生生气，而且老师也生气。
Búdàn xuésheng shēngqì, érqiě lǎoshī yě shēngqì.
학생이 화났을 뿐 아니라 게다가 선생님도 화가 났다.

+ 生气 shēngqì 동 화내다 | 也 yě 부 역시, 또한

HSK 3급 출제 포인트

HSK 3급 독해 영역에서 해석을 빨리 하기 위해서는 한 문장의 전체 구조를 잘 파악해야 합니다. 만일 접속사 不但(búdàn)이 있다면 뒷부분에 而且(érqiě)를 찾아서 'A일 뿐만 아니라 게다가/또한 B 하다'라고 해석할 수 있어야 합니다. 而且 대신에 还(hái)나 也(yě)도 올 수 있습니다.

527 **啊**

a

조 문장 끝에 쓰여 긍정, 의문, 감탄 등을 나타냄

天啊！那应该怎么办啊？
Tiān a! Nà yīnggāi zěnme bàn a?
맙소사, 그럼 어떡해야 하는 거죠?

+ 应该 yīnggāi 조동 마땅히 ~해야 한나

DAY 13 확인 √ 테스트

1 빈칸을 채우세요.

❶	kū	울다
满意	❷	만족하다
❸	xiǎoxīn	조심하다
热情	rèqíng	❹
相信	❺	믿다

2 단어의 병음과 뜻을 알맞게 연결하세요.

❶ 同意 •	• ㉠ tóngyì •	• ⓐ 동의하다
❷ 难过 •	• ㉡ dǎsuan •	• ⓑ 흥미가 있다
❸ 打算 •	• ㉢ gǎn xìngqù •	• ⓒ ~할 계획이다
❹ 感兴趣 •	• ㉣ nánguò •	• ⓓ 괴롭다, 슬프다

3 빈칸에 들어갈 알맞은 단어를 쓰세요.

❶ 你知道我______(duōme)爱你吧? 내가 너를 **얼마나** 사랑하는지 알지?

❷ 我决定今年______(yídìng)要去旅游。나는 올해 **반드시** 여행가기로 결정했다.

❸ 她的歌非常受______(huānyíng)。그녀의 노래는 매우 **인기 있다**.

❹ 别______(zháojí)，慢慢儿来吧。**서두르지** 말고 천천히 해.

도전! HSK 3급 **독해** 제2부분

4 빈칸에 들어갈 알맞은 단어를 고르세요.

A 一定　　B 担心　　C 需要　　D 要求

❶ 他越来越(　　　　)。

빈출 ❷ 老人的话不(　　　　)都对。

❸ 每个人都(　　　　)别人的帮助。

빈출 ❹ 我爸爸对自己(　　　　)非常高。

도전! HSK 3급 **쓰기** 제2부분

5 빈칸에 들어갈 알맞은 한자를 쓰세요.

❶ 这件事情太(qí)怪了，让人很难相信。

❷ 今天身体不舒(fu)，所以早点儿下班了。

빈출 ❸ 我相(xìn)自己以后会画得更好。

빈출 ❹ 我对这个地方很(mǎn)意。

❺ 下车时，(zhù)意安全。

요즘은 워라밸이 대세
_여가와 일상

HSK 3급에 이 단어가 나온다!

여가 활동과 관련해서 比赛(bǐsài 경기), 护照(hùzhào 여권), 照片(zhàopiàn 사진) 등이 자주 출제되고 있으며, 일상생활과 관련하여 打扫(dǎsǎo 청소하다), 空调(kōngtiáo 에어컨), 礼物(lǐwù 선물) 등이 꾸준히 출제되고 있습니다.

한눈에 파악하는 단어

여가&일상

- 打扫 dǎsǎo 청소하다
- 见面 jiànmiàn 만나다
- 聊天 liáotiān 잡담하다, 이야기를 나누다
- 新闻 xīnwén 뉴스
- 故事 gùshi 이야기
- 节目 jiémù 프로그램
- 音乐 yīnyuè 음악
- 游戏 yóuxì 게임
- 比赛 bǐsài 시합, 경기
- 参加 cānjiā 참가하다

여행&날씨

- 太阳 tàiyáng 태양
- 月亮 yuèliang 달
- 伞 sǎn 우산
- 刮风 guāfēng 바람이 불다
- 变化 biànhuà 변화하다
- 空调 kōngtiáo 에어컨
- 护照 hùzhào 여권
- 照片 zhàopiàn 사진
- 照相机 zhàoxiàngjī 카메라

528 □□ **上网** shàngwǎng

동 인터넷에 접속하다

호응 上网聊天 인터넷에 접속하여 채팅하다

咖啡馆一般都可以上网。
Kāfēiguǎn yìbān dōu kěyǐ shàngwǎng.
커피숍은 일반적으로 모두 인터넷을 할 수 있다.

+ 咖啡馆 kāfēiguǎn 명 커피숍, 카페 | 一般 yìbān 부 보통, 일반적으로

529 □□ **电子邮件** diànzǐ yóujiàn

명 이메일, 전자 우편

호응 发电子邮件 이메일을 보내다

我在写电子邮件，马上就写完了。
Wǒ zài xiě diànzǐ yóujiàn, mǎshàng jiù xiěwán le.
나는 지금 이메일을 쓰고 있는데, 금방 끝난다.

+ 马上 mǎshàng 부 곧, 바로

530 □□ **文化**** wénhuà

명 문화

호응 了解文化 문화를 이해하다 | 历史和文化 역사와 문화

빈출

我对中国文化很感兴趣，所以经常看中国电影。
Wǒ duì Zhōngguó wénhuà hěn gǎn xìngqù, suǒyǐ jīngcháng kàn Zhōngguó diànyǐng.
나는 중국 문화에 대해 매우 흥미가 있어서 자주 중국 영화를 본다.

+ 感兴趣 gǎn xìngqù 흥미를 느끼다 | 经常 jīngcháng 부 자주

531 □□ **节日** jiérì

참고 节目 jiémù 프로그램 3급 ··· p.236

명 명절

호응 过节(日) 명절을 보내다

春节是中国最重要的节日。
Chūnjié shì Zhōngguó zuì zhòngyào de jiérì.
춘절은 중국의 가장 중요한 명절이다.

+ 春节 Chūnjié 명 춘절 | 重要 zhòngyào 형 중요하다

532 **打扫**★★
□
□
dǎsǎo

참고 收拾 shōushi 정리하다 4급
整理 zhěnglǐ 정리하다 4급

동 청소하다

호응 打扫房间 방을 청소하다 | 打扫教室 교실을 청소하다 | 打扫干净 깨끗이 청소하다

妈妈把房间打扫干净了。 빈출
Māma bǎ fángjiān dǎsǎo gānjìng le.
엄마는 방을 깨끗이 청소했다.

+ 房间 fángjiān 명 방 | 干净 gānjìng 형 깨끗하다

HSK 3급 출제 포인트

HSK 3급 쓰기 제1부분 어순 배열 문제에서 把, 打扫, 干净이 제시된다면 [把…打扫干净]의 어순으로 배열해야 합니다. 把자문에서 동사는 단독으로 오지 못하고 동사 뒤에 기타 성분이 있어야 하기 때문입니다.

주어+把+목적어+동사+기타 성분

同学们已经把教室干净打扫了。(X)

→ 同学们已经把教室打扫干净了。(O)
Tóngxuémen yǐjīng bǎ jiàoshì dǎsǎo gānjìng le.
급우들이 이미 교실을 깨끗이 청소해 놓았다.

533 **聊天**★★
□
□
liáotiān

동 잡담하다, 이야기를 나누다

호응 网上聊天 온라인 채팅 | 跟…聊天 ~와 이야기하다

一般来说，女人更喜欢聊天。
Yìbān lái shuō, nǚrén gèng xǐhuan liáotiān.
일반적으로 여자가 담소를 나누는 것을 더욱 좋아한다.

534 **见面**★★
□
□
jiànmiàn

동 만나다

我们在哪儿见面?
Wǒmen zài nǎr jiànmiàn?
우리 어디에서 만날까?

맛있는 단어 TIP 이합사 见面

见面(jiànmiàn)은 이합사로, 목적어를 취할 수 없기 때문에 아래와 같이 두 가지 형식으로 사용됨에 주의하세요.

① [跟…见面] : ~와 만나다

我爸妈想跟你见面。
Wǒ bà mā xiǎng gēn nǐ jiànmiàn.
우리 아빠 엄마가 너를 만나고 싶어해.

② [见…(的)面] : ~와 만나다

我想见你最后一面。
Wǒ xiǎng jiàn nǐ zuìhòu yí miàn.
나는 너와 마지막으로 만나고 싶어.

535 **一边**★★
yìbiān

부 한편으로는 ~하고 또 한편으로는 ~하다

她们在一边喝咖啡一边聊天。 빈출
Tāmen zài yìbiān hē kāfēi yìbiān liáotiān.
그녀들은 커피를 마시면서 이야기를 나누고 있다.

+ 咖啡 kāfēi 명 커피 | 聊天 liáotiān 동 이야기를 나누다

HSK 3급 출제 포인트

一边은 아래 예문처럼 [一边…一边…(yìbiān…yìbiān…)]의 형태로 출제됩니다. 쓰기 제1부분에서 一边 뒤에는 모두 동사(구)를 놓아야 한다는 것을 기억하세요.

① 一边은 동시 혹은 교차 진행이 가능한 동작에 사용됩니다.

他一边看电视一边吃饭。
Tā yìbiān kàn diànshì yìbiān chīfàn.
그는 TV를 보면서 밥을 먹는다.

② 동사와 함께 쓰이며 형용사와는 쓸 수 없습니다. 형용사와 쓰일 때는 [既(又)…又…]로 써야 합니다.

她一边高兴一边生气。(X)

→ 她既高兴又生气。(O)
Tā jì gāoxìng yòu shēngqì.
그녀는 기쁘면서도 화가 났다.

536 **画**
□
□ huà

명 그림

他的画儿真美!
Tā de huàr zhēn měi!
그의 그림은 참 아름다워!

+美 měi 형 아름답다

동 (그림을) 그리다

호응 画画儿 그림을 그리다

她在公园画花草树木。
Tā zài gōngyuán huà huā cǎo shù mù.
그녀는 공원에서 화초와 나무를 그린다.

+公园 gōngyuán 명 공원

537 **新闻**
□
□ xīnwén

참고 报纸 bàozhǐ 신문
2급 ⋯ p.110

명 뉴스

爸爸每天都看新闻了解国家大小事。
Bàba měitiān dōu kàn xīnwén liǎojiě guójiā dà xiǎo shì.
아빠는 매일 뉴스를 보고 국가의 대소사를 이해한다.

+了解 liǎojiě 동 이해하다, 알다 | 国家 guójiā 명 국가, 나라

538 **故事**
□
□ gùshi

명 이야기

호응 爱情故事 러브 스토리(사랑 이야기) | 讲故事 이야기를 해주다

我以前听过这个故事。
Wǒ yǐqián tīngguo zhège gùshi.
나는 이전에 이 이야기를 들어본 적이 있다.

+以前 yǐqián 명 이전, 과거

539 **节目**★★
□
□ jiémù

참고 节日 jiérì 명절
3급 ⋯ p.233

명 프로그램

这个节目很受欢迎。빈출
Zhège jiémù hěn shòu huānyíng.
이 프로그램은 매우 인기 있다.

+受 shòu 동 받다 | 欢迎 huānyíng 동 환영하다

맛있는 단어 TIP 节日와 节目 비교

节日(jiérì 명절)와 节目(jiémù 프로그램)는 의미상으로는 전혀 공통점이 없지만 비슷하게 생겨서 혼동하기 쉬운 단어입니다. 节日의 '日(rì)'와 节目의 '目(mù)'를 구별해서 두 단어를 기억하세요.

• 节日 jiérì 명절 • 节目 jiémù 프로그램

540 □□ **音乐** yīnyuè

명 음악

我喜欢一边听音乐一边学习。
Wǒ xǐhuan yìbiān tīng yīnyuè yìbiān xuéxí.
나는 음악을 들으면서 공부하는 것을 좋아한다.

+ 一边…一边… yìbiān…yìbiān… ~하면서 ~하다

541 □□ **游戏*** yóuxì

명 게임, 놀이

호응 玩儿游戏 게임을 하다 | 电脑游戏 컴퓨터 게임

玩儿这个游戏需要三个人。
Wánr zhège yóuxì xūyào sān ge rén.
이 게임을 하는 데는 세 사람이 필요하다.

+ 玩儿 wánr 동 놀다 | 需要 xūyào 동 필요하다

542 □□ **比赛***** bǐsài

명 경기, 시합

호응 足球比赛 축구 경기 | 篮球比赛 농구 경기

比赛马上就要开始了。 빈출
Bǐsài mǎshàng jiùyào kāishǐ le.
시합이 곧 시작하려 한다.

+ 马上 mǎshàng 부 곧 |
就要…了 jiùyào…le 곧 ~하려 하다

543 □□ **参加*** cānjiā

동 참가하다

호응 参加考试 시험에 참가하다 | 参加比赛 시합에 참가하다

这次比赛你参加吗?
Zhè cì bǐsài nǐ cānjiā ma?
이번 경기에 너는 참가하니?

+次 cì 양 번, 회 | 比赛 bǐsài 명 경기, 시합

544 □□ **护照**** hùzhào

명 여권

호응 办护照 여권을 만들다 | 带护照 여권을 지니다 | 丢护照 여권을 잃어버리다

我的护照突然找不到了。
Wǒ de hùzhào tūrán zhǎo bu dào le.
내 여권을 갑자기 못 찾겠어.

+突然 tūrán 부 갑자기 | 找不到 zhǎo bu dào 찾을 수 없다

545 □□ **照片***** zhàopiàn

명 사진

这张照片照得真好! 빈출
Zhè zhāng zhàopiàn zhào de zhēn hǎo!
이 사진은 정말 잘 찍었어!

+张 zhāng 양 장[사진·종이 등을 세는 단위] | 照 zhào 동 사진을 찍다

546 □□ **照相机***** zhàoxiàngjī

명 사진기, 카메라(줄여서 相机라고도 함)

我的照相机被姐姐借走了。 빈출
Wǒ de zhàoxiàngjī bèi jiějie jièzǒu le.
내 사진기는 언니(누나)가 빌려갔다.

+被 bèi 개 ~에 의해 ~ 당하다 | 借 jiè 동 빌리다

547 **张** zhāng

양 장[종이, 책상 등 평평한 물건을 세는 단위]

这张照片是去年照的。 빈출
Zhè zhāng zhàopiàn shì qùnián zhào de.
이 사진은 작년에 찍은 것이다.

+ 照片 zhàopiàn 명 사진 | 去年 qùnián 명 작년 | 照 zhào 동 사진을 찍다

동 벌리다

医生让我张开嘴。
Yīshēng ràng wǒ zhāngkāi zuǐ.
의사는 나에게 입을 벌리라고 했다.

+ 嘴 zuǐ 명 입

548 **行李箱** xínglixiāng

명 트렁크, 여행용 가방

我的行李箱是黑色的。
Wǒ de xínglixiāng shì hēisè de.
내 트렁크는 검은색이야.

+ 黑色 hēisè 명 검은색

549 **刮风***** guāfēng

동 바람이 불다

这个地方的冬天经常刮风。 빈출
Zhège dìfang de dōngtiān jīngcháng guāfēng.
이곳의 겨울은 자주 바람이 분다.

+ 地方 dìfang 명 장소, 곳 | 冬天 dōngtiān 명 겨울 | 经常 jīngcháng 부 자주

550 **太阳*** tàiyáng

명 태양

太阳快要下山了。
Tàiyáng kuàiyào xiàshān le.
해가 곧 지려 한다.

+ 快要…了 kuàiyào…le 곧 ~하려 하다 | 下山 xiàshān 해가 지다

551 **月亮** □ □
yuèliang

명 달

今天的月亮真大！
Jīntiān de yuèliang zhēn dà!
오늘 달이 정말 크다!

552 **变化** □ □
biànhuà

명 변화

最近这个城市变化很大。
Zuìjìn zhège chéngshì biànhuà hěn dà.
최근 이 도시에는 변화가 매우 크다.

+ 最近 zuìjìn 명 최근 | 城市 chéngshì 명 도시

동 변화하다

这个世界已经开始变化了。
Zhège shìjiè yǐjīng kāishǐ biànhuà le.
이 세계는 이미 변화하기 시작했다.

553 **伞**★★ □ □
sǎn

명 우산(雨伞으로도 쓸 수 있음)

호응 带伞 우산을 지니다 | 打伞 우산을 쓰다

下午可能下雨，你出门时带伞吧。 빈출
Xiàwǔ kěnéng xiàyǔ, nǐ chūmén shí dài sǎn ba.
오후에 비가 올 수 있으니까, 나갈 때 우산을 챙겨.

+ 可能 kěnéng 부 아마도 |
出门 chūmén 동 외출하다 | 带 dài 동 지니다

554 **空调**★★★ □ □
kōngtiáo

명 에어컨

호응 开空调 에어컨을 켜다 | 关空调 에어컨을 끄다

天气太热了，我们开空调吧。
Tiānqì tài rè le, wǒmen kāi kōngtiáo bā.
날씨가 너무 더워, 우리 에어컨을 켜자.

+ 天气 tiānqì 명 날씨 | 热 rè 형 덥다 |
开 kāi 동 (기기를) 켜다

555 **旧**

jiù

반의 新 xīn 새롭다
2급 ··· p.51

형 오래되다

空调太旧了，声音也很大。
Kōngtiáo tài jiù le, shēngyīn yě hěn dà.
에어컨이 너무 오래돼서 소리도 매우 크다.

+声音 shēngyīn 명 소리

556 **坏**★★★

huài

반의 好 hǎo 좋다
1급 ··· p.44

형 나쁘다

我不是坏人，你相信我吧。
Wǒ bú shì huàirén, nǐ xiāngxìn wǒ ba.
난 나쁜 사람이 아니에요, 절 믿으세요.

+坏人 huàirén 명 나쁜 사람 | 相信 xiāngxìn 동 믿다

동 고장 나다

空调又坏了，这次真得买新的了。 빈출
Kōngtiáo yòu huài le, zhè cì zhēn děi mǎi xīn de le.
에어컨이 또 고장 났어. 이번에는 진짜 새 걸로 사야겠어.

+空调 kōngtiáo 명 에어컨 | 真得 zhēn děi 정말 ~해야 한다

동 (음식 등이) 상하다

苹果都坏了。
Píngguǒ dōu huài le.
사과가 다 상했다.

557 **礼物**★★

lǐwù

명 선물

호응 准备礼物 선물을 준비하다 | 带礼物 선물을 챙기다 | 送礼物 선물을 주다 | 生日礼物 생일 선물

这是我送你的礼物，你看看喜欢不喜欢？
Zhè shì wǒ sòng nǐ de lǐwù, nǐ kànkan xǐhuan bu xǐhuan?
이건 네게 주는 선물이야. 마음에 드는지 볼래?

+送 sòng 동 선물하다

558 **声音**
shēngyīn

명 소리

空调的声音太大了，影响休息。
Kōngtiáo de shēngyīn tài dà le, yǐngxiǎng xiūxi.
에어컨 소리가 너무 커서, 휴식에 영향을 준다.

+ 空调 kōngtiáo 명 에어컨 | 影响 yǐngxiǎng 동 영향을 주다 | 休息 xiūxi 동 쉬다, 휴식하다

559 **像***
xiàng

동 비슷하다, 닮다

照片上的你不像你。
Zhàopiànshang de nǐ bú xiàng nǐ.
사진 속에 너는 널 닮지 않았어.

+ 照片 zhàopiàn 명 사진

560 **一样**
yíyàng

형 같다

호응 A和B一样 A와 B는 같다 | A和B不一样 A와 B는 다르다

我和你一样，很喜欢旅游。
Wǒ hé nǐ yíyàng, hěn xǐhuan lǚyóu.
나는 너와 마찬가지로 여행을 좋아한다.

+ 旅游 lǚyóu 동 여행하다

561 **一般**
yìbān

부 일반적으로

周日你一般做什么？
Zhōurì nǐ yìbān zuò shénme?
일요일에 너는 보통 뭐 해?

+ 周日 zhōurì 명 일요일

형 보통이다, 일반적이다

这个电影很一般。
Zhège diànyǐng hěn yìbān.
이 영화는 보통이다.

562 **只**
□
□
zhǐ

참고 只 zhī 마리
3급 ··· p.147

부 단지, 오로지

打网球只是我的爱好。
Dǎ wǎngqiú zhǐ shì wǒ de àihào.
테니스 치는 것은 단지 나의 취미이다.

+ 打网球 dǎ wǎngqiú 테니스를 치다 |
爱好 àihào 명 취미

563 **除了**
□
□
chúle

개 ~을 제외하고, ~말고

호응 除了A(以外)，还B A를 제외하고 또한 B이다

他除了打篮球，还喜欢踢足球。
Tā chúle dǎ lánqiú, hái xǐhuan tī zúqiú.
그는 농구하는 것 말고 또 축구하는 것도 좋아한다.

+ 打篮球 dǎ lánqiú 농구하다 |
踢足球 tī zúqiú 축구하다

HSK 3급 출제 포인트

HSK 3급 독해 제2부분 빈칸 채우기 문제에서 보기 중에 除了(chúle)가 있고 빈칸 뒤쪽에 以外(yǐwài)나 还(hái)가 있다면 除了를 정답으로 고르면 됩니다.

我除了中国以外，还去过美国和日本。
Wǒ chúle Zhōngguó yǐwài, hái qùguo Měiguó hé Rìběn.
나는 중국 외에도 미국과 일본도 가보았다.

DAY 14 확인 √ 테스트

동영상 강의

1 빈칸을 채우세요.

❶	bǐsài	경기, 시합
❷	cānjiā	참가하다
空调	❸	에어컨
新闻	xīnwén	❹
节目	jiémù	❺

2 단어의 병음과 뜻을 알맞게 연결하세요.

❶ 月亮 •	• ㉠ jiù •	• ⓐ 나쁘다, 고장 나다
❷ 变化 •	• ㉡ huài •	• ⓑ 변화
❸ 旧 •	• ㉢ biànhuà •	• ⓒ 달
❹ 坏 •	• ㉣ yuèliang •	• ⓓ 오래되다

3 빈칸에 들어갈 알맞은 단어를 쓰세요.

shēngyīn

❶ 空调的__________太大了，影响休息。

에어컨 **소리**가 너무 커서, 휴식에 영향을 준다.

lǐwù

❷ 这是我送你的__________，你看看喜欢不喜欢?

이건 네게 주는 **선물**이야. 마음에 드는지 볼래?

hùzhào

❸ 我的__________突然找不到了。내 **여권**을 갑자기 못 찾겠어.

zhàoxiàngjī

❹ 我的__________被姐姐借走了。내 **사진기**는 언니(누나)가 빌려갔다.

도전! HSK 3급 **독해** 제2부분

4 빈칸에 들어갈 알맞은 단어를 고르세요.

A 音乐　　B 文化　　C 打扫　　D 旧

❶ 我喜欢一边听(　　　　)一边学习。

빈출 ❷ 妈妈把房间(　　　　)干净了。

❸ 我对中国(　　　　)很感兴趣。

❹ 爸，我家的空调太(　　　　)了，声音也很大，该换了啊。

도전! HSK 3급 **쓰기** 제2부분

5 빈칸에 들어갈 알맞은 한자를 쓰세요.

❶ 咖啡馆一般都可以上(　wǎng　)。

❷ 我在写电子邮(　jiàn　)，马上就写完了。

❸ 春节是中国最重要的(　jié　)日。

❹ 他们一边喝茶一边(　liáo　)天。

빈출 ❺ 我以前听过这个故(　shi　)。

쇼핑 중독을 조심하세요 _쇼핑과 행위

HSK 3급에 이 단어가 나온다!

쇼핑에서는 주로 裤子(kùzi 바지), 裙子(qúnzi 치마), 衬衫(chènshān 셔츠), 皮鞋(píxié 구두)가 자주 출제됩니다. 条(tiáo)가 바지와 치마의 양사로 사용되고, 双(shuāng)이 구두의 양사로 사용된다는 것을 주의하세요. 중국의 화폐 단위는 元/块(yuán, kuài 위안)이며, 花(huā)는 '꽃'이라는 뜻 이외에 동사로 '(돈이나 시간을) 쓰다'라는 뜻도 있다는 것을 꼭 기억하세요.

한눈에 파악하는 단어

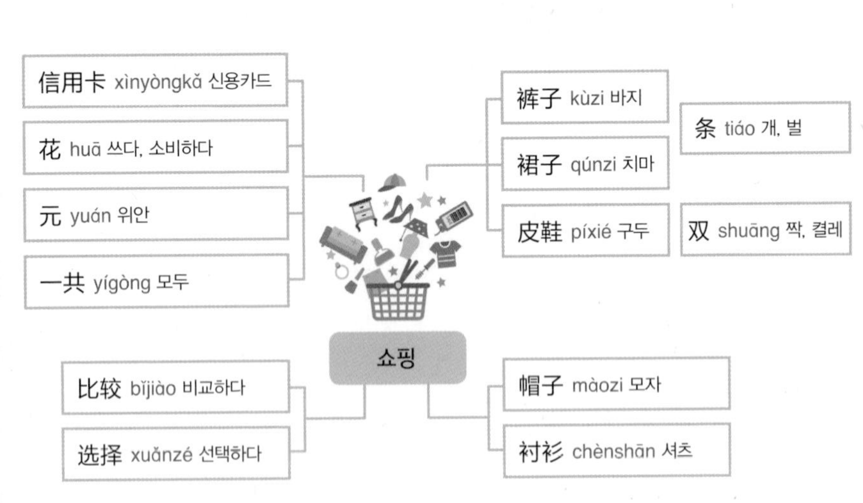

564 **信用卡**
xìnyòngkǎ

명 신용카드

호응 刷信用卡 신용카드로 결제하다

我的信用卡找不到了。
Wǒ de xìnyòngkǎ zhǎo bu dào le.
내 신용카드를 못 찾겠어.

+找不到 zhǎo bu dào 찾을 수 없다

565 **裤子**★★
kùzi

명 바지

这条裤子非常合身。
Zhè tiáo kùzi fēicháng héshēn.
이 바지는 매우 몸에 잘 맞다.

+条 tiáo 양 바지나 치마를 세는 단위 | 合身 héshēn 몸에 맞다

566 **裙子**★★
qúnzi

명 치마

这条裙子真漂亮!
Zhè tiáo qúnzi zhēn piàoliang!
이 치마는 참 예쁘다!

567 **衬衫**★
chènshān

명 셔츠, 와이셔츠

호응 买衬衫 셔츠를 사다 | 穿衬衫 셔츠를 입다 | 洗衬衫 셔츠를 빨다

这件衬衫有点儿贵。
Zhè jiàn chènshān yǒudiǎnr guì.
이 셔츠는 좀 비싸다.

+件 jiàn 양 벌[옷을 세는 단위] | 贵 guì 형 비싸다

맛있는 한자 TIP 衤이 들어간 단어

옷의변(衤)은 衣가 변형된 형태로 衤이 들어가면 옷과 관련된 뜻을 나타냅니다.

- 裤子 kùzi 바지
- 裙子 qúnzi 치마
- 衬衫 chènshān 셔츠

568 **条**★
☐
☐
tiáo

양 가늘고 긴 것을 세는 단위

호응 一条路 한 갈래의 길 | 一条河 한 줄기의 강

这位司机认识每条街道。
Zhè wèi sījī rènshi měi tiáo jiēdào.
이 운전기사는 모든 길을 다 안다.

+ 位 wèi 양 분[사람을 세는 단위] | 司机 sījī 명 운전기사 | 认识 rènshi 동 알다, 인식하다 | 街道 jiēdào 명 길, 거리

양 바지나 치마를 세는 단위

호응 一条裤子 한 벌의 바지

我买了一条漂亮的裙子。
Wǒ mǎile yì tiáo piàoliang de qúnzi.
나는 예쁜 치마 하나를 샀다.

+ 裙子 qúnzi 명 치마

양 동식물과 관련된 것을 세는 단위

这条鱼真大!
Zhè tiáo yú zhēn dà!
이 물고기는 참 크다!

+ 鱼 yú 명 생선, 물고기

569 **皮鞋**★★
☐
☐
píxié

참고 运动鞋 yùndòngxié 운동화

명 (가죽) 구두

这双皮鞋我很满意。
Zhè shuāng píxié wǒ hěn mǎnyì.
이 구두는 난 매우 마음에 든다.

+ 双 shuāng 양 쌍 | 满意 mǎnyì 형 마음에 들다, 만족스럽다

570 **帽子**
□
□
màozi

명 모자

请把那个帽子拿过来。 빈출
Qǐng bǎ nàge màozi ná guòlai.
저 모자를 좀 가져다주세요.

+ 拿 ná 동 (손으로) 쥐다, 가지다

571 **花**★★
□
□
huā

참고 花 huā 꽃
3급 ···› p.146

동 (돈, 시간을) 쓰다

호응 花钱 돈을 쓰다 | 花时间 시간을 들이다

她在衣服上花很多钱。 빈출
Tā zài yīfu shang huā hěn duō qián.
그녀는 옷에 많은 돈을 쓴다.

572 **一共**★★
□
□
yígòng

부 총, 모두

你一共花了多少钱? 빈출
Nǐ yígòng huāle duōshao qián?
너는 총 얼마를 썼어?

+ 花 huā 동 (돈을) 쓰다

맛있는 단어 TIP 一共과 都 비교

一共은 수를 합산할 때 사용하는 표현으로 '총, 모두'의 의미지만, 都(dōu)는 앞에서 말한 대상의 전체를 나타낼 때 사용합니다. 一共(yígòng)은 뒤에 항상 수량사가 온다는 것이 중요한 특징입니다.

① [주어+一共+합계 수량]

我这里一共有三万块。
Wǒ zhèli yígòng yǒu sān wàn kuài.
나한테 총 3만 위안이 있어

② [주어(복수 대상)+都+동사/형용사]

我和他都是学生。
Wǒ hé tā dōu shì xuésheng.
나와 그는 모두 학생이다.

573 **元**★★★
yuán

[동의] 块 kuài 위안
1급 ··· p.79

[양] 위안[중국의 화폐 단위]

这次旅游我一共花了一万元。
Zhè cì lǚyóu wǒ yígòng huāle yí wàn yuán.
이번 여행에서 나는 총 1만 위안을 썼다.

+ 旅游 lǚyóu [동] 여행하다 | 一共 yígòng [부] 총, 모두 | 花 huā [동] (돈을) 쓰다

574 **角**★
jiǎo

[양] 자오[1元의 1/10에 해당하는 중국의 화폐 단위로 문어(文語)에 쓰이며, 회화체에서는 毛(máo)라고 함]

一元是十角，一角是十分。
Yì yuán shì shí jiǎo, yì jiǎo shì shí fēn.
1위안은 10자오이고, 1자오는 10펀이다.

+ 元 yuán [양] 위안

맛있는 단어 TIP 중국의 화폐 단위

중국의 화폐 단위로는 元(yuán), 角(jiǎo), 分(fēn)이 있습니다. 元과 角는 문어체의 색채가 강하고, 块(kuài)와 毛(máo)는 회화체의 색채가 강합니다.

- 元(=块) yuán(=kuài) 1위안
- 角(=毛) jiǎo(=máo) 1/10위안
- 分 fēn 1/100위안

575 **万**
wàn

[수] 만, 10,000

这块手表一万块。 빈출
Zhè kuài shǒubiǎo yí wàn kuài.
이 손목시계는 1만 위안이다.

+ 块 kuài [양] 덩이[덩이로 된 물건을 세는 단위] | 手表 shǒubiǎo [명] 손목시계

576 **比较***
bǐjiào

부 비교적

这种椅子比较舒服。
Zhè zhǒng yǐzi bǐjiào shūfu.
이런 의자는 비교적 편하다.

+ 种 zhǒng 양 종류 | 椅子 yǐzi 명 의자 | 舒服 shūfu 형 편안하다

동 비교하다

你可以去别家比较一下。
Nǐ kěyǐ qù bié jiā bǐjiào yíxià.
너는 다른 가게에 가서 한번 비교해봐도 돼.

+ 别家 bié jiā 다른 집, 다른 가게

577 **试**
shì

참고 考试 kǎoshì 시험
2급 ··· p.120

동 시도하다

喜欢的话，你就穿上试试吧。
Xǐhuan de huà, nǐ jiù chuānshang shìshi ba.
마음에 들면 한번 입어봐.

+ 的话 de huà ~라면

578 **发现**
fāxiàn

동 발견하다

他发现了一个很奇怪的东西。
Tā fāxiànle yí ge hěn qíguài de dōngxi.
그는 한 이상한 물건을 발견했다.

+ 奇怪 qíguài 형 이상하다 | 东西 dōngxi 명 물건

579 **选择**
xuǎnzé

동 선택하다

호응 选择题 객관식 문제 | 选择工作 직업을 선택하다

我选择了中间的，他选择了最后的。
Wǒ xuǎnzéle zhōngjiān de, tā xuǎnzéle zuìhòu de.
나는 중간 것을 선택했고, 그는 마지막 것을 선택했다.

명 선택

这是最好的选择。
Zhè shì zuì hǎo de xuǎnzé.
이것은 최고의 선택이다.

580 □ □ 又
yòu

참고 再 zài 다시, 또
2급 ··· p.74

부 또, 다시

호응 又…又… ~하면서 또 ~하다

他去年来过，今年又来了。
Tā qùnián láiguo, jīnnián yòu lái le.
그는 작년에 왔었고, 올해도 왔다.

부 한편, 또한

这个苹果又大又甜。 빈출
Zhège píngguǒ yòu dà yòu tián.
이 사과는 크면서도 달다.

+ 又…又… yòu…yòu… ~하면서 또 ~하다 | 甜 tián 형 달다

맛있는 단어 TIP 再와 又의 비교

再(zài)와 又(yòu) 모두 동작의 반복을 나타냅니다. 하지만 再는 주로 미래의 일에, 又는 과거의 일에 씁니다.

这个电影我已经看过了，不想再看了。 (→ 又(X))
Zhège diànyǐng wǒ yǐjīng kànguo le, bù xiǎng zài kàn le.
나는 이 영화를 이미 봐서 다시 보고 싶지 않다.

他昨天来过，今天又来了。 (→ 再(X))
Tā zuótiān láiguo, jīntiān yòu lái le.
그는 어제 왔었고, 오늘 또 왔다.

581 **发**
□
□
fā

동 보내다, 발송하다

호응 发短信 문자 메시지를 보내다 | 发电子邮件 이메일을 보내다

他给我发了一条短信。
Tā gěi wǒ fāle yì tiáo duǎnxìn.
그는 나에게 한 통의 문자 메시지를 보냈다.

+ 给 gěi 개 ~에게 | 条 tiáo 양 통[문자 메시지를 세는 단위] | 短信 duǎnxìn 명 문자 메시지

582 **放**★★
□
□
fàng

동 놓다

我忘记把帽子放在哪儿了。 빈출
Wǒ wàngjì bǎ màozi fàngzài nǎr le.
나는 모자를 어디에 놔뒀는지 잊어버렸다.

+ 忘记 wàngjì 동 잊다 | 把 bǎ 개 ~을 | 帽子 màozi 명 모자 | 放在 fàngzài ~에 놓다

583 **把**★★★
□
□
bǎ

개 ~을

你把这些衣服放到行李箱里吧。 빈출
Nǐ bǎ zhèxiē yīfu fàngdào xínglixiāng li ba.
너는 이 옷들을 짐가방에 넣어.

+ 放到 fàngdào ~에 넣다 | 行李箱 xínglixiāng 명 짐가방, 트렁크

양 개[손잡이가 있는 물건을 세는 단위]

外面阴了，你还是带上一把伞吧。
Wàimian yīn le, nǐ háishi dàishang yì bǎ sǎn ba.
밖이 흐려졌어. 우산 하나 챙겨.

+ 阴 yīn 형 흐리다 | 还是 háishi 부 ~하는 편이 좋다 | 伞 sǎn 명 우산

584 **被**★★★
□
□ bèi

개 ~에게 ~을 당하다

相机被朋友借走了。 빈출
Xiàngjī bèi péngyou jièzǒu le.
친구가 사진기를 빌려갔다.

+ 相机 xiàngjī 명 사진기(≒照相机 zhàoxiàngjī) | 借 jiè 동 빌리다

맛있는 단어 TIP 被자문의 특징

被(bèi)자문은 '피동문'이라고도 부르며 '주어가 어떤 일을 당하다'라는 의미를 나타냅니다. 당하는 대상을 주어로 놓는 것이 가장 큰 특징이며, 把(bǎ)자문과 어순을 비교하여 이해하는 것이 좋습니다.

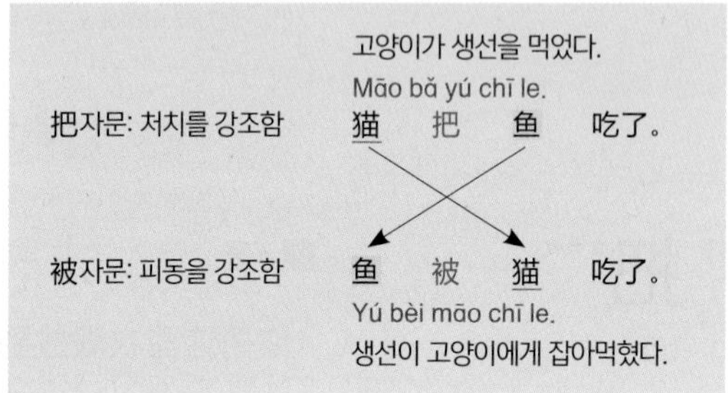

고양이가 생선을 먹었다.
Māo bǎ yú chī le.
把자문: 처치를 강조함 猫 把 鱼 吃了。
被자문: 피동을 강조함 鱼 被 猫 吃了。
Yú bèi māo chī le.
생선이 고양이에게 잡아먹혔다.

585 **关**
□
□ guān

반의 开 kāi
열다, (전기 제품을) 켜다
1급 ··· p.61

동 닫다

호응 关门 문을 닫다

太冷了，关一下门。
Tài lěng le, guān yíxià mén.
너무 추워, 문 좀 닫아줘.

동 (전기 제품을) 끄다

호응 关灯 불을 끄다 | 关机 (휴대폰, 컴퓨터 등의) 전원을 끄다 | 关空调 에어컨을 끄다

帮我关一下灯。
Bāng wǒ guān yíxià dēng.
불 좀 꺼줘.

+ 帮 bāng 동 돕다 | 灯 dēng 명 등

586 **过**

guò

참고 过 guo ~한 적이 있다
2급 ···› p.70

동 지나가다

那个站已经过了啊!
Nàge zhàn yǐjīng guò le a!
그 역은 이미 지났어요!

+ 站 zhàn 명 역, 정류장 | 已经 yǐjīng 부 이미, 벌써

동 보내다, 지내다

호응 过生日 생일을 보내다 | 过节日 명절을 보내다

我在中国过了二十岁生日。
Wǒ zài Zhōngguó guòle èrshí suì shēngrì.
나는 중국에서 스무 살 생일을 보냈다.

맛있는 단어 TIP 동태조사 过

동태조사 过는 동사 뒤에서 경성(guo)으로 읽고 '~한 적이 있다'라는 의미를 나타냅니다.

你去过云南吗? (过: 동태조사)
Nǐ qùguo Yúnnán ma?
너는 윈난성에 가본 적이 있어?

587 **借**★★

jiè

반의 还 huán 돌려주다
3급 ···› p.255

동 빌리다

你能借我点儿钱吗?
Nǐ néng jiè wǒ diǎnr qián ma?
너 나에게 돈을 좀 빌려줄 수 있어?

588 **还**★★

huán

반의 借 jiè 빌리다
3급 ···› p.255
참고 还 hái 아직, 여전히
2급 ···› p.105

동 돌려주다

호응 还钱 돈을 갚다 | 还书 책을 돌려주다 | 还相机 카메라를 돌려주다

我去图书馆还书。 빈출
Wǒ qù túshūguǎn huán shū.
나는 도서관에 책을 반납하러 간다.

+ 图书馆 túshūguǎn 명 도서관

HSK 3급 출제 포인트

还는 발음도 두 개인데다가 자주 쓰이는 뜻도 세 가지이므로 해석에 오류가 생기기 않도록 주의하세요. 还(hái)일 때는 부사로 '여전히, 아직도'와 '또한, 게다가'의 뜻이고, 还(huán)일 때는 동사로 '갚다, 돌려주다'라는 뜻인데 뒤에는 주로 명사 목적어가 옵니다.

还 hái	还 huán
부 여전히, 아직도/또한, 게다가	동 갚다, 돌려주다
她还没来。 Tā hái méi lái. 그녀는 아직 오지 않았다. 你还要点什么菜? Nǐ hái yào diǎn shénme cài? 너는 또 무슨 요리를 더 주문하려고?	下午我要去图书馆还书。 Xiàwǔ wǒ yào qù túshūguǎn huán shū. 오후에 나는 도서관에 책을 반납하러 가야 해.

589 **换**★★
□
□ huàn

동 바꾸다, 교환하다

호응 换钱 환전하다, 잔돈으로 바꾸다 | 换公司 회사를 옮기다 | 换电话号码 전화번호를 바꾸다

下午我去银行换钱，你去不去?
Xiàwǔ wǒ qù yínháng huànqián, nǐ qù bu qù?
오후에 나는 은행에 환전하러 가는데, 너 갈래?

+银行 yínháng 명 은행

590 **讲**
□
□ jiǎng

동 말하다, 이야기하다, 설명하다

爷爷讲的故事很有意思。 빈출
Yéye jiǎng de gùshi hěn yǒu yìsi.
할아버지가 해주는 이야기는 매우 재미있다.

+故事 gùshi 명 이야기 | 有意思 yǒu yìsi 재미있다

591 **拿**★★★
□
□ ná

동 (손으로) 쥐다, 가지다

请把菜单拿过来。 빈출
Qǐng bǎ càidān ná guòlai.
메뉴판을 가져다주세요.

+ 把 bǎ 개 ~을 | 菜单 càidān 명 메뉴, 식단, 차림표

맛있는 한자 TIP 手가 들어간 한자

手(손수)는 손을 내민 모양을 본따 만든 글자입니다. 手는 글자 그대로 아랫부분에 쓰이거나 扌으로 변형되어 쓰이기도 합니다. 손으로 들(拿 ná)거나 물건을 옮길(搬 bān) 때에도 手가 들어갑니다.

- 拿 ná 잡다, 쥐다
- 打 dǎ 때리다
- 搬 bān 옮기다

592 **用**
□
□ yòng

동 이용하다, 쓰다

这个铅笔快要用完了。
Zhège qiānbǐ kuàiyào yòngwán le.
이 연필은 곧 다 써간다.

+ 铅笔 qiānbǐ 명 연필 |
快要…了 kuàiyào…le 곧 ~하려 하다

명 쓸모, 소용

担心也没有用。
Dānxīn yě méiyǒu yòng.
걱정해도 소용없다.

+ 担心 dānxīn 동 걱정하다 | 也 yě 부 역시, 또한

593 **带**★★★

□
□

dài

동 (몸에) 지니다, 휴대하다

호응 带伞 우산을 지니다 | 带护照 여권을 지니다 | 带手机 휴대폰을 챙기다

我忘记带手机了。 빈출
Wǒ wàngjì dài shǒujī le.
나는 휴대폰 챙기는 것을 깜빡했어.

+ 忘记 wàngjì 동 잊다 | 手机 shǒujī 명 휴대폰

동 (사람을) 데리다

下午我要带孩子去医院。
Xiàwǔ wǒ yào dài háizi qù yīyuàn.
오후에 나는 아이를 데리고 병원에 가야 한다.

명 띠, 벨트

请系好安全带。
Qǐng jìhǎo ānquándài.
안전벨트를 매십시오.

+ 系 jì 동 매다, 묶다

594 **接**

□
□

jiē

반의 送 sòng 배웅하다 2급 ··· p.119

동 마중하다

호응 接客人 손님을 마중하다

下午我要去机场接客人。 빈출
Xiàwǔ wǒ yào qù jīchǎng jiē kèrén.
오후에 나는 손님을 마중하러 공항에 가야 한다.

+ 机场 jīchǎng 명 공항 | 客人 kèrén 명 손님

동 잇다, 연결하다

这本书你看完了，我接着看。
Zhè běn shū nǐ kànwán le, wǒ jiēzhe kàn.
이 책은 네가 다 보고 나면, 내가 이어서 볼게.

동 (손으로) 받다, 받아들이다

호응 接电话 전화를 받다

小王，接一下电话。
Xiǎo Wáng, jiē yíxià diànhuà.
샤오왕, 전화 좀 받아.

595 **搬**★★
□
□ bān

동 옮기다, 이사하다

호응 搬家 이사하다 | 搬东西 물건을 옮기다

下个星期我要搬家。 빈출
Xiàge xīngqī wǒ yào bānjiā.
다음 주에 나는 이사하려 한다.

596 **起来**★★★
□
□ qǐlái

동 일어나다

快起来，都10点了。
Kuài qǐlái, dōu shí diǎn le.
빨리 일어나. 벌써 10시야.

+都 dōu 부 이미, 벌써(=已经)

HSK 3급 출제 포인트

起来(qǐlai)가 방향보어가 되면 '시작과 지속'이나 '동작의 목적 달성'을 나타낼 수 있습니다. 특히 쓰기 제1부분 어순 배열에서 [V+了+起来] 어순에 따라 동사(V)와 起来 사이에 了가 들어갈 수 있음을 주의하세요.

- 哭起来。 울기 시작하다.(시작 후 지속)
  Kū qǐlai.
- 想起来。 생각나다.(목적 달성)
  Xiǎng qǐlai.
- 女儿害怕得哭了起来。 딸은 무서워서 울기 시작했다.
  Nǚ'ér hàipà de kūle qǐlai.

597 **必须**★★★

bìxū

유의 一定 yídìng 반드시
3급 ··· p.224

부 반드시

你必须做个身体检查。
Nǐ bìxū zuò ge shēntǐ jiǎnchá.
너는 반드시 신체검사를 받아야 한다.

+ 检查 jiǎnchá 동 검사하다

598 **经常**★★★

jīngcháng

부 자주

他经常去那儿吃饭。 

Tā jīngcháng qù nàr chīfàn.
그는 자주 거기에 가서 밥을 먹는다.

599 **地**

de

조 ~하게(형용사+地의 형식으로 뒤에 오는 동사, 형용사를 수식할 때 씀)

他很不满意地看了我一眼。
Tā hěn bù mǎnyì de kànle wǒ yì yǎn.
그는 매우 불만인 듯 나를 한 번 보았다.

+ 满意 mǎnyì 형 만족하다

맛있는 단어 TIP　　구조조사 삼총사 的, 地, 得

구조조사 삼총사 的, 地, 得는 모두 같은 발음(de)이지만 용법은 전혀 다릅니다. 쓰기 제1부분에서 [명/동/형+的] 형태로 제시되어 있다면 뒤에 명사를 놓고, [형용사+地] 형태로 제시되어 있다면 뒤에 동사를 놓아야 합니다.

① 的 : 앞의 수식어와 뒤에 오는 명사 피수식어를 연결함

(수식어: 便宜, 명사: 衣服)
便宜的衣服在哪儿? 저렴한 옷은 어디에 있나요?
Piányi de yīfu zài nǎr?

② 地 : 앞의 수식어가 뒤의 동사 피수식어를 연결함

(수식어: 高兴, 동사: 回家)
我高兴地回家了。 나는 즐겁게 집으로 돌아갔다.
Wǒ gāoxìng de huíjiā le.

③ 得 : 앞의 동사나 형용사를 보어와 연결함

(동사/형용사: 过, 보어: 真快)
时间过得真快。 시간이 참 빨리 지나간다.
Shíjiān guò de zhēn kuài.

600 **如果**
□
□
rúguǒ

접 **만일, 만약**

호응 如果A就B 만일 A라면 곧 B이다

如果下雨，我就不去爬山了。
Rúguǒ xiàyǔ, wǒ jiù bú qù páshān le.
만일 비가 오면, 나는 등산을 안 갈 거야.

+ 爬山 páshān 동 등산하다

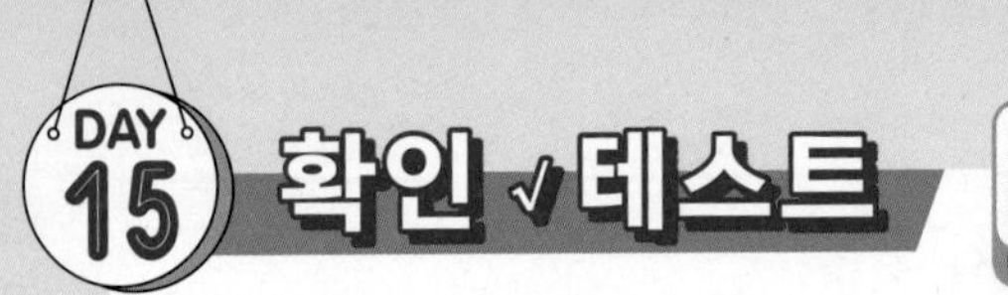

1 빈칸을 채우세요.

借	jiè	❶
❷	huā	(돈, 시간을) 쓰다
❸	guān	닫다, 끄다
皮鞋	❹	구두
选择	xuǎnzé	❺

2 단어의 병음과 뜻을 알맞게 연결하세요.

❶ 带 •	• ㉠ yòng •	• ⓐ 지니다
❷ 用 •	• ㉡ dài •	• ⓑ 사용하다
❸ 必须 •	• ㉢ jīngcháng •	• ⓒ 자주
❹ 经常 •	• ㉣ bìxū •	• ⓓ 반드시

3 빈칸에 들어갈 알맞은 단어를 쓰세요.

❶ 下个星期我要______(bān)家。다음 주에 나는 **이사하려** 한다.

❷ 他______(fāxiàn)了一个很奇怪的东西。그는 한 이상한 물건을 **발견했다**.

❸ 这件______(chènshān)有点儿贵。이 **셔츠**는 좀 비싸다.

❹ 我的______(xìnyòngkǎ)找不到了。내 **신용카드**를 못 찾겠어.

도전/ HSK 3급 **독해** 제2부분

4 빈칸에 들어갈 알맞은 단어를 고르세요.

A 接　　B 必须　　C 借　　D 用

❶ 你能(　　　　)我点儿钱吗?

❷ 下午我要去机场(　　　　)客人。

빈출 ❸ 你(　　　　)做个身体检查。

❹ 你不(　　　　)带这么多衣服。

도전/ HSK 3급 **쓰기** 제2부분

5 빈칸에 들어갈 알맞은 한자를 쓰세요.

❶ 他经(cháng)去那儿吃饭。

❷ 我一共花了五百(yuán)。

빈출 ❸ 你可以去别家(bǐ)较一下。

❹ 我去图书馆(huán)书。

❺ 下午我去银行(huàn)钱，你去不去?

쓰기 제2부분 꼭 알아야 할 HSK 3급 빈출 단어

1

久 jiǔ 형 오래되다 | 旧 jiù 형 낡다

발음은 같지만 성조가 다르고, 의미 역시 차이가 분명합니다. 久는 '기간이 오래됐다'라는 의미이고, 旧는 '물건 등이 오래 써서 낡았다'는 뜻입니다.

2

坏 huài 형 나쁘다 동 망가지다 | 还 huán 동 갚다, 돌려주다

둘 다 不가 들어가지만 앞쪽 부수가 다릅니다. 坏는 흙(土)과 아니다(不)의 결합인데 '흙이 나빠졌다/망가졌다'라고 기억하고, 还에서 '가다'라는 의미인 辶(쉬엄쉬엄갈착)이 들어가니 '가서 돌려준다'라고 생각하면 쉽게 외울 수 있습니다.

3

讲 jiǎng 동 말하다, 설명하다 | 进 jìn 동 들어가다

발음과 뜻이 전혀 다르지만 매우 비슷하게 생겨 혼동하기 쉬운 한자입니다. 讲은 말씀언변(讠)이 들어가고 进은 책받침변(辶)이 들어갑니다.

4

更 gèng 부 더욱 | 方便 fāngbiàn 형 편리하다

更은 사람인변(亻)이 없는데 方便의 便은 사람인변(亻)이 들어가는 게 다른 점입니다. 발음도 gèng과 biàn으로 전혀 다르므로 주의하세요.

5

画 huà 명 그림 동 그리다 | 话 huà 명 말

둘 다 발음 성조 모두 같지만 뜻은 전혀 다릅니다. 画는 액자에 그림(田)을 넣은 모습으로 연상하고, 话는 말씀언변(讠)과 혀설(舌)의 결합임을 알면 쉽게 기억할 수 있습니다.

쓰기 제1부분

꼭 알아야 할 HSK 3급 빈출 구문

特别+害怕/奇怪 tèbié+hàipà/qíguài 특히 두려워하다/이상하다

1 我女儿从小就特别害怕狗。
Wǒ nǚ'ér cóng xiǎo jiù tèbié hàipà gǒu.
내 딸은 어릴 때부터 개를 매우 무서워했다.

+ 从小 cóng xiǎo 어릴 때부터

身体/心里+不舒服 shēntǐ/xīnli+bù shūfu 몸/마음이 불편하다

2 我身体不舒服，就先回来了。
Wǒ shēntǐ bù shūfu, jiù xiān huílai le.
나는 몸이 불편해서 먼저 돌아왔다.

注意+安全/健康 zhùyì+ānquán/jiànkāng 안전/건강에 주의하다

3 下雨时，开车一定要注意安全。
Xiàyǔ shí, kāichē yídìng yào zhùyì ānquán.
비가 올 때 운전하면 반드시 안전에 주의해야 한다.

成绩/水平+很差 chéngjì/shuǐpíng+hěn chà 성적/수준이 매우 나쁘다

4 这次考试数学成绩很差。
Zhè cì kǎoshì shùxué chéngjì hěn chà.
이번 시험은 수학 성적이 매우 나쁘다.

+ 数学 shùxué 명 수학 | 成绩 chéngjì 명 성적

好/坏+习惯 hǎo/huài+xíguàn 좋은/나쁜 습관

5 睡觉前刷牙是好习惯。
Shuìjiào qián shuāyá shì hǎo xíguàn.
잠자기 전에 양치하는 것은 좋은 습관이다.

+ 刷牙 shuāyá 동 이를 닦다 | 习惯 xíguàn 명 습관

HSK 3급 미니 √ 테스트

듣기 제1부분 녹음과 일치하는 사진을 고르세요.

A		B	
C		D	

1 □

2 □

3 □

4 □

듣기 제2부분 녹음과 일치하면 √, 일치하지 않으면 X를 표시하세요.

5 ★ 这家饭馆儿的菜有点儿贵。 (　　　)

6 ★ 他喜欢一边爬山一边想想问题。 (　　　)

듣기 제3부분 녹음을 듣고 알맞은 답을 고르세요.

7 A 一刻 B 三十分钟 C 一个小时

8 A 迟到了 B 不想去学校 C 眼镜找不到了

듣기 제4부분 녹음을 듣고 알맞은 답을 고르세요.

9 A 护照 B 机票 C 行李箱

10 A 菜单 B 四个碗 C 一双筷子

독해 제1부분 관련된 문장을 고르세요.

A 应该在我房间的电脑桌上。
B 医生，我这两天眼睛不太舒服。

11 先请坐，我给你检查一下。 (　　)

12 爸，今天的报纸您放哪儿了？ (　　)

독해 제2부분 빈칸에 들어갈 알맞은 단어를 고르세요.

A 帽子　　B 迟到　　C 新鲜　　D 一直

13 还有十分钟电影就开始了，我们不会(　　　　)吧?

14 这些水果看上去很(　　　　)，我们买点儿吧。

15 A：这两个(　　　　)，你喜欢哪个?
B：黄色的，看上去更可爱一些。

16 A：你的汉字写得真好!
B：谢谢，我(　　　　)都在练习，已经有三年了。

독해 제3부분 질문에 알맞은 답을 고르세요.

17 手机的作用越来越多，除了打电话，我们还可以用手机上网看地图，这样，出去玩儿的时候就不用担心找不到东南西北了。

★ 手机：

A 作用不多　　B 能发传真　　C 可以上网看地图

18 黑板上的那个句子有好几个词我都不认识，所以刚开始没看懂，老师又给我讲了一次，我才明白了。

★ 对黑板上的那个句子，他：

A 不感兴趣　　B 还是不明白　　C 刚开始没看懂

쓰기 제1부분 제시된 단어를 어순에 맞게 배열하세요.

19 很满意　我　自己的成绩　对

20 是我　照片　这　小时候的

21 买了　在网上　昨天我　一双鞋

22 两旁的　很旧　这条街道　房子

쓰기 제2부분 빈칸에 들어갈 알맞은 한자를 쓰세요.

23 他做事非常认(zhēn)。

24 路上小(xīn)，到了学校给家里打个电话。

25 历(shǐ)老师讲课很有意思。

26 哥哥最喜欢看(tǐ)育节目了。

정답 및 해석 찾아보기

DAY 01 확인 테스트 p.24

1 ❶ 几 ❷ ~이다
❸ shéi ❹ 爸爸
❺ xiǎojiě

2 ❶ ㉢ – ⓑ ❷ ㉠ – ⓒ
❸ ㉣ – ⓓ ❹ ㉡ – ⓐ

3 ❶ 我 Wǒ ❷ 哥哥 Gēge
❸ 名字 míngzi ❹ 女儿 nǚ'ér

4 ❶ 老师在黑板上写字。(X)
Lǎoshī zài hēibǎnshang xiě zì.
선생님은 칠판에 글씨를 쓰고 있다.

❷ 她是我的妈妈，头发很长。(X)
Tā shì wǒ de māma, tóufa hěn cháng.
그녀는 나의 어머니이고, 머리카락이 길다.

❸ 我的女儿很爱笑，很少哭。(√)
Wǒ de nǚ'ér hěn ài xiào, hěn shǎo kū.
내 딸은 웃는 것을 좋아하고, 잘 울지 않는다.

5 ❶ 많은 (A 아이)들은 놀기를 좋아하고, 공부하는 걸 좋아하지 않는다.
❷ 그는 내 (B 남동생)이 아니라 오빠다.
❸ 그녀는 내 (C 언니)다. 여동생이 아니다.
❹ (D 그것)은 누구의 개야?

DAY 02 확인 테스트 p.38

1 ❶ hē ❷ 잔, 컵
❸ 茶 ❹ fúwùyuán
❺ kāfēi

2 ❶ ㉡ – ⓓ ❷ ㉣ – ⓒ
❸ ㉠ – ⓑ ❹ ㉢ – ⓐ

3 ❶ 身体 shēntǐ ❷ 鱼 yú
❸ 生病 shēngbìng ❹ 医院 yīyuàn

4 ❶ 儿子在睡觉，还没起床。(X)
Érzi zài shuìjiào, hái méi qǐchuáng.
아들은 잠을 자고 있어. 아직 일어나지 않았어.

❷ 这里有很多水果，你最喜欢什么？(√)
Zhèli yǒu hěn duō shuǐguǒ, nǐ zuì xǐhuan shénme?
여기에 많은 과일이 있는데, 너는 무엇을 가장 좋아해?

❸ 很多人来这个医院看病。(X)
Hěn duō rén lái zhège yīyuàn kànbìng.
많은 사람들이 이 병원으로 와서 진찰을 받는다.

5 ❶ 너는 (D 약)을 먹고 난 후에 푹 쉬어.
❷ 누나는 (B 커피) 마시는 것을 좋아한다.
❸ 엄마는 아주 큰 (C 수박)을 하나 샀다.
❹ 이 과일을 많이 먹으면 (A 눈)에 좋다.

DAY 03 확인 테스트 p.56

1 ❶ 很 ❷ 가장, 최고로
❸ xiǎo ❹ 많다
❺ 不

2 ❶ ㉣ – ⓒ ❷ ㉡ – ⓐ
❸ ㉠ – ⓑ ❹ ㉢ – ⓓ

3 ❶ 猫 māo ❷ 晴 qíng
❸ 高兴 gāoxìng ❹ 忙 máng

4 ❶ 这里人太少了，都去哪儿了？(X)
Zhèli rén tài shǎo le, dōu qù nǎr le?
여기 사람이 너무 적어. 다 어디 간 거야?

❷ 狗是人的好朋友。(√)
Gǒu shì rén de hǎo péngyou.
개는 사람의 좋은 친구이다.

❸ 外面不下雨了。(X)
Wàimian bú xiàyǔ le.
밖에 비가 그쳤다.

5 ❶ 넌 어디에서 일하기를 (B **희망하니**)?
❷ 그녀는 글자를 (D **정말**) 잘 썼다.
❸ 아이들이 눈밭에서 (A **즐겁게**) 놀고 있다.
❹ 넌 걷는 게 너무 (C **느려**). 좀 빨리 걸을 수 없어?

❸ 你说了什么，我没听见，再说一下。(√)
Nǐ shuōle shénme, wǒ méi tīngjiàn, zài shuō yíxià.
네가 뭐라고 말했는지 못 들었어. 다시 말해 봐.

5 ❶ 우리 (D **춤추러**) 가는데, 너도 같이 가자.
❷ 시간이 늦었어, 빨리 가서 자(B **자**).
❸ 너는 (A **왜**) 날 안 좋아해?
❹ 이 일은 모두로 (C **하여금**) 기쁘게 한다.

DAY 04 확인 테스트 p.76

1 ❶ kàn ❷ 听
❸ 오다 ❹ 去
❺ zǒu

2 ❶ ⓛ – ⓐ ❷ ⓒ – ⓓ
❸ ⓖ – ⓑ ❹ ⓡ – ⓒ

3 ❶ 游泳 yóuyǒng ❷ 怎么 zěnme
❸ 告诉 gàosu ❹ 看见 kànjiàn

4 ❶ 她和弟弟在看电视。(X)
Tā hé dìdi zài kàn diànshì.
그녀는 남동생과 텔레비전을 보고 있다.

❷ 你在这儿想什么？快走，大家都等你。(√)
Nǐ zài zhèr xiǎng shénme? Kuài zǒu, dàjiā dōu děng nǐ.
너는 여기에서 뭘 생각해? 빨리 가자, 모두 널 기다리고 있어.

DAY 05 확인 테스트 p.94

1 ❶ 돈 ❷ mǎi
❸ 얼마 ❹ shāngdiàn
❺ 东西

2 ❶ ⓛ – ⓑ ❷ ⓒ – ⓐ
❸ ⓖ – ⓒ ❹ ⓡ – ⓓ

3 ❶ 旁边 Pángbiān ❷ 进 jìn
❸ 飞机 fēijī ❹ 离 lí

4 ❶ 她的旁边有一只狗。(√)
Tā de pángbiān yǒu yì zhī gǒu.
그녀의 옆에는 개 한 마리가 있다.

❷ 桌子上有一本书。(X)
Zhuōzishang yǒu yì běn shū.
탁자 위에 책 한 권이 있다.

❸ 她买了很多衣服。(X)
Tā mǎile hěn duō yīfu.
그녀는 많은 옷을 샀다.

5 ❶ 그 (B **호텔**)은 방이 다 나갔다.

❷ 이 옷은 (D 비싼데), 좀 저렴한 것은 없어요?

❸ 이런 옷은 한 벌에 (A 얼마예요)?

❹ 택시를 타고 (C 기차역)에 가는 것이 가장 빠르다.

DAY 06 확인 테스트

p.112

1 ❶ shíjiān ❷ 오전
❸ 生日 ❹ 저녁, 밤
❺ xiànzài

2 ❶ ㉡ – ⓐ ❷ ㉣ – ⓓ
❸ ㉢ – ⓑ ❹ ㉠ – ⓒ

3 ❶ 手机 shǒujī ❷ 电视 diànshì
❸ 报纸 bàozhǐ ❹ 旅游 lǚyóu

4 ❶ 哥哥在看电影。(X)
Gēge zài kàn diànyǐng.
형(오빠)은 영화를 보고 있다.

❷ 她在给朋友打电话。(√)
Tā zài gěi péngyou dǎ diànhuà.
그녀는 친구에게 전화하고 있다.

❸ 昨晚她很晚睡觉，所以还没起床。(X)
Zuówǎn tā hěn wǎn shuìjiào, suǒyǐ hái méi qǐchuáng.
어젯밤에 그녀는 매우 늦게 자서 아직 일어나지 않았다.

5 ❶ 네 (A 손목시계)가 고장 난 거 아냐? 안 가고 있어.

❷ 밖에 비가 오(B 고 있어요). 우산을 하나 챙기세요.

❸ 너는 여기에서 잠깐 (C 기다려). 내가 금방 돌아올게.

❹ 그녀는 (D 매일) 8시간을 일한다.

DAY 07 확인 테스트

p.128

1 ❶ 读 ❷ lǎoshī
❸ 学习 ❹ 탁자, 테이블
❺ dǒng

2 ❶ ㉡ – ⓒ ❷ ㉠ – ⓑ
❸ ㉣ – ⓐ ❹ ㉢ – ⓓ

3 ❶ 休息 xiūxi ❷ 准备 zhǔnbèi
❸ 事情 shìqing ❹ 上班 shàngbān

4 ❶ 姐姐是老师，同学们都喜欢她。(√)
Jiějie shì lǎoshī, tóngxuémen dōu xǐhuan tā.
누나(언니)는 선생님인데, 학우들은 모두 그녀를 좋아한다.

❷ 她坐在一个很大的椅子上。(√)
Tā zuòzài yí ge hěn dà de yǐzishang.
그녀는 큰 의자에 앉아 있다.

❸ 她们在看着电脑工作。(√)
Tāmen zài kànzhe diànnǎo gōngzuò.
그녀들은 컴퓨터를 보며 일하고 있다.

5 ❶ 너는 (A 준비) 다 됐어? 서둘러, 시간이 많지 않아.

❷ 이 문제는 난 (C 이해)가 안 되는데, 내게 가르쳐줄 수 있니?

❸ 나는 지금 (B 근무) 중이니까, 퇴근한 후에 다시 얘기하자.

❹ 이 책은 매우 (D 재미있어). 시간 있으면 너도 한번 봐봐.

p.130

1 B

男：你在做什么？
Nǐ zài zuò shénme?

女：我在看书，这本书很有意思。
Wǒ zài kànshū, zhè běn shū hěn yǒu yìsi.

남: 너는 뭐 하고 있어?
여: 나는 책을 보고 있어. 이 책은 매우 재미있어.

2 C

女：你笑什么呢？有什么好的事情吗？
Nǐ xiào shénme ne? Yǒu shénme hǎo de shìqing ma?

男：没有，看到你就很高兴。
Méiyǒu, kàndào nǐ jiù hěn gāoxìng.

여: 너는 왜 웃어? 무슨 좋은 일이 있어?
남: 없어. 너를 보니까 기뻐서 그래.

3 A: 너는 어떤 과일 먹는 것을 좋아해?
B: A **사과.**

4 A: 네 아들은 일하기 시작했어?
B: B **아니.**

5 A: 너는 내일 누구랑 책을 사러 가?
B: D **우리 아빠.**

6 A: 너는 어제 오전에 어디에 있었어?
B: C **병원에 갔어.**

7 她在给男朋友打电话。(√)
Tā zài gěi nánpéngyou dǎ diànhuà.
그녀는 남자 친구에게 전화를 하고 있다.

8 儿子非常喜欢打篮球。(X)
Érzi fēicháng xǐhuan dǎ lánqiú.
아들은 농구하는 것을 매우 좋아한다.

9 이번 시험에서 그는 시험을 (B **매우**) 잘 쳤다.

10 나는 내일 아침 (A **공항**)에 가야 한다.

11 내 휴대폰은 가방 (D **오른쪽**)에 있다.

12 너는 앉아서 좀 (C **쉬어**). 내가 가서 옷을 빨게.

DAY 08 확인 테스트

p.148

1 ❶ yéye ❷ nǎinai
❸ 客人
❹ 작은아버지, 삼촌, 아저씨
❺ 아주머니, 이모

2 ❶ ⓒ – ⓒ ❷ ㉠ – ⓑ
❸ ㉣ – ⓓ ❹ ㉡ – ⓐ

3 ❶ 有名 ❷ 关系
❸ 可爱 ❹ 动物

4 ❶ 这只熊猫真可爱！
이 판다는 정말 귀여워!

❷ 我的左耳朵还很疼。
나의 왼쪽 귀가 여전히 많이 아프다.

❸ 马阿姨的丈夫是出租车司机。
마씨 아주머니의 남편은 택시 운전기사이다.

❹ 你还很年轻。
너는 아직 매우 젊다.

❺ 儿子的个子长高了很多。
아들의 키가 많이 컸다.

5 ❶ 理 (여보세요, 장 **사장님** 계신가요?)

❷ 鼻 (네 남편의 **코**는 왜 그래?)

❸ 鸟 (칠판에 이 **새**는 누가 그린 거야?)

❹ 树 (여기는 너무 더워. 우리 **나무** 아래로 가서 좀 앉자.)

❺ 草 (**잔디**밭에는 가지각색의 꽃들이 피어 있다.)

\+ 五颜六色 wǔ yán liù sè
성 여러 가지 빛깔, 오색찬란하다

DAY 09 확인 테스트

p.164

1 ❶ 包 ❷ hēibǎn
❸ 노트, 노트북 컴퓨터의 약칭
❹ 作业 ❺ 검사하다

2 ❶ ⓒ – ⓓ ❷ ⓔ – ⓑ
❸ ⓛ – ⓐ ❹ ⓖ – ⓒ

3 ❶ 容易 ❷ 简单
❸ 努力 ❹ 留学

4 ❶ 我突然想出了一个好办法。
나는 갑자기 좋은 방법이 떠올랐다.

❷ 会议已经结束了。
회의는 이미 끝났다.

❸ 我忘记带铅笔了。
나는 연필 챙기는 것을 잊어버렸다.

❹ 能不能借用一下你的词典?
너의 사전을 좀 빌려 쓸 수 있을까?

❺ 她的中文说得特别好。
그녀는 중국어를 매우 잘 한다.

5 ❶ 回 (여자 친구의 **대답**은 그를 기쁘게 했다.)

❷ 高 (네 보통화 수준은 최근에 많이 **향상되었어**.)

❸ 水 (네 수영 **실력**은 매우 빨리 향상되었구나.)

❹ 中 (네가 생각하기에 **중국어**를 배우는 것은 어렵니 어렵지 않니?)

❺ 习 (이 **연습** 문제들을 나는 다 맞았다.)

DAY 10 확인 테스트

p.180

1 ❶ è ❷ bǎo
❸ 메뉴, 식단, 차림표 ❹ 超市
❺ 젓가락

2 ❶ ㉠ – ⓑ ❷ ㉢ – ⓓ
❸ ㉣ – ⓒ ❹ ㉡ – ⓐ

3 ❶ 锻炼 ❷ 洗澡
❸ 胖 ❹ 疼

4 ❶ 我跟他借了一本书。
나는 그에게 책 한 권을 빌렸다.

❷ 她又胖了一公斤。
그녀는 또 1킬로그램이 쪘다.

❸ 爷爷现在比以前健康。
할아버지는 지금 이전보다 건강하다.

❹ 这个孩子还不会用筷子。
이 아이는 아직 젓가락을 쓸 줄 모른다.

❺ 你是在哪儿买香蕉的?
너는 바나나를 어디에서 샀어?

5 ❶ 甜 (이 바나나는 매우 **달아서** 맛있다.)

❷ 感 (날씨가 추우니까 옷을 더 입어. **감기** 조심해.)

❸ 鲜 (오늘 과일은 무척 **신선하고** 달아요.)

❹ 酒 (날씨가 너무 덥다. **맥주** 한 잔 할래?)

❺ 饿 (나는 지금 배가 안 **고파서** 케이크를 먹기 싫어.)

DAY 11 확인 테스트

p.196

1 ❶ jiēdào ❷ 건물, 층
❸ 환경 ❹ 安静
❺ 地图

2 ❶ ㉢ – ⓓ ❷ ㉠ – ⓑ
❸ ㉡ – ⓒ ❹ ㉣ – ⓐ

3 ❶ 公园 ❷ 城市
❸ 起飞 ❹ 附近

4 ❶ 姐姐把房间打扫干净了。
누나(언니)는 방을 깨끗이 청소했다.

❷ 你可以用手机上网看地图。
너는 휴대폰으로 인터넷에 들어가 지도를 볼 수 있어.

❸ 很多人在这个公园锻炼身体。
많은 사람들은 이 공원에서 신체를 단련한다.

❹ 飞机马上就要起飞了。
비행기가 곧 이륙하려고 한다.

❺ 你会骑自行车吗?
너는 자전거를 탈 줄 아니?

5 ❶ 地 (병원은 여기에서 머니까 우리 **지하철**을 타고 가자.)

❷ 绿 (봄이 되니 산의 나무가 모두 **푸르다**.)

❸ 净 (네가 드디어 방을 **깨끗이** 청소했구나. 피곤하지?)

❹ 行 (너는 **은행**이 몇 시에 문을 여는지 아니?)

❺ 近 (우리 집 **근처**에는 예쁜 공원이 하나 있다.)

DAY 12 확인 테스트

p.212

1 ❶ 바로, 곧 ❷ zǒngshì
❸ 방금, 막 ❹ zuìhòu
❺ 突然

2 ❶ ㉢ – ⓒ ❷ ㉣ – ⓐ
❸ ㉠ – ⓑ ❹ ㉡ – ⓓ

3 ❶ 然后 ❷ 历史
❸ 终于 ❹ 季节

4 ❶ 그와 여자 친구는 내년에 (C **결혼할**) 계획이다.

❷ 일요일에 나는 집에서 쉬거나 (A **혹은**) 친구와 함께 농구를 한다.

❸ 그는 (B **이전보다**) 더 살쪘다.

❹ 오늘 오전에는 그래도 맑은 날씨였는데, 낮에 (D **갑자기**) 비가 내리기 시작했다.

5 ❶ 直 (나는 **줄곧** 여기에서 너를 기다렸어.)

❷ 然 (나는 먼저 메일을 다 쓴 **다음** 널 도와줄게.)

❸ 关 (나는 중국 문화에 **관한** 책을 한 권 샀다.)

❹ 还 (너는 **그래도** 병원에 한 번 가봐.)

❺ 刻 (지금은 10시 15분이야. 네 시계는 **15분**이 느려.)

DAY 13 확인 테스트

p.230

1 ❶ 哭 ❷ mǎnyì
❸ 小心
❹ 친절하다, 열정적이다, 열정
❺ xiāngxìn

2 ❶ ㉠ – ⓐ ❷ ㉣ – ⓓ
❸ ㉡ – ⓒ ❹ ㉢ – ⓑ

3 ❶ 多么 ❷ 一定
❸ 欢迎 ❹ 着急

4 ❶ 그는 갈수록 (B 걱정했다).
❷ 노인의 말이라고 해서 (A 꼭) 옳은 것만은 아니다.
❸ 모든 사람은 다른 사람의 도움을 (C 필요로 한다).
❹ 우리 아빠는 자신에 대해서 (D 요구 수준)이 매우 높다.

5 ❶ 奇 (이 일은 너무 **이상해서** 사람들로 하여금 믿기 어렵게 한다.)
❷ 服 (오늘 몸이 좀 안 **좋아서** 좀 일찍 퇴근했다.)
❸ 信 (나는 앞으로 더 잘 그릴 것이라고 **믿는다**.)
❹ 满 (나는 이곳에 대해서 매우 **만족한다**.)
❺ 注 (하차할 때 안전에 **주의하세요**.)

DAY 14 확인 테스트

p.244

1 ❶ 比赛 ❷ 参加
❸ kōngtiáo ❹ 뉴스
❺ 프로그램

2 ❶ ㉣ – ⓒ ❷ ㉢ – ⓑ
❸ ㉠ – ⓓ ❹ ㉡ – ⓐ

3 ❶ 声音 ❷ 礼物
❸ 护照 ❹ 照相机

4 ❶ 나는 (A 음악)을 들으면서 공부하는 것을 좋아한다.
❷ 엄마는 방을 깨끗이 (C 청소했다).
❸ 나는 중국 (B 문화)에 대해 흥미를 느낀다.
❹ 아빠, 우리 집 에어컨이 너무 (D 오래 됐고), 소리도 커서 바꿔야 할 때가 됐어요.

5 ❶ 网 (커피숍은 일반적으로 모두 **인터넷을 할** 수 있다.)
❷ 件 (나는 지금 **이메일**을 쓰고 있는데, 금방 다 쓴다.)
❸ 节 (**춘절**은 중국의 가장 중요한 명절이다.)
❹ 聊 (그들은 차를 마시면서 **담소를 나눈다**.)
❺ 事 (나는 이전에 이 **이야기**를 들어본 적이 있다.)

DAY 15 확인 테스트

p.262

1 ❶ 빌리다 ❷ 花
❸ 关 ❹ píxié
❺ 선택하다

2 ❶ ㉡ – ⓐ ❷ ㉠ – ⓑ
❸ ㉣ – ⓓ ❹ ㉢ – ⓒ

3 ❶ 搬 ❷ 发现
❸ 衬衫 ❹ 信用卡

4 ❶ 너는 나에게 돈을 좀 (C 빌려줄) 수 있어?
❷ 오후에 나는 공항에 손님을 (A 마중하러) 가야 한다.
❸ 너는 (B 반드시) 신체검사를 해야 해.
❹ 너는 이렇게 많은 옷을 챙길 (D 필요없어).

5 ❶ 常 (그는 **자주** 그곳에 가서 밥을 먹는다.)
❷ 元 (나는 총 오백 **위안**을 썼다.)
❸ 比 (너는 다른 가게에 가서 한번 **비교해봐도** 돼.)
❹ 还 (나는 도서관에 책을 **반납하러** 간다.)
❺ 换 (오후에 나는 은행에 **환전하러** 가는데, 너는 갈래 안 갈래?)

HSK 3급 미니 ✓테스트 p.266

1 B

男：你怎么了，哪里不舒服吗？

女：最近工作多，我觉得很累，头也很疼。

남: 너는 왜 그래? 어디가 불편해?

여: 최근에 일이 많아서 피곤해. 머리도 아프고.

2 C

女：我现在去爬山，你去不去？

男：好久没去爬山了，你等一下，我马上换双鞋。

여: 나는 지금 등산하러 가는데, 너는 갈래 안 갈래?

남: 오랫동안 등산을 가지 않았네. 잠깐 기다려, 내가 금방 운동화로 갈아 신을게.

3 A

男：服务员，这个菜甜不甜？

女：这个吗？不太甜，也比较便宜。

남: 종업원, 이 요리는 달아요 안 달아요?

여: 이거요? 그다지 달지 않고, 가격도 비교적 저렴해요.

4 D

女：小高他怎么天天都去打球啊？

男：他们学校周五有篮球比赛，所以他每天花很长时间练习。

여: 샤오가오는 왜 매일 구기 운동하러 가?

남: 그들 학교는 금요일에 농구 경기가 있어서, 그는 매일 긴 시간 동안 연습해.

5 这家饭馆儿很有名，来吃饭的人非常多，主要是因为那儿的菜又好吃又便宜，所以大家都愿意来。

★ 这家饭馆儿的菜有点儿贵。(X)

이 식당은 매우 유명해서, 밥 먹으러 오는 사람이 매우 많다. 주로 그곳의 요리가 맛있으면서 저렴하기 때문에 모두가 오고 싶어 한다.

★ 이 식당은 요리가 좀 비싸다. (X)

6 每个人都有自己的兴趣爱好，我最大的爱好就是爬山，一有机会，我就会去爬山。爬山使我好好想想没能解决的问题。

★ 他喜欢一边爬山一边想想问题。(√)

모든 사람들은 자신만의 흥미와 취미를 가지고 있다. 나의 가장 큰 취미는 등산이어서, 기회만 있으면 나는 등산하러 간다. 등산은 나로 하여금 해결하지 못한 문제를 잘 생각하게 한다.

★ 그는 등산하면서 문제를 생각하는 것을 좋아한다. (√)

7 男：你从家到学校要花多长时间？

女：骑自行车的话，半个多小时。

问：骑自行车去学校需要多长时间？

A 一刻　　B 三十分钟
C 一个小时

남: 네 집에서 학교까지 얼마나 걸려?

여: 자전거를 타면 30여 분 걸려.

질문: 자전거를 타고 학교에 가면 얼마나 걸리는가?

A 15분　　B 30분
C 1시간

8 女：奇怪，我的眼镜怎么不见了？

男：刚才在教室我还看见了，是不是你离开时忘拿了？

问：女的怎么了？

A 迟到了　　B 不想去学校

C 眼镜找不到了

여: 이상하네. 내 안경이 왜 안 보이지?

남: 방금 교실에서 내가 봤었는데, 나올 때 가져오는 걸 깜빡한 거 아냐?

질문: 여자에게 무슨 일이 있는가?

A 지각했다　　B 학교에 가기 싫다

C 안경을 찾을 수 없다

9 女：小王，这个时候你去哪儿？

男：去旅行，下周二来。

女：是吗？让我叔叔送你去火车站吧。

男：不用了，阿姨，我就一个行李箱，自己坐出租车就可以。

问：小王带着什么东西？

A 护照　　B 机票

C 行李箱

여: 샤오왕, 이 시간에 어디 가니?

남: 여행 가요. 다음 주 화요일에 돌아와요.

여: 그래? 삼촌더러 너를 기차역까지 태워주라고 할게.

남: 괜찮아요, 이모. 저는 여행 가방 하나만 있어서, 택시 타면 돼요.

질문: 샤오왕은 어떤 물건을 지니고 있는가?

A 여권　　B 비행기표

C 여행 가방

10 男：您好，请问您几位？

女：4位，请给我们拿一下菜单。

男：好的，我马上拿过来，麻烦您到旁边的桌子坐，更大一些。

女：谢谢，你们这儿最好吃的菜是什么？

问：女的让男的拿来什么？

A 菜单　　B 四个碗

C 一双筷子

남: 안녕하세요. 실례지만, 몇 분이시죠?

여: 4명이요. 메뉴판을 좀 갖다주세요.

남: 알겠습니다. 금방 가져올게요. 죄송하지만, 옆 테이블로 옮겨 주세요. 좀 더 크거든요.

여: 고맙습니다. 여기 가장 맛있는 요리가 뭐예요?

질문: 여자는 남자에게 무엇을 가져오라고 했는가?

A 메뉴판　　B 그릇 네 개

C 젓가락 한 쌍

11 A: (**B**) 의사 선생님, 제가 요 며칠 눈이 별로 편치 않아요.

B: 먼저 앉으세요. 제가 검사해 보겠습니다.

12 A: 아빠, 오늘 신문을 어디에 두셨어요?

B: (**A**) 내 방 컴퓨터 책상 위에 있을 거야.

13 10분 후에 영화가 시작하는데, 우리 (**B 늦지**) 않겠지?

14 이 과일들은 아주 (**C 신선해**) 보이네. 우리 좀 사자.

15 A: 이 두 개의 (**A 모자**) 중에서 너는 어느 것이 좋아?

B: 노란색 모자. 좀 더 귀여워 보여.

16 A: 너는 한자를 정말 예쁘게 쓰는구나!

B: 고마워. 나는 (**D 줄곧**) 연습해왔는데, 이미 3년이 되었어.

17 휴대폰의 기능이 갈수록 많아지고 있다. 전화 걸기를 제외하고, 우리는 휴대폰으로 인터넷에 들어가 지도를 볼 수 있다. 이렇게 하면, 나가서 놀 때 동서남북을 못 찾을까봐 걱정할 필요가 없다.

★ 휴대폰은?

A 역할이 많지 않다
B 팩스를 보낼 수 있다
C 인터넷으로 지도를 볼 수 있다

18 칠판에 있는 그 문장에서 내가 모르는 단어가 몇 개나 있었다. 그래서 처음에는 이해를 못했는데, 선생님이 한번 설명해줘서 그제서야 이해했다.

★ 칠판 위의 그 문장에 대해서 그는?

A 흥미를 못 느낀다
B 여전히 이해하지 못한다
C 처음에는 이해를 못했다

19 我对自己的成绩很满意。
나는 내 성적에 대해 매우 만족한다.

20 这是我小时候的照片。
이것은 나의 어릴 적 사진이다.

21 昨天我在网上买了一双鞋。
어제 나는 인터넷에서 신발 한 켤레를 샀다.

22 这条街道两旁的房子很旧。
이 길 양쪽의 집은 매우 오래되었다.

23 真 (그는 일을 매우 **열심히 한다**.)

24 心 (가는 길 **조심하고**, 학교에 도착하면 집으로 전화하렴.)

25 史 (**역사** 선생님은 수업하는 것이 매우 재미있다.)

26 体 (형은 **스포츠** 프로그램 보는 것을 가장 좋아한다.)

찾아보기

A

□ 阿姨	āyí	3급	p.135	명 아주머니, 이모
□ 啊	a	3급	p.229	조 문장 끝에 쓰여 긍정, 의문, 감탄 등을 나타냄
□ 矮	ǎi	3급	p.139	형 (사람의 키가) 작다, (높이가) 낮다
□ 爱	ài	1급	p.34	동 사랑하다 동 ~하기를 좋아하다
□ 爱好	àihào	3급	p.215	명 취미 동 좋아하다
□ 安静	ānjìng	3급	p.190	형 조용하다

B

□ 八	bā	1급	p.12	수 8, 여덟
□ 把	bǎ	3급	p.253	개 ~을 양 개[손잡이가 있는 물건을 세는 단위]
□ 爸爸	bàba	1급	p.18	명 아빠
□ 吧	ba	2급	p.64	조 ~하자(제의, 청유) 조 ~해(명령) 조 ~이지?(추측)
□ 白	bái	2급	p.47	형 희다
□ 百	bǎi	2급	p.80	수 100, 백
□ 班	bān	3급	p.152	명 반
□ 搬	bān	3급	p.259	동 옮기다, 이사하다
□ 办法	bànfǎ	3급	p.162	명 방법
□ 办公室	bàngōngshì	3급	p.189	명 사무실
□ 半	bàn	3급	p.204	명 반, 절반
□ 帮忙	bāngmáng	3급	p.209	동 일을 돕다
□ 帮助	bāngzhù	2급	p.120	동 돕다 명 도움

□ 包	bāo	3급	p.151	명 가방 동 싸다 양 봉지
□ 饱	bǎo	3급	p.167	형 배부르다
□ 报纸	bàozhǐ	2급	p.110	명 신문
□ 杯子	bēizi	1급	p.30	명 잔, 컵
□ 北方	běifāng	3급	p.187	명 북방, 북쪽
□ 北京	Běijīng	1급	p.84	고유 베이징, 북경
□ 被	bèi	3급	p.254	개 ~에게 ~을 당하다
□ 本	běn	1급	p.116	양 권[책을 세는 단위]
□ 鼻子	bízi	3급	p.141	명 코
□ 比	bǐ	2급	p.49	개 ~보다 동 비교하다
□ 比较	bǐjiào	3급	p.251	부 비교적 동 비교하다
□ 比赛	bǐsài	3급	p.237	명 경기, 시합
□ 笔记本	bǐjìběn	3급	p.153	명 노트, 노트북 컴퓨터(笔记本电脑 bǐjìběn diànnǎo)의 약칭
□ 必须	bìxū	3급	p.260	부 반드시
□ 变化	biànhuà	3급	p.240	명 변화 동 변화하다
□ 别	bié	2급	p.67	부 ~하지 마라 형 다르다
□ 别人	biéren	3급	p.137	대 남, 타인, 다른 사람
□ 宾馆	bīnguǎn	2급	p.85	명 호텔
□ 冰箱	bīngxiāng	3급	p.172	명 냉장고
□ 不	bù	1급	p.44	부 ~않다, ~아니다
□ 不但A, 而且B	búdàn A, érqiě B	3급	p.228	A일 뿐만 아니라 게다가 B 하다
□ 不客气	bú kèqi	1급	p.108	사양하지 않다, 천만에요, 별말씀을요

C

□ 菜	cài	1급	p.27	명 요리, 음식, 채소
□ 菜单	càidān	3급	p.167	명 메뉴, 식단, 차림표
□ 参加	cānjiā	3급	p.238	동 참가하다
□ 草	cǎo	3급	p.146	명 풀
□ 层	céng	3급	p.188	명 층 양 층
□ 茶	chá	1급	p.31	명 차(음료)
□ 差	chà	3급	p.158	형 좋지 않다, 나쁘다 동 부족하다, 모자라다
□ 长	cháng	2급	p.46	형 길다
□ 唱歌	chànggē	2급	p.110	동 노래를 하다
□ 超市	chāoshì	3급	p.167	명 슈퍼마켓
□ 衬衫	chènshān	3급	p.247	명 셔츠, 와이셔츠
□ 成绩	chéngjì	3급	p.157	명 성적
□ 城市	chéngshì	3급	p.185	명 도시
□ 吃	chī	1급	p.27	동 먹다
□ 迟到	chídào	3급	p.209	동 지각하다
□ 出	chū	2급	p.92	동 나오다 동 발생하다
□ 出租车	chūzūchē	1급	p.87	명 택시
□ 除了	chúle	3급	p.243	개 ~을 제외하고, ~말고
□ 穿	chuān	2급	p.63	동 (옷을) 입다
□ 船	chuán	3급	p.192	명 배
□ 春	chūn	3급	p.199	명 봄
□ 词典	cídiǎn	3급	p.159	명 사전
□ 次	cì	2급	p.35	양 번, 회, 차례
□ 聪明	cōngming	3급	p.151	형 똑똑하다, 총명하다
□ 从	cóng	2급	p.104	개 ~부터, ~로부터

□	错	cuò	2급 p.123	형 틀리다, 맞지 않다 명 착오, 잘못

D

□	打电话	dǎ diànhuà	1급 p.109	전화를 걸다
□	打篮球	dǎ lánqiú	2급 p.75	동 농구하다
□	打扫	dǎsǎo	3급 p.234	동 청소하다
□	打算	dǎsuan	3급 p.220	동 ~할 계획이다 명 계획
□	大	dà	1급 p.42	형 크다
□	大家	dàjiā	2급 p.22	대 모두, 다들
□	带	dài	3급 p.258	동 (몸에) 지니다, 휴대하다 동 (사람을) 데리다 명 띠, 벨트
□	担心	dānxīn	3급 p.215	동 걱정하다
□	蛋糕	dàngāo	3급 p.168	명 케이크
□	当然	dāngrán	3급 p.226	부 당연히 형 당연하다
□	到	dào	2급 p.92	동 도착하다 동 (시간이) 되다, 이르다
□	地	de	3급 p.260	조 ~하게(형용사+地의 형식으로 뒤에 오는 동사, 형용사를 수식할 때 씀)
□	的	de	1급 p.14	조 ~의, ~하는 조 ~것
□	得	de	2급 p.45	조 동사나 형용사 뒤에 쓰여 결과나 정도를 나타내는 보어와 연결시킴 조 동사와 보어 사이에 쓰여 가능을 나타냄 (부정을 할 때는 得를 不로 바꿈)
□	灯	dēng	3급 p.195	명 등
□	等	děng	2급 p.107	동 기다리다
□	点	diǎn	1급 p.103	명 시 양 조금, 약간 동 (음식 등을) 주문하다

	단어	병음	급수	페이지	뜻
□	电脑	diànnǎo	1급	p.126	명 컴퓨터
□	电视	diànshì	1급	p.109	명 텔레비전, TV
□	电梯	diàntī	3급	p.189	명 엘리베이터
□	电影	diànyǐng	1급	p.110	명 영화
□	电子邮件	diànzǐ yóujiàn	3급	p.233	명 이메일, 전자 우편
□	地方	dìfang	3급	p.185	명 장소 명 (추상적인) 부분, 점
□	地铁	dìtiě	3급	p.192	명 지하철
□	地图	dìtú	3급	p.192	명 지도
□	弟弟	dìdi	2급	p.19	명 남동생
□	第一	dì-yī	2급	p.121	수 첫 (번)째, 최초, 1등
□	东	dōng	3급	p.186	명 동쪽
□	东西	dōngxi	1급	p.81	명 물건, 것
□	冬	dōng	3급	p.199	명 겨울
□	懂	dǒng	2급	p.115	동 알다, 이해하다
□	动物	dòngwù	3급	p.144	명 동물
□	都	dōu	1급	p.127	부 모두
□	读	dú	1급	p.115	동 읽다
□	短	duǎn	3급	p.203	형 (길이나 시간이) 짧다
□	段	duàn	3급	p.206	양 단락, 토막, 동안
□	锻炼	duànliàn	3급	p.175	동 (신체적으로) 단련하다, 운동하다 동 (일의 능력이나 마음을) 단련하다
□	对	duì	2급	p.123	형 옳다, 맞다
		duì	2급	p.34	개 ~에 대하여
□	对不起	duìbuqǐ	1급	p.108	동 미안합니다, 죄송합니다
□	多	duō	1급	p.43	형 많다
□	多么	duōme	3급	p.223	부 얼마나

□ 多少	duōshao	1급	p.79	대 얼마

E

□ 饿	è	3급	p.167	형 배고프다
□ 儿子	érzi	1급	p.19	명 아들
□ 耳朵	ěrduo	3급	p.140	명 귀
□ 二	èr	1급	p.11	수 2, 둘

F

□ 发	fā	3급	p.253	동 보내다, 발송하다
□ 发烧	fāshāo	3급	p.177	동 열이 나다
□ 发现	fāxiàn	3급	p.251	동 발견하다
□ 饭店	fàndiàn	1급	p.30	명 식당, 호텔
□ 方便	fāngbiàn	3급	p.190	형 편리하다 동 편리하게 하다
□ 房间	fángjiān	2급	p.85	명 방
□ 放	fàng	3급	p.253	동 놓다
□ 放心	fàngxīn	3급	p.215	동 안심하다
□ 飞机	fēijī	1급	p.87	명 비행기
□ 非常	fēicháng	2급	p.41	부 매우
□ 分	fēn	3급	p.205	양 (시간의) 분 명 점수 양 (화폐의) 펀, 푼[1위안(元)의 100분의 1] 동 나누다
□ 分钟	fēnzhōng	1급	p.104	명 분
□ 服务员	fúwùyuán	2급	p.30	명 종업원

□ 附近	fùjìn	3급	p.187	명 부근, 근처
□ 复习	fùxí	3급	p.157	동 복습하다

G

□ 干净	gānjìng	3급	p.190	형 깨끗하다
□ 感冒	gǎnmào	3급	p.177	명 감기 동 감기에 걸리다
□ 感兴趣	gǎn xìngqù	3급	p.216	흥미가 있다, 관심이 있다
□ 刚才	gāngcái	3급	p.201	명 방금, 막
□ 高	gāo	2급	p.47	형 높다 형 (키가) 크다
□ 高兴	gāoxìng	1급	p.45	형 기쁘다, 즐겁다
□ 告诉	gàosu	2급	p.73	동 말하다, 알리다
□ 哥哥	gēge	2급	p.19	명 형, 오빠
□ 个	gè	1급	p.28	양 개[개개의 사람이나 사물을 세는 단위]
□ 个子	gèzi	3급	p.138	명 키
□ 给	gěi	2급	p.71	동 주다 개 ~에게, ~를 위하여
□ 根据	gēnjù	3급	p.211	명 근거 개 ~에 의거하여
□ 跟	gēn	3급	p.179	개 ~와, ~과 접 ~와, ~과 개 ~에게, ~을 향해 동 따라가다
□ 更	gèng	3급	p.224	부 더, 더욱
□ 工作	gōngzuò	1급	p.125	동 일하다 명 일, 업무, 직업
□ 公共汽车	gōnggòng qìchē	2급	p.87	명 버스
□ 公斤	gōngjīn	3급	p.176	양 킬로그램(kg)
□ 公司	gōngsī	2급	p.124	명 회사
□ 公园	gōngyuán	3급	p.188	명 공원
□ 狗	gǒu	1급	p.53	명 개

□	故事	gùshi	3급 p.236	명 이야기
□	刮风	guāfēng	3급 p.239	동 바람이 불다
□	关	guān	3급 p.254	동 닫다 동 (전기 제품을) 끄다
□	关系	guānxi	3급 p.144	명 관계 동 관계되다
□	关心	guānxīn	3급 p.215	동 관심이 있다
□	关于	guānyú	3급 p.211	개 ~에 관하여
□	贵	guì	2급 p.83	형 비싸다
□	国家	guójiā	3급 p.185	명 국가, 나라
□	过	guò	3급 p.255	동 지나가다 동 보내다, 지내다
		guo	2급 p.70	조 ~한 적이 있다(경험을 나타냄)
□	过去	guòqù	3급 p.200	명 과거 동 지나가다

H

□	还	hái	2급 p.105	부 아직, 여전히 부 또한, 게다가
□	还是	háishi	3급 p.207	부 여전히 접 또는, 아니면 부 ~하는 편이 좋다
□	孩子	háizi	2급 p.20	명 (어린)아이, 자녀
□	害怕	hàipà	3급 p.217	동 두려워하다, 무서워하다
□	汉语	Hànyǔ	1급 p.116	명 중국어
□	好	hǎo	1급 p.44	형 좋다
□	好吃	hǎochī	2급 p.27	형 맛있다
□	号	hào	1급 p.82	명 일(날짜) 명 사이즈 명 번호
□	喝	hē	1급 p.30	동 마시다
□	和	hé	1급 p.32	접 ~와, ~과 개 ~와, ~과
□	黑	hēi	2급 p.47	형 검다

□	黑板	hēibǎn	3급 p.152	명 칠판
□	很	hěn	1급 p.41	부 매우
□	红	hóng	2급 p.48	형 붉다, 빨갛다
□	后来	hòulái	3급 p.202	명 이후, 나중에
□	后面	hòumian	1급 p.89	명 뒤(쪽), 뒷부분
□	护照	hùzhào	3급 p.238	명 여권
□	花	huā	3급 p.146	명 꽃
		huā	3급 p.249	동 (돈, 시간을) 쓰다
□	画	huà	3급 p.236	명 그림 동 (그림을) 그리다
□	坏	huài	3급 p.241	형 나쁘다 동 고장 나다 동 (음식 등이) 상하다
□	欢迎	huānyíng	3급 p.221	동 환영하다 명 환영
□	还	huán	3급 p.255	동 돌려주다
□	环境	huánjìng	3급 p.190	명 환경
□	换	huàn	3급 p.256	동 바꾸다, 교환하다
□	黄河	Huánghé	3급 p.186	고유 황하
□	回	huí	1급 p.68	동 되돌아가다, 되돌아오다 양 회, 번
□	回答	huídá	3급 p.157	동 대답하다
□	会	huì	1급 p.66	조동 (배워서) 할 줄 알다(학습 후 능력을 나타냄) 조동 ~할 것이다(가능성을 나타냄)
□	会议	huìyì	3급 p.161	명 회의
□	火车站	huǒchēzhàn	2급 p.88	명 기차역
□	或者	huòzhě	3급 p.210	접 혹은, 아니면

J

□ 几乎	jīhū	3급 p.173	부 거의
□ 机场	jīchǎng	2급 p.88	명 공항
□ 机会	jīhuì	3급 p.204	명 기회
□ 鸡蛋	jīdàn	2급 p.33	명 계란
□ 极	jí	3급 p.225	부 극히 명 (지구의 남·북) 극
□ 几	jǐ	1급 p.13	수 몇(주로 10 이하의 확실치 않은 수를 물을 때 쓰임)
□ 记得	jìde	3급 p.160	동 기억하다
□ 季节	jìjié	3급 p.199	명 계절
□ 家	jiā	1급 p.107	명 집 양 점포나 회사를 세는 단위
□ 检查	jiǎnchá	3급 p.153	동 검사하다
□ 简单	jiǎndān	3급 p.155	형 간단하다
□ 见面	jiànmiàn	3급 p.234	동 만나다
□ 件	jiàn	2급 p.83	양 벌, 건, 개[옷이나 일을 세는 단위]
□ 健康	jiànkāng	3급 p.174	명 건강 형 건강하다
□ 讲	jiǎng	3급 p.256	동 말하다, 이야기하다, 설명하다
□ 教	jiāo	3급 p.155	동 가르치다
□ 角	jiǎo	3급 p.250	양 자오[1元의 1/10에 해당하는 중국의 화폐 단위]
□ 脚	jiǎo	3급 p.142	명 발
□ 叫	jiào	1급 p.61	동 부르다
□ 教室	jiàoshì	2급 p.117	명 교실
□ 接	jiē	3급 p.258	동 마중하다 동 잇다, 연결하다 동 (손으로) 받다, 받아들이다
□ 街道	jiēdào	3급 p.188	명 거리
□ 节目	jiémù	3급 p.236	명 프로그램
□ 节日	jiérì	3급 p.233	명 명절

K

□ 看见	kànjiàn	1급	p.73	동 보다, 보이다, 눈에 띄다
□ 考试	kǎoshì	2급	p.120	명 시험 동 시험 치다
□ 可爱	kě'ài	3급	p.142	형 사랑스럽다, 귀엽다
□ 可能	kěnéng	2급	p.52	부 아마도 형 가능하다 명 가능성
□ 可以	kěyǐ	2급	p.64	조동 ~할 수 있다 조동 ~해도 좋다
□ 渴	kě	3급	p.172	형 목이 타다, 갈증 나다
□ 刻	kè	3급	p.204	양 15분
□ 客人	kèrén	3급	p.135	명 손님
□ 课	kè	2급	p.121	명 수업
□ 空调	kōngtiáo	3급	p.240	명 에어컨
□ 口	kǒu	3급	p.171	명 입 양 식구, 사람[사람을 세는 단위] 양 입, 모금[입 관련 동작을 세는 단위]
□ 哭	kū	3급	p.219	동 울다
□ 裤子	kùzi	3급	p.247	명 바지
□ 块	kuài	2급	p.79	양 위안[중국의 화폐 단위] 양 덩이[덩이로 된 물건을 세는 단위]
□ 快	kuài	2급	p.49	형 빠르다
□ 快乐	kuàilè	2급	p.45	형 즐겁다
□ 筷子	kuàizi	3급	p.169	명 젓가락

L

□ 来	lái	1급	p.59	동 오다
□ 蓝	lán	3급	p.195	형 남색의, 푸르다
□ 老	lǎo	3급	p.143	형 늙다 부 늘
□ 老师	lǎoshī	1급	p.116	명 선생님

M

□ 妈妈	māma	1급	p.18	명 엄마
□ 马	mǎ	3급	p.145	명 말
□ 马上	mǎshàng	3급	p.201	부 바로, 곧
□ 吗	ma	1급	p.54	조 문장 끝에 쓰여 의문의 어기를 나타냄
□ 买	mǎi	1급	p.79	동 사다
□ 卖	mài	2급	p.79	동 팔다
□ 满意	mǎnyì	3급	p.217	형 만족스럽다 동 만족하다, 마음에 들다
□ 慢	màn	2급	p.50	형 느리다
□ 忙	máng	2급	p.50	형 바쁘다 동 서둘러 하다
□ 猫	māo	1급	p.53	명 고양이
□ 帽子	màozi	3급	p.249	명 모자
□ 没关系	méi guānxi	1급	p.108	괜찮다, 관계없다, 문제없다
□ 没有	méiyǒu	1급	p.53	동 없다 부 ~하지 않았다
□ 每	měi	2급	p.105	대 매, ~마다
□ 妹妹	mèimei	2급	p.20	명 여동생
□ 门	mén	2급	p.118	명 문
□ 米	mǐ	3급	p.173	명 쌀 양 미터(m)
□ 米饭	mǐfàn	1급	p.31	명 (쌀)밥
□ 面包	miànbāo	3급	p.168	명 빵
□ 面条	miàntiáo	2급	p.31	명 국수, 면
□ 名字	míngzi	1급	p.20	명 이름
□ 明白	míngbai	3급	p.157	동 이해하다, 알다, 깨닫다
□ 明天	míngtiān	1급	p.99	명 내일

N

	단어	병음	급수	페이지	뜻
□	拿	ná	3급	p.257	동 (손으로) 쥐다, 가지다
□	哪	nǎ	1급	p.73	대 어느, 어떤
□	那	nà	1급	p.16	대 저(것), 그(것) 접 그러면, 그럼
□	奶奶	nǎinai	3급	p.135	명 할머니, 조모
□	男	nán	2급	p.22	명 남자 형 남성의
□	南	nán	3급	p.186	명 남쪽
□	难	nán	3급	p.154	형 어렵다
□	难过	nánguò	3급	p.218	형 괴롭다, 슬프다
□	哪儿	nǎr	1급	p.85	대 어디, 어느 곳
□	呢	ne	1급	p.106	조 문장 끝에 쓰여 동작이나 상황이 지속됨을 나타냄 조 의문문 끝에 쓰여 강조를 나타냄
□	能	néng	1급	p.65	조동 ~할 수 있다 조동 ~해도 된다
□	你	nǐ	1급	p.17	대 너, 당신
□	年	nián	1급	p.101	명 년, 해
□	年级	niánjí	3급	p.151	명 학년
□	年轻	niánqīng	3급	p.143	형 젊다
□	鸟	niǎo	3급	p.145	명 새
□	您	nín	2급	p.17	대 당신, 선생님, 귀하(你의 존칭)
□	牛奶	niúnǎi	2급	p.33	명 우유
□	女儿	nǚ'ér	1급	p.19	명 딸
□	努力	nǔlì	3급	p.156	동 노력하다, 힘쓰다
□	女	nǚ	2급	p.22	명 여자 형 여성의

P

□ 爬山	páshān	3급	p.174	동 등산하다
□ 盘子	pánzi	3급	p.171	명 쟁반
□ 旁边	pángbiān	2급	p.90	명 옆(쪽), 옆부분
□ 胖	pàng	3급	p.176	형 뚱뚱하다, 살찌다
□ 跑步	pǎobù	2급	p.75	동 달리다
□ 朋友	péngyou	1급	p.20	명 친구, 벗
□ 皮鞋	píxié	3급	p.248	명 (가죽) 구두
□ 啤酒	píjiǔ	3급	p.169	명 맥주
□ 便宜	piányi	2급	p.83	형 (가격이) 싸다
□ 票	piào	2급	p.110	명 표, 티켓
□ 漂亮	piàoliang	1급	p.45	형 예쁘다, 아름답다
□ 苹果	píngguǒ	1급	p.32	명 사과
□ 瓶子	píngzi	3급	p.173	명 병

Q

□ 七	qī	1급	p.12	수 7, 일곱
□ 妻子	qīzi	2급	p.23	명 아내, 처
□ 其实	qíshí	3급	p.228	부 사실
□ 其他	qítā	3급	p.137	대 기타, 다른 사람(사물)
□ 奇怪	qíguài	3급	p.218	형 이상하다
□ 骑	qí	3급	p.193	동 (동물 · 자전거를) 타다
□ 起床	qǐchuáng	2급	p.36	동 (잠자리에서) 일어나다, 기상하다
□ 起飞	qǐfēi	3급	p.193	동 이륙하다
□ 起来	qǐlái	3급	p.259	동 일어나다

	단어	병음	급수	페이지	뜻
□	千	qiān	2급	p.80	수 1,000, 천
□	铅笔	qiānbǐ	2급	p.121	명 연필
□	前面	qiánmian	1급	p.90	명 앞(쪽), 앞부분
□	钱	qián	1급	p.80	명 돈
□	清楚	qīngchu	3급	p.222	형 분명하다, 뚜렷하다 동 이해하다, 잘 알다
□	晴	qíng	2급	p.52	형 (날씨가) 맑다
□	请	qǐng	1급	p.68	동 ~하세요[경어] 동 청하다, 초청하다
□	请假	qǐngjià	3급	p.163	동 휴가를 신청하다
□	秋	qiū	3급	p.199	명 가을
□	去	qù	1급	p.60	동 가다
□	去年	qùnián	2급	p.101	명 작년
□	裙子	qúnzi	3급	p.247	명 치마

R

	단어	병음	급수	페이지	뜻
□	然后	ránhòu	3급	p.206	접 그런 후에
□	让	ràng	2급	p.72	동 ~하게 하다, ~하도록 시키다 동 양보하다
□	热	rè	1급	p.51	형 덥다, 뜨겁다
□	热情	rèqíng	3급	p.218	형 친절하다, 열정적이다 명 열정
□	人	rén	1급	p.16	명 사람
□	认识	rènshi	1급	p.20	동 알다, 인식하다, 깨닫다 명 인식
□	认为	rènwéi	3급	p.222	동 ~라고 여기다
□	认真	rènzhēn	3급	p.161	형 진지하다, 착실하다
□	日	rì	2급	p.102	명 날, 일
□	容易	róngyì	3급	p.155	형 쉽다
□	如果	rúguǒ	3급	p.261	접 만일, 만약

S

□ 三	sān	1급	p.11	수 3, 셋
□ 伞	sǎn	3급	p.240	명 우산
□ 商店	shāngdiàn	1급	p.81	명 상점, 가게
□ 上	shàng	1급	p.88	명 위 동 오르다, 타다 동 가다
□ 上班	shàngbān	2급	p.125	동 출근하다, 근무하다
□ 上网	shàngwǎng	3급	p.233	동 인터넷에 접속하다
□ 上午	shàngwǔ	1급	p.100	명 오전
□ 少	shǎo	1급	p.43	형 적다
□ 谁	shéi	1급	p.16	대 누구
□ 身体	shēntǐ	2급	p.34	명 신체, 몸
□ 什么	shénme	1급	p.29	대 무슨, 무엇, 어떤
□ 生病	shēngbìng	2급	p.35	동 병이 나다, 아프다
□ 生气	shēngqì	3급	p.219	동 화내다
□ 生日	shēngrì	2급	p.102	명 생일
□ 声音	shēngyīn	3급	p.242	명 소리
□ 十	shí	1급	p.13	수 10, 열
□ 时候	shíhou	1급	p.104	명 때, 동안
□ 时间	shíjiān	2급	p.99	명 시간
□ 世界	shìjiè	3급	p.185	명 세계
□ 事情	shìqing	2급	p.124	명 업무 명 일, 사건
□ 试	shì	3급	p.251	동 시도하다
□ 是	shì	1급	p.14	동 ~이다
□ 手表	shǒubiǎo	2급	p.105	명 손목시계
□ 手机	shǒujī	2급	p.109	명 휴대 전화
□ 瘦	shòu	3급	p.176	형 날씬하다, (몸이) 마르다

- □ 书 shū 1급 p.116 명 책
- □ 叔叔 shūshu 3급 p.135 명 작은아버지, 삼촌, 아저씨
- □ 舒服 shūfu 3급 p.223 형 편안하다
- □ 树 shù 3급 p.146 명 나무
- □ 数学 shùxué 3급 p.153 명 수학
- □ 刷牙 shuāyá 3급 p.174 동 이를 닦다
- □ 双 shuāng 3급 p.170 양 쌍
- □ 水 shuǐ 1급 p.31 명 물
- □ 水果 shuǐguǒ 1급 p.32 명 과일
- □ 水平 shuǐpíng 3급 p.159 명 수준, 실력
- □ 睡觉 shuìjiào 1급 p.36 동 잠을 자다
- □ 说 shuō 1급 p.69 동 말하다
- □ 说话 shuōhuà 2급 p.69 동 말을 하다
- □ 司机 sījī 3급 p.136 명 기사, 운전기사
- □ 四 sì 1급 p.11 수 4, 넷
- □ 送 sòng 2급 p.119 동 배웅하다, 데려다주다 동 선물하다 동 배달하다, 보내다
- □ 虽然…, 但是… suīrán…, dànshì… 2급 p.55 비록 ~이지만 ~하다
- □ 岁 suì 1급 p.14 양 살, 세[나이를 세는 단위]

T

- □ 他 tā 1급 p.18 대 그
- □ 它 tā 2급 p.18 대 그, 저, 그것(동물이나 사물을 가리킴)
- □ 她 tā 1급 p.18 대 그녀
- □ 太 tài 1급 p.12 부 너무

□ 太阳	tàiyáng	3급	p.239	명 태양
□ 特别	tèbié	3급	p.226	형 특별하다 부 특별히, 매우
□ 疼	téng	3급	p.177	형 아프다
□ 踢足球	tī zúqiú	2급	p.75	동 축구하다
□ 提高	tígāo	3급	p.157	동 향상시키다, 높이다
□ 题	tí	2급	p.122	명 문제
□ 体育	tǐyù	3급	p.175	명 체육
□ 天气	tiānqì	1급	p.51	명 날씨
□ 甜	tián	3급	p.169	형 달다, 달콤하다
□ 条	tiáo	3급	p.248	양 가늘고 긴 것을 세는 단위 양 바지나 치마를 세는 단위 양 동식물과 관련된 것을 세는 단위
□ 跳舞	tiàowǔ	2급	p.75	동 춤을 추다
□ 听	tīng	1급	p.59	동 듣다
□ 同事	tóngshì	3급	p.136	명 동료
□ 同学	tóngxué	1급	p.117	명 동학, 급우, 동창
□ 同意	tóngyì	3급	p.219	동 동의하다
□ 头发	tóufa	3급	p.140	명 머리카락
□ 突然	tūrán	3급	p.202	부 갑자기 형 갑작스럽다
□ 图书馆	túshūguǎn	3급	p.154	명 도서관
□ 腿	tuǐ	3급	p.141	명 다리

W

□ 外	wài	2급	p.91	명 밖
□ 完	wán	2급	p.119	동 완성하다, 끝내다

□	完成	wánchéng	3급	p.162	동 완성하다
□	玩	wán	2급	p.62	동 놀다
□	晚上	wǎnshang	2급	p.101	명 저녁, 밤
□	碗	wǎn	3급	p.170	명 그릇, 공기 양 그릇
□	万	wàn	3급	p.250	수 만, 10,000
□	往	wǎng	2급	p.87	개 ~을 향하여
□	忘记	wàngjì	3급	p.160	동 잊어버리다, 잊다
□	喂	wéi	1급	p.109	감탄 (전화상에서) 여보세요
□	为	wèi	3급	p.225	개 ~을 위하여 개 ~때문에
□	为了	wèile	3급	p.226	개 ~하기 위하여
□	为什么	wèishénme	2급	p.72	대 왜, 어째서, 무엇 때문에
□	位	wèi	3급	p.137	양 분[사람을 세는 단위]
□	文化	wénhuà	3급	p.233	명 문화
□	问	wèn	2급	p.121	동 묻다
□	问题	wèntí	2급	p.122	명 문제
□	我	wǒ	1급	p.16	대 나, 저
□	我们	wǒmen	1급	p.17	대 우리(들)
□	五	wǔ	1급	p.11	수 5, 다섯

X

□	西	xī	3급	p.186	명 서쪽
□	西瓜	xīguā	2급	p.32	명 수박
□	希望	xīwàng	2급	p.48	동 희망하다, 바라다 명 희망
□	习惯	xíguàn	3급	p.210	명 습관 동 습관이 되다
□	洗	xǐ	2급	p.28	동 씻다

□	洗手间	xǐshǒujiān	3급 p.189	명 화장실
□	洗澡	xǐzǎo	3급 p.174	동 샤워하다, 목욕하다
□	喜欢	xǐhuan	1급 p.34	동 좋아하다
□	下	xià	1급 p.89	명 아래, 밑 동 떨어지다, 내리다 동 (높은 곳에서 낮은 곳으로) 내려가다
□	下午	xiàwǔ	1급 p.100	명 오후
□	下雨	xiàyǔ	1급 p.52	동 비가 오다
□	夏	xià	3급 p.199	명 여름
□	先	xiān	3급 p.206	부 먼저
□	先生	xiānsheng	1급 p.21	명 선생님, 씨, 미스터 명 남편
□	现在	xiànzài	1급 p.100	명 현재, 지금
□	相信	xiāngxìn	3급 p.220	동 믿다
□	香蕉	xiāngjiāo	3급 p.168	명 바나나
□	想	xiǎng	1급 p.65	조동 ~하고 싶다 동 생각하다
□	向	xiàng	3급 p.195	개 ~을 향하여 개 ~에게
□	像	xiàng	3급 p.242	동 비슷하다, 닮다
□	小	xiǎo	1급 p.43	형 (크기가) 작다 형 (나이가) 어리다
□	小姐	xiǎojiě	1급 p.22	명 아가씨, 젊은 여자, 미스
□	小时	xiǎoshí	2급 p.103	명 시간
□	小心	xiǎoxīn	3급 p.216	동 조심하다, 주의하다
□	校长	xiàozhǎng	3급 p.154	명 학교장, 교장, (대학교) 총장
□	笑	xiào	2급 p.62	동 웃다
□	些	xiē	1급 p.28	양 약간, 조금
□	写	xiě	1급 p.118	동 쓰다
□	谢谢	xièxie	1급 p.107	동 감사하다, 고맙다
□	新	xīn	2급 p.51	형 새롭다

Y

	단어	병음	급수	페이지	뜻
□	一	yī	1급	p.11	수 1, 하나
□	一般	yìbān	3급	p.242	부 일반적으로 형 보통이다, 일반적이다
□	一边	yìbiān	3급	p.235	부 한편으로는 ~하고 또 한편으로는 ~하다
□	一点儿	yìdiǎnr	1급	p.37	양 약간, 조금
□	一定	yídìng	3급	p.224	부 반드시, 틀림없이 형 일정한, 어느 정도의
□	一共	yígòng	3급	p.249	부 총, 모두
□	一会儿	yíhuìr	3급	p.208	명 잠깐, 잠시, 잠시 후에
□	一起	yìqǐ	2급	p.63	부 함께 명 한곳
□	一下	yíxià	2급	p.68	양 한번, 잠깐, 좀
□	一样	yíyàng	3급	p.242	형 같다
□	一直	yìzhí	3급	p.207	부 줄곧, 계속
□	衣服	yīfu	1급	p.82	명 옷
□	医生	yīshēng	1급	p.35	명 의사
□	医院	yīyuàn	1급	p.36	명 병원
□	已经	yǐjīng	2급	p.105	부 이미
□	以前	yǐqián	3급	p.200	명 이전, 과거
□	椅子	yǐzi	1급	p.118	명 의자
□	意思	yìsi	2급	p.124	명 뜻, 의미 명 재미
□	因为…, 所以…	yīnwèi…, suǒyǐ…	2급	p.55	(왜냐하면) ~이기 때문에 그래서 ~이다
□	阴	yīn	2급	p.52	형 (날씨가) 흐리다
□	音乐	yīnyuè	3급	p.237	명 음악
□	银行	yínháng	3급	p.189	명 은행
□	饮料	yǐnliào	3급	p.168	명 음료
□	应该	yīnggāi	3급	p.178	조동 ~해야 한다
□	影响	yǐngxiǎng	3급	p.178	명 영향 동 영향을 주다
□	游戏	yóuxì	3급	p.237	명 게임, 놀이

□ 游泳	yóuyǒng	2급	p.75	동 수영하다
□ 有	yǒu	1급	p.29	동 있다, 가지고 있다
□ 有名	yǒumíng	3급	p.143	형 유명하다
□ 又	yòu	3급	p.252	부 또, 다시 부 한편, 또한
□ 右边	yòubian	2급	p.90	명 오른쪽, 우측
□ 用	yòng	3급	p.257	동 이용하다, 쓰다 명 쓸모, 소용
□ 鱼	yú	2급	p.33	명 물고기, 생선
□ 遇到	yùdào	3급	p.138	동 (우연히) 만나다, 마주치다, 부딪히다
□ 元	yuán	3급	p.250	양 위안[중국의 화폐 단위]
□ 远	yuǎn	2급	p.86	형 멀다
□ 愿意	yuànyì	3급	p.220	동 원하다, 바라다
□ 月	yuè	1급	p.101	명 월, 달
□ 月亮	yuèliang	3급	p.240	명 달
□ 越	yuè	3급	p.227	부 ~할수록 ~하다
□ 运动	yùndòng	2급	p.74	동 운동하다

Z

□ 再	zài	2급	p.74	부 다시, 또
□ 再见	zàijiàn	1급	p.109	동 (헤어졌을 때) 안녕, 또 뵙겠습니다
□ 在	zài	1급	p.84	동 ~에 있다 개 ~에(서) 부 ~하고 있다
□ 早上	zǎoshang	2급	p.100	명 아침
□ 怎么	zěnme	1급	p.72	대 어떻게(방식을 물음) 대 어째서, 왜(원인을 물음)
□ 怎么样	zěnmeyàng	1급	p.29	대 어떠하다(주로 의문문에 쓰임)
□ 站	zhàn	3급	p.194	동 서다 명 정거장

	단어	병음	급수	페이지	뜻
□	张	zhāng	3급	p.239	양 장[종이, 책상 등 평평한 물건을 세는 단위] 동 벌리다
□	长	zhǎng	3급	p.139	동 자라다 동 생기다
□	丈夫	zhàngfu	2급	p.22	명 남편
□	着急	zháojí	3급	p.220	동 조급해하다, 서두르다
□	找	zhǎo	2급	p.63	동 찾다
□	照顾	zhàogù	3급	p.178	동 돌보다, 보살피다
□	照片	zhàopiàn	3급	p.238	명 사진
□	照相机	zhàoxiàngjī	3급	p.238	명 사진기, 카메라
□	这	zhè	1급	p.15	대 이, 이것 대 이때, 지금
□	着	zhe	2급	p.71	조 ~하고 있다(동사 뒤에서 동작의 진행이나 상태의 지속을 나타냄)
□	真	zhēn	2급	p.42	부 정말, 진짜 형 진짜이다, 사실이다
□	正在	zhèngzài	2급	p.106	부 지금(마침) ~하고 있다(진행을 나타냄)
□	只	zhī	3급	p.147	양 마리[동물을 세는 단위] 양 쪽, 짝[쌍으로 이루어진 물건 중 하나를 세는 단위]
		zhǐ	3급	p.243	부 단지, 오로지
□	知道	zhīdào	2급	p.127	동 알다
□	只有…才…	zhǐyǒu…cái…	3급	p.163	오직 ~해야만 비로소 ~하다
□	中国	Zhōngguó	1급	p.84	고유 중국
□	中间	zhōngjiān	3급	p.187	명 중간
□	中文	Zhōngwén	3급	p.159	명 중국어
□	中午	zhōngwǔ	1급	p.101	명 정오, 낮
□	终于	zhōngyú	3급	p.203	부 마침내, 결국
□	种	zhǒng	3급	p.147	양 종류
		zhòng	3급	p.147	동 심다

	단어	병음	급수	페이지	뜻
□	重要	zhòngyào	3급	p.161	형 중요하다
□	周末	zhōumò	3급	p.200	명 주말
□	主要	zhǔyào	3급	p.208	부 주로 형 주요하다
□	住	zhù	1급	p.85	동 거주하다 동 숙박하다
□	注意	zhùyì	3급	p.216	동 주의하다, 신경 쓰다
□	准备	zhǔnbèi	2급	p.126	동 준비하다
□	桌子	zhuōzi	1급	p.118	명 탁자, 테이블
□	自己	zìjǐ	3급	p.137	대 자기, 자신, 스스로
□	自行车	zìxíngchē	3급	p.193	명 자전거
□	字	zì	1급	p.118	명 글자
□	总是	zǒngshì	3급	p.202	부 늘, 항상
□	走	zǒu	2급	p.60	동 걷다 동 떠나다, 가다
□	嘴	zuǐ	3급	p.141	명 입
□	最	zuì	2급	p.41	부 가장, 최고로
□	最后	zuìhòu	3급	p.202	명 최후, 마지막
□	最近	zuìjìn	3급	p.202	명 최근, 요즘
□	昨天	zuótiān	1급	p.99	명 어제
□	左边	zuǒbian	2급	p.90	명 왼쪽, 좌측
□	作业	zuòyè	3급	p.153	명 숙제
□	坐	zuò	1급	p.61	동 앉다 동 (교통수단을) 타다
□	做	zuò	1급	p.125	동 (일을) 하다 동 (문제를) 풀다

맛있는 books
www.booksJRC.com